prometeo
libros

prometeo
libros

NUNCA FUIMOS AMBIENTALISTAS

Repensarnos desde la muerte de la Naturaleza

Carlos Greco | Diana Crespo

NUNCA FUIMOS AMBIENTALISTAS

Repensarnos desde la muerte de la Naturaleza

prometeo
libros

Índice

Capítulo 4

Tecnología y *el* ambiente, ¿*n-1* ecuaciones con *n* incógnitas?..................123

Capítulo 5

El digestor para residuos orgánicos…
de moderno a actante latouriano 171

Capítulo 6

Científicos Anónimos 219

Anexo 1 | Latour y la Teoría del Actor-red:
un digestor… no es *un* digestor 249

Agradecimientos

Para Ruth y María Victoria, por haberme advertido permanentemente sobre la densidad infinita del ser y llevado de la mano, incondicionalmente, por la senda de la existencia… de la libertad. Eso es amor… para mí.

Carlos Francisco

A Roberto por su enorme comprensión y ayuda. A mis hijos Andrés, Diana y Robertito por el amor y por cederme, por años, el tiempo que les pertenecía como madre. A la memoria de mis queridos padres.

Diana Cristina

A nuestros colegas del INTA, con quienes compartimos diariamente horas de arduo trabajo, y a Luis Fernández, quien nos acercó literatura a la que es difícil acceder. Nuestro infinito agradecimiento a los Dres. Roberto Lecuona, Ruth Heinz y Pablo Kreimer por la lectura crítica del texto.

Los autores

Caprichos n° 43 (Goya, 1799)

"El sueño de la razón…"

…Indefinido, agobiantemente polisémico, nos encierra en la contingencia y nos niega el aire fresco y tranquilo de lo necesario. Un cuarto sin dimensión, abisal, trágico, ambiguo testimonio de una angustia sin siglo, nos obliga a decidir, nos condena a la libertad. Goya nos lo dejó y ahora estamos solos en la historia con él e igualmente solos estarán los que nos sigan y los que vengan después.

¿Por qué no se puede pensar hoy "El sueño de la razón"? ¿Qué es lo que lo hace impensable, *irracionalizable*? ¿Tal vez los precipicios ontológicos, de los que Goya se hace eco en su época? ¿Tal vez los monstruos que ve?

Más que *realización*, metáfora proteica. En su Capricho n° 43, Goya, encarnadura de su tiempo, toma una decisión. Que sea el hombre razón y las bestias, tan bestias como el hombre, monstruos, es feroz aviso sobre los estrechos pasillos que la historia nos deja para arrastrar nuestra grave libertad.

¿La razón duerme?, ¿la razón sueña? Goya se cuida de que no quede clara la respuesta pero sí la pregunta. Hoy puede ser distinto, mañana distinto que hoy y pasado, igual que algún "antes". Tal vez, los nuestros sean monstruos varronianos, advertencias emplumadas, sabias compañeras de Minerva que entran en el sueño de la razón junto a murciélagos y linces como la tragedia, como la horrífica revelación del envés poético de la verdad. O, tal vez, monstruos ciceronianos, muestra del disgusto de algún espectro divino por el error, que no es tal, de pensar que se pueden cometer errores que, desesperadamente, quisiéramos poder cometer.

Búhos, murciélagos y linces, fragmentos del azar que le ofrecen la pluma a la voluntad de poder para escribir el relato, para ordenar el mundo, para moldear los rostros de sus propias bestias.

¿Sueño o dolor? "Junco pensante" que descubre al pensamiento como tirada de dados que deshace irreversiblemente cualquier coordenada de certeza. Callada aflicción, melancolía de la prudencia de "pensar justamente", de acuerdo a la razón... y sus límites.

"El sueño de la razón....", exorcismo racional de lo místico, producto del espeso temor a la hoguera en una España rezagada, sumida en una religión medievalista que practicaba los castigos de la inquisición, deja flotando, como Leonardo, el borrascoso deseo de obedecer a la naturaleza a la vez que sentirse hacedor de milagros. Tal vez y solo tal vez, Goya haya vivido una razón dormida pero que, según él, no soñaba lo suficiente. Y entonces, tal vez, solo tal vez, haya pedido a la razón severidad frente a lo bestial.

"¡Divina razón, no dejes ninguno!", pide Goya. Y es pedido, no cálculo, porque toda decisión probablemente haya sido incalculable, como lo va a ser la nuestra y lo será la de los que nos sigan. Generaciones futuras por las que no podemos pensar y mucho menos decidir, porque las decisiones son racionalmente monstruosas y nadie conoce y menos sabe qué monstruos van a ser las advertencias azarosas de una existencia en la cual pensar es tirar los dados. Apuesta... barranco... niebla.

O "El sueño de la razón...." puede significar el comienzo de su propio mito. El mito de una razón empastada en su insuficiencia, penuria de un ideario ilustrado que aturdió a Goya desde la caja de resonancia de una enfermedad cruel. El mito de una razón de posguerra que ocultó su teratogénesis y que hoy se confiesa en el azar y en la historia que la quiebran.

"El sueño de la razón..." sugiere un campo de experimentación potencialmente infinito, es "lo abierto", la configuración de un nuevo pensamiento, más allá del positivismo, en el que el mundo deja de ser macizo y adviene un plano plural y diverso de existencias.

Prólogo

*Declaramos que el esplendor del mundo se ha enriquecido
con una belleza nueva: la velocidad.*

Filippo Tommaso Marinetti, *Manifiesto Futurista*

El tiempo es, ahora, solamente rapidez.

Martin Heidegger, *Introducción a la Metafísica*

*Honramos aquí al filósofo Günther Anders porque él nos contradice,
nos advierte constantemente, nos sacude.*

Walter Wallman
al entregar a Anders, en 1983, el premio Adorno

La sola presencia de debilidades y amenazas que frecuentemente se adjunta al final de cada presentación de un proyecto, es suficiente para sospechar que, los distintos paquetes tecnológicos en los cuales se está trabajando para superar añejos abusos (por ejemplo biodiesel, digestor anaeróbico de residuos orgánicos, plantas transgénicas, fertilizantes, control de plagas, etcétera), son parcialidades poco feraces para concebir una genuina reconsideración de nuestra relación con el resto del sistema. "Tecnologías limpias", que excretan más de lo que producen, generan enormes dudas y respuestas insuficientes frente a las expectativas más transformadoras. ¿Por qué, entonces, esa pertinacia de responder a la creciente escasez de recursos con tecnológica? ¿Cuál es, entonces, si la hay, una alternativa? ¿Qué lugar ocupa el técnico en posibles alternativas no tecnológicas?

Más preguntas: ¿qué tiene que ver el ambiente con todo esto? ¿Qué es el ambiente?... ¿Hay *un* ambiente? ¿Es un significante vacío? ¿Hay, y/o hubo, algún tipo de contingencia hegemónica por la cual se intentó (y/o intenta) darle un contenido particular a este significante "flotante"? Dice Laclau:

> Cuanto más sean los sectores participante, más indefinidos serán los vínculos entre ese nombre y su significado original específico y más se aproximará al estatus de significante vacío.

Pero, ¿se puede conceptualizar "ambiente"? ¿Estamos seguros de que queremos hacerlo? Si la respuesta es negativa, podemos recorrer el proceso de nominación y, sin estar constreñidos por límite alguno, determinar, en un espacio amplio, abierto, lo que se está nominando, claro está, dependiendo de las articulaciones hegemónicas contingentes.

El trabajo que sigue tiene que ver más con preguntas que con respuestas. No tiene que ver con suturar, con completar sino, más bien, con abrir, con no definir, para que cada uno defina. Foucault propone una *actitud-límite,* porque se nos ha impuesto una frontera tecnológica con respecto a nuestra relación con los recursos. Más que frontera, un límite de acción que no es posible trasgredir: no podemos concebir soluciones a agotamiento y polución salvo por la vía de una máquina o una sustancia química. Que la crítica pase de una limitación necesaria (universal) a una trasgresión posible.

Difícilmente pueda el investigador darse un espacio, un tiempo, para serenar la coyuntura y analizar, con mediana tranquilidad, este tema y la genealogía de la respuesta casi exclusivamente tecno-científica a los "problemas ambientales". Consecuentemente, se consideró adecuado apartar momentáneamente al técnico de su rutina, para meditar sobre el signo y magnitud del impacto de su trabajo diario. Por razones cuya enunciación y análisis no se abordan aquí, la discusión sobre la ubicación de la tecnología en nuestra sociedad es reciente, sobre todo en nuestro país, en el cual, en realidad, prácticamente nunca se debatió la posible relación estructurante de lo tecnológico con la conceptualización ambiente.

Podríamos proponer que el concepto actual de ambiente es una expectativa, como se dijo más arriba, pero, ¿qué expectativa?, ¿la expectativa de quién? Y esa expectativa (sin saber por qué es única), resulta tener una visceralidad, casi, puramente tecno-científica. ¿Cómo llegó a ser, eso, una necesidad?

Una exploración superficial en el pensamiento filosófico de aproximadamente los últimos cien años, enseguida descubre un espeso debate en torno a la tecnología y a nuestra vinculación con la misma. Sin embargo, los aspectos más específicos referidos a su relación con el ambiente, deambulan por una frontera multidisciplinaria. Este trabajo propone, entonces, una mirada al capricho tecnológico, tanto desde el pensamiento especulativo como desde el formal, siendo que, el origen histórico y la existencia mismos de esta bi-dimensionalidad analítica, puedan llegar a sugerirse como explicación de un cuestionable desarrollo, definitivamente no sustentable, por lo menos, bajo las condiciones actuales.

La Ilustración y su modernidad son nuestra herencia y es ahí, entonces, donde comenzamos a buscar el origen de nuestras luces y sombras. Sus principios metafísicos aparecen, no solo como fuertes condicionantes de nuestra inserción actual en el sistema sino, incluso, como posible genoma intelectual de "el ambiente" contemporáneo. De la misma cuna es el concepto económico de "desarrollo" que acompaña a "sustentable" en las declaraciones internacionales de fines de la década del 80. Norgaard nos enfrenta a un economicismo que define no solo la conducta de los agentes económicos sino, también, la de aquellos abocados específicamente a los temas ambientales. Estas aparentes lateralizaciones temáticas, son constitutivas del argumento central de este ensayo, ya que contextualizan la supremacía tecnológica actual.

El planteo, entonces, llega a una necesaria deconstrucción del concepto de "desarrollo sustentable". Desde su nacimiento, en 1987, hasta la fecha, aparece como marco sólido, no solo de investigación sino también de práctica profesional. Sin embargo, no deja de ser sospechosa la incongruencia entre su fuerza retórica y su evidente inutilidad, claro está, con respecto a esa expectativa que se llama "ambiente". ¿Cuál puede ser una interpretación alternativa sobre su origen? O, lo que es aún más urgente definir, ¿cuál fue, y es, su posible real propósito, si no es el que, según nuestra interpretación, no es? Por medio de dos aproximaciones analíticas distintas se propone una respuesta a estas preguntas que muestran este concepto como proyecto tecnológico, diferenciándolo del de sustentabilidad, este último, contestatario del costado más distópico de la modernidad ilustrada.

La sustentabilidad, socioculturalmente proteica, conlleva, a su vez, a un replanteo de la labor científica en este ámbito. Esta última juega, en la actualidad, un papel importante en la definición del peso de la tecnología como articulación entre nosotros y el sistema. Aparecida como uno de los ejes centrales del modernismo, la ciencia establece una sólida sociedad con la revolución industrial y coloca a la tecnología en una posición privilegiada en la cotidianeidad humana. Reconsiderarla no implica un desplazamiento de la misma, solo su reposicionamiento como un elemento más dentro del espacio social, diluyendo su autoridad especial en la pluralidad de factores considerados para determinar de qué forma la sociedad incorpora, en su armado, un problema en particular en lo que a recursos se refiere.

La pluralidad morfológica de la sustentabilidad, por otro lado, delata controversias para las cuales podríamos ensayar un tratamiento político y que no sean simplemente arbitradas por los resultados de la investigación científica moderna que está siendo, como mínimo, cuestionada. Si bien la ciencia elabora ciertos aspectos de dichas controversias, la existencia de las mismas es producto de pujas de valores e intereses, es decir, de una lucha hegemónica. Subirlos a un proceso político, tal vez, sirva como fuerza evolutiva generadora de nuevos esquemas valorativos que reflejen el contexto "ambiental" global, en el cual la humanidad se encuentra hoy en día.

La ciencia como institución administradora del caos social, buscó y busca ser orden en la polivalencia. Pura, higienizada, podrá no contaminar geles con sus guantes quirúrgicos pero, debajo de ellos, hay manos que digitan un futuro imaginado según su propia historia. En nuestro discurso hacia un ecosistema manejado y gestionado, caminamos sobre lajas que se quiebran bajo nuestro peso político. Ecosistema y especie tienen dueño y un pasado de poder los vincula con expertos que, en realidad, apenas pueden cooperar con la magra supervivencia de descripciones cuidadosamente escritas en latines pos-cartesianos.

Hay que defender a la ciencia de sí misma. Funtowicz y Ravetz desarrollaron un nuevo marco epistemológico llamado *ciencia posnormal*, dentro del cual es posible manejar dos aspectos cruciales de la ciencia en el dominio de la política: la incertidumbre y el conflicto de valores. Estos autores proponen democratizar la discusión por medio de una ampliación de la comunidad de referentes. Otros los siguen, pero Latour nos proyecta hacia una nueva vieja sociedad, desde un pasado que nunca fue, hacia un futuro que fue ahora y siempre presente.

Sustentabilidad como proceso en un contexto evolutivo, como una propiedad del sistema, determinada en referencia a la capacidad general de dicho sistema de generar una variedad de potenciales innovaciones útiles. Más que apuntar a invenciones tecnológicas específicas, cuya caracterización de "sustentables" puede ser solo temporaria, el proceso que conduzca hacia la sustentabilidad podría considerar a aquellas condiciones, bajo las cuales la identificación de problemas, y no solo la búsqueda de sus posibles soluciones, tenga lugar. De ser necesario, un planteo de estas características, debería también permitir que haya una rápida implementación de la alternativa más promisoria. La competencia lima "ineficiencias" y deja de pie a aquellas tecnologías que "mejor" usan los recursos. Por el contrario, la variabilidad implica la convivencia de una amplia gama de alternativas potenciales sobre las cuales la selección pueda actuar, contraponiéndose a esa lógica económica dominante de eficiencia y reducción de costos.

Si el "desarrollo sustentable" se conceptualiza como "proyecto tecnológico", ¿cómo se define la vinculación de la sustentabilidad con la tecnología? Para poder ensayar una contestación a esta pregunta, se analiza ontológicamente al acto tecnológico. Instrumentalismo, determinismo y sustantivismo aparecen como respuestas alternativas a ese interrogatorio. Lejos de la política, el instrumentalismo y el determinismo, en su neutralidad, colocan a la tecnología como fría herramienta, como elemental actividad económica, asociada al concepto de progreso. Con el sustantivismo, la tecnología redefine la modernidad, no como un mero proceso histórico, sino también, en términos epistemológicos, revelando la esencia de la tecnología como eficiencia, cálculo y control.

A partir de aquí se inicia un espeso debate, el cual, en el presente ensayo, solo se introduce para comenzar a reevaluar la salida tecnológica al problema de los recursos. Desde Heidegger, pasando por Habermas y llegando a Feenberg, se garabatean las distintas perspectivas dentro de la tradición crítica que desembocan en un denso condicionamiento social del desarrollo tecnológico. Feenberg se niega a abandonar la modernidad. Canadiense "nacido en Frankfurt", cree que los tiempos que corren son de una tecnología no democrática, una tecnología sin participación, y sugiere pensar desde adentro de la técnica, desde su visceralidad racional, un mecanismo participativo.

En el "ambiente tecnológico", al que hoy estamos acostumbrados desde el sentido común (barthesiano), hay análisis económicos que, en distintas veredas, discuten innovación, eficiencia e incertidumbre, desde un afuera político. Releer esas discusiones ubicados en la *racionalización subversiva* de Feenberg, son un primer paso para replantearlas. Ciencia y tecnología intentan longevidad en los constructivismos simétricos y en el constructivismo crítico de Feenberg. Para los primeros, lo social define al resultado; en el segundo, hay solo recuerdos de una fuerte crítica a la tecnología y un intento de recomponer su relación con la sociedad y el ecosistema, pero siempre como conjuntos distintos que apenas se interceptan.

Entonces, ¿hay un ambiente? Arrojada intempestivamente sobre nuestro escritorio o mesada, por lo que hasta aquí se discute, esta pregunta no encuentra respuesta en las propuestas que también, hasta aquí, se plantean. Ensayemos caso por caso, pero no como los constructivismos sociales para los cuales la naturaleza es una creación social. La digestión anaeróbica de residuos orgánicos que aquí se trata, representa simplemente un ejemplo en el cual no es difícil descubrir la herencia de la narrativa ambiental, surgida al calor de la crisis de la década de 1970, crisis que se resuelve en desarrollo sustentable, este último, hermano mellizo de la reforma friedmanniana de la Escuela de Chicago. Con esta apreciación, lejos de descalificar esta tecnología para el tratamiento de los desechos orgánicos, se intenta contextualizarla y revalorizarla, como integrante de un paisaje más diverso y listo para responder a incertidumbres estructurales, de las que la ciencia intentó adueñarse para incrementar su poder, pero que sin embargo, es propiedad insalvable del sistema político-científico en el cual desempeñamos nuestra rutina.

Latour propone una metafísica empírica, con la cual intentamos pensar este acto tecnológico, técnica que arranca de una sociedad que se reinventa por ese mismo acto tecnológico. La teoría del Actor-red, nos permite despojar al digestor de sustentabilidad y entenderlo como resultado de la interacción de varios actores. Es decir, lo que lo hace parte de la sustentabilidad (y no sustentable), no es que transforma residuos orgánicos, sino que su acción es resultado de la coparticipación rizomática de distintos actores. Se necesitaba una teorización de la tecnología más atrevida que la de Feenberg, para salir del laboratorio, sin abandonarlo.

"El" ambiente se deshace, se desanda, se le agradecen los servicios prestados, se anoticia de que nunca fue lo que creyó ser... Nunca fue, porque nunca fue la ciencia y nunca fue la tecnología, porque nunca fuimos modernos. Entonces, nunca fuimos ambientalistas. La recomposición del concepto de ambiente que aquí no se hace, adopta a la incertidumbre estructural y a los distintos intereses y esquemas valorativos existentes en una comunidad, para que esa comunidad haga su propio digestor y plantee su religiosa, diría Ortega y Gasset, relación con el sistema, es decir, con ella misma.

Un ambiente reconciliado, suturado, no ya por la ciencia y la técnica sino por la tecno-ciencia, aprieta, confunde, duele. Un instituto de tecnología, hoy, no debería oficiar de embudo. Por el contrario, debería permitir la creación, a partir de una nueva ontología como la latouriana, desde la cual nos dejen hablar con una gramínea, con una PCR, con una bacteria o con un áfido.

En cualquier elección técnica, también nos elegimos. El sujeto político se construye en la elección. Entonces, no se trata de poseer, sino de transformarse. Desbordando la aproximación actual a los problemas de recursos, la elección tecnológica que se propone implica, ante todo, una elección de vida. El diseño tecnológico es también diseño ontológico, dice Winograd. La tecnología no como destino inexorable, sino como provocación a la creatividad política y social.

Muy probablemente, el replanteo que aquí se propone, haga sentir al investigador la sensación de estar al borde del abismo, de la pérdida de una certidumbre tecno-científica tranquilizadora, pero sumamente discutible en cuanto a sus resultados. Este ensayo no pretende dar algo construido, sino acordar con el lector un espacio de construcción contingente, propio, autónomo, nuestro, desde nosotros. Tal vez, solo se trate de no negarlo ni negarse, de mirar hacia adelante y estar seguro de que se pueden lograr herramientas sociales para la sustentabilidad, en lugar de desarrollo sustentable para las "tecnologías limpias".

Este es un texto de crisis, en el sentido gramsciano del término. Transformar la lectura de ensayos, como el que se propone aquí, de apéndice del proceso de investigación a marco del mismo, es parte de la propuesta. Tal vez, para considerarla, seduzca sugerir que somos, según algunos pensadores que nos miran funcionar en los laboratorios, *ejecutores heterónomos de voluntades ajenas.* Tal vez, no haga falta reconocernos como *sujetos sujetados,* y sea suficientemente atractivo saber que es posible pensar nuestras propuestas tecnológicas en espacios más amplios que los que el positivismo amuralla.

Introducción

¿Quién lamenta los estragos
si los frutos son placeres?
¿No aplastó a miles de seres
Tamerlán en su reinado?

Goethe, *El libro de Suleika*

Resulta extremadamente complicado encastrar, dentro de la maquinaria científico-tecnológica dominante, alternativas de examen de las "problemáticas ambientales", distintas a aquellas tan ancladas en siglos de una modernidad, decididamente constitutiva de nuestra cotidianeidad. Norgaard señala la escasísima llegada a la esfera de gobierno de líneas de análisis inmateriales de dichas problemáticas, producto de la institucionalización del positivismo racional.[1] Que biólogos, economistas, ingenieros y tecnócratas de todo tipo, sean activos participantes de la

---

[1] El positivismo es una escuela filosófica que sostiene el monismo metodológico, es decir, un mismo método aplicable a todas las ciencias. Los hechos y el método científico, como únicas herramientas metodológicas, tanto en la actividad filosófica como científica. Esta epistemología legitima el estudio científico naturalista del ser humano. Dice J.P. Feinmann: "El positivismo en un canto a lo fáctico (con lo que consagra el orden establecido) y a su prolongación técnica en un futuro inalterable en que la Ciencia solucionará todos los problemas de la vida". El mundo es una positividad inerte, ajena a cualquier práctica humana, que puede ser descripto, clasificando su inalterable multiplicidad.

toma de decisiones en el ámbito público, es el fruto jugoso de las pautas epistemológicas y metafísicas maduradas en la Ilustración.

Es así que todas aquellas avenidas alternativas de análisis que no se sustancian en el cálculo o en la medición, son excluidas de las agencias de investigación tecnológica y repulsadas en sus capacidades resolutivas. Por otro lado, si bien dentro de la política, a cualquier nivel, existe la posibilidad de coexistencia de todo tipo de argumentos, dicha política ha sido reducida y hasta excluida de ciertos temas (en realidad de la mayoría, entre ellos los "ambientales"). La decisión queda en manos de la "ciencia". No es desatinado, aunque más no sea, considerar la posibilidad de que esta estrechez resolutiva nos haya y, aún nos esté, conduciendo por caminos que poco o nada tengan que ver con la salida a los distintos problemas que nos planteamos sobre el uso de recursos.

El objetivo del presente ensayo es repensar a la tecnología dentro del proceso de planificación, como consecuencia de lo que, como sociedad, consideramos su insatisfactorio desempeño como mediadora entre nosotros y el resto del sistema. Esto significa cuestionar su abuso, criticarla en el sentido más kantiano del término y, tal vez, intentar re-descubrirla.

Norgaard describe nuestra situación actual en términos, aunque examinadores, claramente irónicos:

> [...] si bien estamos destruyendo nuestro medio, tenemos la capacidad para compensar la pérdida de los servicios que brinda el ecosistema por medio de los avances científicos y técnicos.

En cierta forma, este aticismo es el epílogo de una historia que conviene repasar, si bien en apretada síntesis, indagando explicaciones que den cuenta de la posición hegemónica de que goza la tecnología en la sociedad actual para, como consecuencia de ese análisis, comenzar a ensayar alternativas de aproximación a la misma.

Varios investigadores, cuyo trabajo pertenece a la esfera de lo que se conoce como "problemática medioambiental", exponen en distintos trabajos caminos alternativos al impuesto en estos últimos cuarenta años, que no solo bordean la modernidad sino que intentan un nuevo destino. Su análisis nos va a proporcionar un punto de vista privilegiado para examinar el eventual agotamiento del planteo actual. No es posible la empresa que aquí se propone, sin el marco de aquellos pensadores que elaboraron y siguen trabajando distintos acercamientos filosóficos y/o teorías sociales sobre nuestra relación con la ciencia y la tecnología. La elección de dicha masa crítica, obedece a la intención de demostrar que se está frente a una problemática exigente y abstinente en linealidades.

Conscientes que este ensayo inmigra a un posible espacio de lectores fuertemente tecnológico, es prudente pedir paciencia y calma, ya que el sentimiento de intemperie y sequedad, puede ser grande para todos aquellos cuyos días trascurren recorriendo la fascinante exuberancia física que despliega el mundo.

Las biblias ambientalistas de la tecnología

El conocido libro *Factor 4* de von Weizsäcker (o su generalización, *Factor X*), es un fuerte argumento a favor de la convivencia pacífica entre la innovación tecnológica, las aspiraciones de una vida mejor y los "problemas ecológicos", todo discutido en una mesa de directorio. Hawken, Armory y Hunter Lovins amplifican esa agenda en el libro *Capitalismo natural*. Puntean al futuro con una lista que incluye "nuevas" fuentes de energía, tecnologías de alta eficiencia, distintas metodologías de eliminación de desechos, estrategias de producción "limpias" y el desarrollo de una economía de flujos y servicios, en pocas palabras, una castiza "revolución verde". Síntesis, estimulante y a la vez extraña, resulta el epílogo, tanto del trabajo pionero de A. Lovins en eco-tecnologías como del desarrollo de lo que se conoce bajo el nombre de ecología industrial y, más recientemente, del denominado diseño para el ambiente.

Factor 4 y *Capitalismo natural* desarticulan al discurso ambientalista primigenio enfocado, este último, en el concepto de límites y fuertemente pesimista en lo tecnológico. Lejos de proponer austeridad y abandono de la afluencia, los autores de estas obras, sostienen que eficiencia no es sinónimo de incomodidad y privaciones. Subidos al optimismo del positivismo, aseguran que el progreso se puede redefinir en términos más "ecológicos" y "benignos", sin abandonar el esquema económico y tecnológico actual, a fin de poder leer en esta transición hacia una "sociedad verde" la posibilidad y autorización para una rentabilidad basada en las "nuevas" tecnologías.

Surgidos en plena hegemonía empresaria, *Factor 4* y *Capitalismo natural* fueron un potente factor de consolidación de condiciones estructurales que retroalimentaron la expansión de sus contenidos. Ambos libros presentan, como se dijo anteriormente, ejemplos de nuevas energías y esquemas de productividad material en distintos estados de avance en varias empresas europeas y norteamericanas. Por otro lado, no es difícil detectar en los ámbitos académicos, no solo del Norte, sino también aquí en el Sur, programas en ciencias "aplicadas" y "básicas" con pigmentación verde. Varias universidades ofrecen preparación en ecología industrial, ingeniería ambiental y hasta química ambiental. Por último, pero no menos importante, convivimos con una Unión Europea fuertemente comprometida con las energías "renovables" y con la factibilidad de llevarlas a gran escala, junto a la *descarbonización* de la economía y al aumento de la productividad de los recursos. Ante todo esto, lo menos que se puede hacer es debatir si estamos, efectivamente, frente a un cambio de rumbo o se trata simplemente de una lectura desprolija de los instrumentos de vuelo de la famosa nave Boulding[2] en la que todos, sin excepción, viajamos aunque, claro está, no todos en los mejores camarotes.

Claramente orientados a tallar un discurso atractivo para el empresario e inversor, ambos textos subrayan los problemas en las cadenas de producción en términos de ineficiencia, los cuales deben ser atendidos

---

[2] Kenneth Boulding trabajó las consecuencias sociales, morales y ecológicas del crecimiento económico. Utilizó el término *nave espacial*, para referirse al planeta Tierra, con el objetivo de enfatizar los límites energéticos al crecimiento. En su ensayo *The Economics of the Coming Spaceship Earth*, publicado en 1966, define a la economía actual como una *economía de vaquero*, es decir, una economía encuadrada en la abundancia de recursos, el romanticismo, la explotación y la violencia, típica de una sociedad abierta. El esquema, dice él, debería sustituirse por uno de nave espacial en el que, lógicamente, el uso de recursos debe ser cuidadosamente planificado, hasta el punto de destilar la orina para recuperar el agua. Boulding, un pacifista metodista, se opuso enérgicamente a las acciones bélicas de la Segunda Guerra en 1942 y, en 1965, organizó el primer *teach-in* en contra de la guerra de Vietnam. Boulding estaba convencido de que la manera de combatir la guerra era comprendiendo sus causas. En 1963 publica *Conflict and defense*, donde combina teorías oligopólicas y de juegos para analizar distintas modalidades de conflicto.

en el Norte y controlados en el Sur. Uno de los aspectos más sorprendentes de los escritos de Hawken, Lovins y von Weizsäcker, es la sugerencia de que existen oportunidades en la actualidad para transformar la ecuación que relaciona el "desarrollo" y el medioambiente, sin siquiera plantear la posibilidad de estar frente a un juego de "suma cero". Ambas publicaciones son sumamente ambiciosas en sus objetivos e implícitamente críticas en sus argumentos, respecto a la mayor parte de la ortodoxia ambientalista del siglo pasado, sugiriendo imponer un tono fuertemente tecnológico al debate ambiental en este nuevo siglo. En este sentido, compartimos la pregunta de White: ¿es esta centralidad en lo tecnológico inexorable o normativamente atractiva?

Modernización ecológica: debates y combates

La pregunta de White no tiene "respuesta". Tal vez, pueda tener "respuestas". *Factor 4* y *Capitalismo natural*, al igual que *The New Economic of Nature: The Quest to make Conservation profitable*, de Gretechen Daily, son el resultado de un combate que se luchó por medio del debate.

La Teoría de la Modernización Ecológica es una teoría social que debuta al comienzo de la década de 1980 (los cabos sueltos que queden aquí se van a intentar atar en el capítulo 3), en un momento en el cual, otras alternativas, se pronunciaban muertas. Esta teoría nace del estremecimiento que significó la década de 1970, cuando la modernidad industrial comenzaba a no poder esconder más sus límites físicos y sociales. La Modernización Ecológica se enfrenta a los planteos demoledores apuntados a sistemas económicos de todo color, y a un sistema de producción y consumo en un callejón sin salida.

Esta teoría que, aunque no se reconozca como fuertemente tecnológica, lo es, admite que ciertos cambios hay que hacer, pero los ejecuta pensando en una renta agotada que debe recuperarse. Es entonces que promueve reciclar, en lugar de construir algo nuevo. La estrategia es mostrarse plural, las tácticas, varias. Entre ellas, plantear variantes dentro de la teoría, por ejemplo, una *modernización fuerte*, tecnológica, y una *modernización débil,* más institucional, más democrática, en la que todo se trata de trabajar sobre el aprendizaje social, sobre políticas culturales y re-acomodamientos institucionales.

En la actualidad, la Teoría de la Modernización Ecológica intenta cosificar la discusión, empujando a otras alternativas hacia el anacronismo y buscando equilibrios en puntos medios que resultan, a decir verdad, insatisfactorios. Debates *cerrados* y nuevas alianzas teóricas nutren un argumento al que le cuesta sobrevivir sin invasión de planteos, socialmente caros y sensibles. Racionalizar sistemas de producción, cerrar ciclos, eficiencia ambiental, productividad ambiental, son un intento de proseguir, sin discutir, con la solución tecnológica.

Cualquiera sea el color con que se lo pinte, la tecnología, hija de las ciencias,[3] dirime, hoy por hoy, toda disputa en el ámbito de la apropiación de los recursos por parte del ser humano. El argumento de *Capitalismo natural* y *Factor 4,* lleva a confiar ciegamente en esquemas científico-tecnológicos, para que sigamos adelante sin resignar nada. El temor al vacío se llena con mediciones y cálculos. La imposibilidad lógica de verificar una hipótesis introduce incertidumbres temibles. Hay que pisar firme, en terreno científico. Hasta la estadística pide socorro al ser humano en cierta instancia de análisis: pecar por exceso o defecto depende del gusto del consumidor. Pocos se atreven a encarar el problema por otra avenida.

---

[3]Sin embargo, Heidegger emplea una lógica interesante en su discusión sobre "el fin de la física" con Jean Beufret, por la cual, al entender los físicos el ser de su objeto de estudio desde la ontoteología nietzscheana, la ciencia es hija de la esencia tecnológica, y no al revés. Nietzsche, el "último metafísico" según Heidegger, invierte la tradición metafísica (ontoteología) y priva de "piso" a toda concepción de las entidades y del ser. Es desde la percepción de los entes como recursos tecnológicos, como fuerzas sin significado propio que solo buscan su crecimiento auto-sostenido (la voluntad de poder) que un físico inicia a su ciencia. Por ejemplo, la primera y la segunda ley de la termodinámica surgieron, simultáneamente, en 1850, de los trabajos de William Rankine, Rudolph Clausius, and William Thomson (Lord Kelvin). Si bien es debatible que los principios de la termodinámica existieron desde siempre en el universo, dicha ciencia no surgió como tal sino hasta la construcción de las primeras máquinas de vapor, en Inglaterra, por Thomas Savery en 1697 y Thomas Newcomen en 1712. Estas máquinas eran lentas e ineficientes, pero abrieron el camino para el desarrollo de una nueva disciplina.

En *La Cuestión Tecnológica,* de Heidegger,[4] se encuentra una manifestación académica clara del desplazamiento de las humanísticas, por parte de las *duras.* Después de la Segunda Guerra Mundial, las humanidades y las ciencias sociales fueron empujadas hacia terceros o cuartos planos por el determinismo tecnológico. Desde aquellos años, la tecnología aparece como todo lo bueno o todo lo malo, la fuerza modernizadora o el motor de la crisis de nuestra cultura; *la jaula de hierro de la racionalización* de Max Weber o el fenómeno transideológico de Jacque Ellul. Central a los enfoques esencialistas de Heidegger y Habermas, el fenómeno tecnológico se interpreta como destino, dejando una posibilidad de cambio solo en alguna disputa en las fronteras de la esfera tecnológica.

Tanto en ámbitos académicos, como en el resto de la sociedad, es constante la queja sobre el lento y escaso avance en reformular nuestro proyecto de utilización de recursos, según un esquema que nos satisfaga, esquema sobre el que nos permitimos dudar que sea único y, también, que quede claramente establecido quién lo decide. Si se acepta esto como punto de partida, nos atrevemos a cierto latitudinarismo.[5] Esto significa avanzar en esta cuestión, como veremos en desarrollos posteriores en el presente trabajo, desde la sociedad, pero postulando perspectivas que nos convoquen a la mismísima construcción de aquella y, por las cuales, intentemos su alquimia en una "ambiente" horizontalmente decidido, con (y no desde) la ciencia y la tecnología (o, tal vez, la tecno-ciencia), allí, donde precisamente, esa ciencia y esa tecnología, se reconocen como inermes, a pesar de su historia y, por su historia, aparecen como lo que probablemente sean, es decir, política en otros términos.

Comenzar, justamente, por un análisis histórico diacrónico, es por demás útil para entender cómo llegamos a este punto.

---

[4]Heidegger presenta una primera versión de este ensayo como una disertación en el Bremen Club a fines de 1949. En 1953 dio una conferencia intitulada "La Cuestión Tecnológica", en la Academia Bávara de Bellas Artes, que apareció publicada al año siguiente, en una colección de ensayos y conferencias.

[5]Doctrina y actitud adoptada por algunos teólogos anglicanos en el siglo XVII que, interpretando de forma laxa las enseñanzas cristianas, defienden que hay salvación fuera de la Iglesia, rechazan los dogmas, dan preferencia a la razón sobre la Biblia en las tradiciones, se interesan por la moral más que por la doctrina y definen una amplia tolerancia en materia religiosa.

Capítulo 1

El Genoma intelectual de la tecnocracia actual

Si no tuviésemos a nuestras espaldas tiempos de 'barbarie',
si estos no se hubiesen prolongado durante siglos y siglos…
pobre Europa incivilizada que ahora devoras y deportas a tus hijos,
¿qué hubieras llegado a ser tú con toda tu sabiduría?…
Un desierto, nada más que un triste desierto.

Johann Herder, *Auch eine Philosophie der*
Geschichte zur Bildung der Menschheit
(Another Philosophy of History for the Education of Mankind)

Aislamiento de problemas, extrapolaciones y predicciones de resultados pertenecen a una lista de procedimientos que redunda detallar para quienes la investigación científica es cotidiana. Sin embargo, el laboratorio no deja margen temporal en la jornada de trabajo para meditar sobre dichos procedimientos. ¿De dónde vienen? ¿Por qué procedemos de esa manera? ¿Quién dijo y, en todo caso, por qué dijo que es la única manera de interactuar con el resto de "la naturaleza"? Desarrollar en detalle todas estas preguntas significaría una dispersión, si bien apasionante, poco productiva en el contexto del presente ensayo. No obstante, un escueto análisis de las mismas es necesario para entender la estructura actual del concepto de "ambiente", que oficia de síntesis de nuestro posicionamiento y dinámica actual en el sistema.

El umbral histórico que marca nuestra entrada al espacio actual, en el que manejamos nuestra reciprocidad con "la naturaleza", es profundo y pretérito y, las consecuencias que dicho espacio produce dentro del ambientalismo, implican animosos cuestionamientos que respaldan un giro de 180 grados en la conceptualización que fundamenta la planificación de nuestra cotidianeidad. Se puede ensayar una línea de tiempo que se inicie con la trama que circundó a la publicación de *Primavera silenciosa* de Raquel Carson. Sin embargo, recorrer algunas instancias previas puede ser una importante ayuda para cuestionarnos. El recorrido puede parecer tópicamente desatinado, o un excurso importante de nuestro objetivo central, pero se pide lectura cuidadosa para rescatar desde ciertas aparentes inconexiones con este ensayo, células germinales de nuestro desenvolvimiento actual en cuanto a tecnología y "ambiente" .

Los sorprendentes beneficios materiales de doscientos años de vida de la revolución técnico-científica, transformó el sistema en una manera inimaginable. Por lo tanto, sobra cualquier énfasis que se pretenda hacer sobre la tremenda efectividad de las premisas metafísicas y epistemológicas de la modernidad. Esta cobija siglos de diversidad y cambio en las creencias, afectando las vidas individuales y el orden social. La unicidad, dice Norgaard, fue abandonada. Hay un fenómeno abarcador que separa a la modernidad de su pasado y del futuro, es decir, la idea de que un orden social racional puede ser construido separadamente de creencias morales que, en mayor medida, arraigan en tradiciones religiosas.

La física y la química fueron extremadamente exitosas en el establecimiento de las características básicas de las unidades de la naturaleza y en la determinación de relaciones, entendidas como universales, entre ellas. La biología, incluyendo sus aplicaciones en las ciencias agropecuarias y en las llamadas ambientales, también se nutrió, copiosamente, de la física y de la química. El uso de este conocimiento en el diseño de procesos industriales, en la manufactura de productos y en la consecución de herramientas mecánicas y químicas, para afectar la productividad de los recursos naturales, sin lugar a dudas, transformó la vida de casi todos los habitantes del planeta, aunque, conviene tenerlo presente, en forma muy desigual.

La Ilustración abrió esta salida del significado hacia el método,[1] hacia la ciencia y a su secuela, la revolución industrial. Con el cisma cartesiano, el ser humano empieza a verse y entenderse de una manera absolutamente diferente. El último gran alquimista, Newton, desarrolla la formulación matemática de esta nueva cosmovisión. El triunfo del racionalismo. La retirada del dogma y la religión frente a la poderosa fuerza social que significó la riqueza industrial. El universo newtoniano, un inmenso sistema mecánico, regido por ecuaciones matemáticas y leyes precisas. Al principio, una prueba de la omnipresencia de Dios que, rápidamente, se transforma en uno de los más profundos desafíos a su inmanencia.

Stephen Toulmin argumenta que, lo que se podría denominar "la Gran Separación", apareció como respuesta al caos colectivo y personal de distintas creencias religiosas posterior al surgimiento del protestantismo. Era necesario, dice Toulmin, separar claramente ciencia y valores, una sociedad racionalmente ordenada, tal cual la visión newtoniana de la naturaleza. En *Cosmopolis. La agenda oculta de la modernidad*, Toulmin analiza el humanismo y el pensamiento racionalista del Renacimiento y propone que el racionalismo cartesiano significó una suerte de *Contra-Renacimiento*, en un contexto de crisis por el que transitaba Europa, producto de enfrentamientos religiosos entre católicos y protestantes. Descartes encontró certezas en el *cogito*. Es de esperar que, en un continente arrasado por la Guerra de los Treinta Años, la propuesta filosófica cartesiana basada en la certeza geométrica y en las *ideas claras y distintas*, sea muy bien recibida. Lo local, lo temporal y lo particular, dio lugar a lo general, lo atemporal y lo universal.

Esta escisión entre la realidad física-exterior e interior-sujeto, esa intimidad cartesiana, esa gástrica, dice Sartre, en la que el *cogito* se guarda para luego ir a averiguar sobre la realidad exterior, es una de las más grandes transformaciones que sufrió el ser humano, a lo largo de su

---

[1] Horkheimer M. y Adorno, T.W., 1998.

historia, con enormes consecuencias en el sistema natural. La mayor parte del acervo tecnológico actual venera, entre sus antepasados, las premisas filosóficas básicas de la modernidad: atomismo, mecanicismo, objetivismo y universalismo.

Atomismo y mecanicismo

Hay un aspecto importante que hace necesario una breve parada en el siglo v a. C., en la Grecia clásica. Se está haciendo referencia al atomismo. Este basa en la premisa según la cual, los sistemas se conforman de partes que no cambian, y pueden ser pensados como la suma de las mismas. Leucipo y su discípulo Demócrito, establecen las bases del atomismo mecanicista, en virtud del cual la química, por ejemplo, protagonizó enormes progresos al adherir a sus conceptos. Según esta disciplina, los átomos interactúan para combinarse formando productos, los cuales se consideran como la suma de sus partes, si bien se admite que cada producto posee propiedades que sobrepasan a la sumatoria de las características de los átomos que lo constituyen (propiedades emergentes). Al revertirse las reacciones, se acepta que las partes (átomos), no cambian. La construcción de las demás disciplinas sobre bases químicas, transforma al atomismo en un principio sumamente potente en la comprensión del mundo.

El atomismo nos formó con un *ojo* que fragmenta. Vemos partes, aunque declamamos ver el todo. Navegamos en una barcaza, y sacamos el tapón de un agujero para tapar otro. Vemos borbotones de agua, no una barcaza que se hunde. Pero la onda expansiva de esta visión física del mundo, que nace en la Grecia del siglo v, llega mucho más lejos aún. En principio, como proposición metafísica, también fue muy influyente en la esfera social. El individualismo de la filosofía política occidental de la mano de John Locke en el siglo xvii, por ejemplo, establece que las sociedades son una suma de individuos.

Por otro lado, hay un aspecto del atomismo que tal vez se haya perdido en algún pasillo de la filosofía romántica alemana,[2] y es el de Epicuro de Samos.[3] Esto no sorprende a la luz de las características del epicureísmo de la contingencia, enfrentado con el determinismo de Demócrito. Recordemos que el joven Kant, si bien adscribía a los atomistas, incluyendo a Epicuro,[4] no acordaba con este último en lo referente al azar. Kant apuntaba a ciertas *leyes necesarias* que producían, según él, una totalidad perfectamente ordenada. El haber echado a los Dioses del paraíso material a Epicuro siempre le jugó en contra. Aquel orden, aquel determinismo, era el ábrete Sésamo de la predicción y el control. Y donde más se desvía Epicuro de Demócrito es, precisamente, en su proposición de que los átomos no se mueven de acuerdo con un patrón enteramente determinante.

Insistir con el filósofo de Samos no es ocioso, ya que su impacto en todo lo que vino después fue extraordinario. No es difícil hipotetizar, desde el materialismo de Epicuro (es decir, desde la concepción de la vida como un emergente de la organización de la materia), el germen del análisis evolutivo que se inicia con Darwin, Hariot, Bacon, Hobbes, Boyle y el mismo Newton.[5] En un mundo que salía de la sociedad feudal, cualitativa, estática, espacial y entraba en la Era de la Razón, cuantitativa, del

---

[2]Friedrich Schelling, en su filosofía panteística romántica, habla de la filosofía epicúrea como de un mecanicismo sin vida, carente de un indispensable espíritu místico. La respuesta espiritual al materialismo de Epicuro es evidente en su poema *Las Confesiones de Fe Epicúreas de Hans Brittleback,* en el cual el protagonista, Brittleback, un epicúreo ateo, se convierte a un idealista alemán, al descubrir a un *espíritu gigante.*

[3]La longevidad de Demócrito permitió que Epicuro, que nace más de treinta años después de la muerte del primero, estudie con Nausífenes, un discípulo de aquel, lo cual lo acerca al átomo. Estos datos, lejos de ser ilustrativos, pretenden llamar la atención frente a un desplazamiento que sufrió el materialismo epicúreo en el pensamiento de Occidente, materialismo que enfrenta al idealismo nacido con Descartes y que culmina en Kant y Hegel.

[4]Kant, I., 1755.

[5] Cierto es que Newton, cuyo impacto en la ciencia moderna (desde *Philosophiae Naturalis Principia Mathematica*) es muy arriesgado discutir, se apoyó fuertemente en el atomismo epicúreo. Sin embargo, abandonó algunos de los costados más anti-religiosos del mismo. De hecho, la visión particulada de la realidad que ofrece *Principia*, coincide con un momento en el que dicha visión es ampliamente aceptada por la ciencia, una vez "purificada" por   la filosofía mecánica de Gassendi, ya que realiza una importante síntesis Epicuro-cristiana y la ciencia de Boyle, para quien el atomismo epicúreo era esencial para su construcción mecánica, pero cuyo ateísmo y materialismo le resultaban indigeribles.

tiempo y el dinamismo, se vieron fuertemente influidos por la filosofía de Epicuro: un mundo constituido por átomos con tamaño, forma y un movimiento fácilmente traducible en términos mecánicos.[6]

Los jóvenes hegelianos, comenta Bellamy Foster, mantuvieron esta visión del epicureísmo, es decir, un pensamiento que prefiguró el Iluminismo europeo de los siglos XVII, XVIII e incluso XIX, período de una creciente individualidad, conciencia de sí y rechazo al poder divino sobre la naturaleza. Dicen Long y Sedley:[7]

> Habiendo abandonado a la teología en su cosmología, Epicuro optó por una aproximación evolucionista o experimental para explicar el origen y el desarrollo de las instituciones humanas.

Esto señala al materialismo epicúreo como camino hacia el concepto de progreso, el cual es de enorme importancia en la estructuración del paradigma del desarrollo sustentable tecnocrático.

Por otro lado, según el mecanicismo newtoniano, la relación entre las partes de un sistema no cambia.[8] Una característica fundamental, desde el punto de vista paradigmático, es que los sistemas mecánicos son reversibles; los cambios pueden ser vueltos a cambiar y los sistemas pueden volver siempre a su estado original, en la medida en que se adicione la cantidad de energía suficiente. Una vez que se conoce un sistema, este se torna absolutamente predecible. Y una vez que se pueden predecir los efectos de distintas fuerzas sobre dicho sistema, se puede ejercer dominio sobre el mismo para conseguir los resultados deseados.

---

[6] De las cuatro leyes informales de la ecología de Barry Commoner, la primera (todo está conectado con todo), la segunda (todo debe ir a parar a alguna parte) y la cuarta (nada viene de nada), son principios básicos de la física epicúrea.

[7] Long and Sedley, 1987.

[8] No cabe duda de que para ciertas reacciones químicas, como la formación del agua o la dinámica celeste, las creencias del mecanicismo son más que razonables, dada la regularidad de su funcionamiento.

Objetivismo y universalismo

Todo sistema social y natural puede ser comprendido y manipulado en una relación distante, dice el objetivismo, con fronteras bien definidas entre conocedor y conocido, como si el sujeto no fuera parte del sistema que se está tratando de comprender y cambiar. Los primeros científicos occidentales, visualizaban la consecución de conocimiento como un proceso, por el cual las mentes individuales investigaban partes de la naturaleza (sospechosa influencia de los átomos, como principio metafísico) y procesos (mecanismos, es decir, herencia de la descripción newtoniana del universo). Se concebía la mente como una entidad independiente que percibe e interpreta. Se pensaba que elaborar preguntas y pensar o actuar sobre el objeto de estudio, no influía ni en los principios subyacentes que gobiernan a la naturaleza, ni en la mente inquisidora. Esto implicaba una yuxtaposición del individuo y la naturaleza, y es precisamente de esta yuxtaposición que se origina la idea de objetividad. Esta premisa de la objetividad creó una de las dificultades más grandes en nuestra relación con la "naturaleza".

La ciencia occidental es considerada ampliamente objetiva y universal: solo se ocupa de los hechos acerca de la realidad (y como realidad incuestionada), independientemente de procesos evaluativos locales. Cuando esta característica se extiende al uso de la ciencia en la esfera pública de la toma de decisiones, el objetivismo se transforma en positivismo.[9] De las cinco premisas filosóficas modernas, el objetivismo o positivismo es la única que, hoy por hoy, es explícitamente invocada en el discurso público. Es típicamente utilizada cuando el interlocutor busca convencer a la audiencia de que sus argumentos solo se relacionan con los hechos y que, por lo tanto, son realidad inmutable.

Materia y movimiento, pilares de la nueva filosofía mecánica. Un giro de 180 grados en la concepción del conocimiento. Antes, conocer y saber era entrar, incorporar en el proceso de identificación. Ahora, neta separación entre objeto y sujeto para asegurar rigurosidad. Una actitud no

---

[9] Recordemos que el padre del positivismo, Augusto Comte, ve en el mismo una suerte de religión superadora, capaz de ordenar el proceso de toma de decisiones dentro de la sociedad de su tiempo, fuertemente dominada por la teocracia.

participativa. En la ciencia todo es cognoscible, un proceso de constante descubrimiento para conquistar. Una ciencia del control, de la eliminación del "exterior" como amenaza.

La concepción occidental de una ciencia independiente de la valorización[10] y de una realidad ajena a dicha valorización, es estructural en el pensamiento científico.

Este juicio puede tener sustento en el ámbito del laboratorio, pero bajo condiciones no controladas pierde contexto. Cuando no podemos aislarnos del sistema de estudio, este enfoque pierde su poder inicial. En ciencias sociales, nuestros valores influyen sobre nuestra elección de los patrones de pensamiento utilizados para la interpretación de un fenómeno. No hay razón para negar, sin mediar análisis, que lo mismo suceda en el terreno de las ciencias naturales.

¿Del *"humano (en) naturaleza"* al "humano y la naturaleza"?

Con la premisa del atomismo en nuestra mochila analítica, entramos en una instancia nodal para entender la aproximación actual a los "problemas ambientales". La característica religiosa de los jonios, punta de lanza de la cultura griega, colocaría a lo humano en aquella situación en que lo imaginamos orgánicamente fundido con *el resto* (tan ajeno nos resulta este pensamiento que salta aquí una notable falta empírica del lenguaje). Sus dioses, por un lado, personificaban a la naturaleza y, por el otro, eran humanos, decididamente humanos. Si bien tenían poderes a los que un mortal no podía aspirar, tenían las debilidades humanas. Personificaban aspectos de la naturaleza, lo que marcó la actitud de los griegos de aquellos años con respecto al entorno físico.

En la Europa del siglo xvi, la visión del mundo era orgánica. Existía una conciencia participativa del entorno, es decir, la sensación en el observador era que el acto de observar no estaba divorciado de lo que

---

[10] Es decir, de cualquier juicio axiológico.

era observado. El "mundo exterior" estaba vivo y podía ser aprehendido en una experiencia sin intermediarios. Actitud según la cual cualquier transformación del exterior era también una transformación interior. El alquimista, por caso, intentaba extraer la perfección interior a través de la extracción del oro de la materia. En esta visión se registra un ciclo mutuamente sostenido entre el ser humano y el sistema, al igual que el existente entre este y otras especies.

La Ilustración marca un antes y un después con respecto a nuestra forma de relacionarnos con la "naturaleza". En el entorno del siglo XVIII, surge una visualización de la misma que marcaría los próximos tres siglos: la conceptualización de una sociedad organizada newtonianamente. Pero lo más interesante de este hachazo en la historia fue una suerte de agenda oculta, dice Toulmin, que aún persiste: el espejismo de una naturaleza humana y una sociedad pasibles de ser encajonadas en categorías racionales, perfectamente manejables.

Sin ramificar mucho el presente análisis, es conveniente detenerse brevemente en aquella visión orgánica del mundo, de la cual hablamos en el párrafo precedente. Particularmente oportuna, en este sentido, es la perspectiva de Bookchin y la crítica de White a la misma. Básicamente, la tesis histórica que Bookchin presenta en *La ecología de la Libertad*, de 1982, sostiene que bajo ningún punto de vista el ser humano está destinado a dominar la naturaleza. De hecho, según su ecología social, esta noción de dominio es completamente ajena a las sociedades primitivas. Sostiene que este concepto de conquista nació de un contexto más amplio y preexistente: el dominio del hombre por el hombre. El quebranto de la igualdad entre semejantes y el surgimiento de un sistema jerárquico de inequidad, la desintegración de grupos familiares en clases sociales, la disolución de las comunidades tribales y la consecuente formación de ciudades, junto con la usurpación de la administración social por parte del Estado, alteraron no solo la actitud de cada ser humano con sus semejantes, sino también su posición frente al mundo natural.

Bookchin llama *sociedad orgánica* a aquella sociedad formada espontáneamente, no coercitiva e igualitaria, en otras palabras, a una sociedad naturalmente surgida de la necesidad del ser humano de co-asociarse con vínculos de interdependencia. En la relación entre esta sociedad orgánica y el mundo natural, mujer y hombre no están ni por encima ni por debajo de la naturaleza, más bien, se veían como parte de ella. La tesis de Bookchin sostiene que aquella visión de unidad en la diversidad, tanto social como natural, muta y la humanidad adquiere una mentalidad jerárquica, la cual ordena a los más pequeños fenómenos en pirámides de superioridad e inferioridad.

White sostiene que el período de *armonía ecológica* sugerido por Bookchin adolece de un universalismo que no condice con un registro antropológico variegado. Por otro lado, White dice que la ecología social de Bookchin sufre de un importante reduccionismo naturalista. No existe, dice Benton,[11] una forma natural de relacionarse con la naturaleza por parte de los seres humanos. No hay una sino un abanico grande de culturas materiales. Falta en la proposición de Bookchin, afirma Harvey,[12] una reflexión teórica integral entre la geografía histórica y la historia ambiental de las prácticas materiales. Distintas ideologías y cosmologías de la naturaleza, solo aportan una pista parcial para entender la dinámica socio-ambiental de una comunidad. Ellen dice que:

> [...] las ideologías con frecuencia divergen sustancialmente de lo que en realidad ocurre en la práctica.

Anderson[13] se suma a estas apreciaciones remarcando que, aunque las creencias religiosas pueden subrayar una relación armónica con la naturaleza, eso no es razón suficiente para que los integrantes de la sociedad no estén embarcados en un esquema de "abuso ecosistémico", basado en pura conveniencia y/o necesidad económica.

Negar que el advenimiento del capitalismo moderno marque cambios estructurales en nuestra relación con la naturaleza, tanto en lo cuantitativo como en lo cualitativo, es extravagante. Sin embargo, lo que la teoría de la ecología social falla en mostrar es cómo las sociedades pre-capitalistas también estaban comprometidas con la transformación del medio. Las nuevas disciplinas de la geografía histórica y la historia

---

[11] Benton, T., 1994.
[12] Harvey, D., 1996.
[13] Anderson, E. N., 1969.

ambiental proveen de abundante evidencia sobre las distintas modalidades, en las cuales los "problemas ecológicos" se manifestaron en este tipo de sociedades.

Es importante tener presente estos últimos cinco párrafos cuando se llegue al capítulo de discusión de la tecnología como metodología de aproximación al sistema. No será difícil reconocer el debate que se acaba de resumir desde lo antropológico y geográfico, en el desarrollo dialéctico que se da en los pensadores que discutiremos en esa sección.

Prestado de la semántica sartreana, el título de este punto sintetiza la imposibilidad lingüística de resumir lo que se acaba de exponer, de otra manera que no sea eliminando un indispensable "en" con un paréntesis, para expresar la absoluta correspondencia y unicidad entre el ser humano y (el resto de) la naturaleza. Feenberg intenta probar esto aduciendo la correspondencia entre nuestra acción y la reacción del sistema que vuelve sobre nosotros. Los efectos de nuestros actos sobre nosotros mismos es prueba, dice Feenberg, de que el accionar del ser humano es un accionar situado, y no puede ser de otra manera, sigue, a menos que seamos algún tipo de Dios.

Ilustración: luces y sombras

Antes de entrar en una característica estructural de la aproximación ambientalista actual, es decir, de sumir todo análisis en una atmósfera saturada de economismo, conviene advertir sobre la discutida interpretación de la Ilustración. Es casi inevitable una descripción gestáltica[14] de este proceso histórico. Por un lado, su cara distópica y fría, causa de la destrucción del sistema con su lanza científica. Por el otro, la Ilustración como *Ausgang* (salida), como una liberación del *estado de tutela*.

---

[14] La Psicología de la Gestalt es una corriente surgida en Alemania a principios del siglo xx y analiza cuestiones sobre la percepción. Un cambio de Gestalt se refiere a una transformación perceptual: una misma cosa antes se percibía como algo muy diferente a lo que se percibe ahora. La diferencia puede darse, también, entre dos sujetos.

La preocupación por un posible desborde de la razón no se dejó esperar y aparece hasta en su costado mediático, en pleno siglo XVIII con Kant[15] y Herder. Al reducir toda idea de razón a su versión instrumental,[16] la Ilustración atenta contra sí misma, dicen los representantes de la Escuela de Frankfurt. La Teoría Crítica, por medio de Adorno y Horkheimer, reconoce el papel instrumental que juega la razón para garantizar nuestra supervivencia en el sistema. La identificación, entonces, de razón y dominio, no es una amenaza interior para la razón y la Ilustración sino un desarrollo socio-histórico particular. Es decir, el pensamiento ilustrado trasciende la funcionalidad y el utilitarismo, a los cuales se deba, posiblemente, una alícuota significativa de nuestra actual situación. Es importante tener presente que este tipo de pensamiento ilustrado también determina su propia problematicidad y se vuelve introspectivo. Posiblemente, al referirnos a la razón ilustrada en relación con el uso de recursos, podamos hablar más de un abuso o de un desvío que de una malformación congénita.

Obviamente, este punto solo intenta llevar a la reflexión, sin profundizar, sobre un proceso histórico aún no cerrado, según Kant y los representantes de la Escuela de Frankfurt, cuya interpretación e influencia distan de ser monocorde, aunque sobre su descomunal impacto, sí, hay consenso.

---

[15] "¿Qué es la Ilustración?" es uno de los cinco artículos que Kant publica en el diario *Berlinische Monatsschrift* entre los años 1784 y 1796.

[16] Horkheimer contrapone la razón subjetiva a la razón objetiva, la primera es el resultado de "la capacidad de calcular y de adecuar así, los medios a los fines", la última coloca la razón en el objeto. La razón instrumental, formalizada, se centraliza en una suerte de valor operativo, de dominio. Es el pensar reducido a nivel de procesos industriales, transformado en un insumo de producción. Horkheimer habla de ideas automatizadas, instrumentalizadas.

El juego de las sillas musicales: la economía como herramienta tecnológica y como aval de la tecnología

El esquema económico actual, causa y efecto de la Ilustración,[17] sin lugar a dudas, impacta titánicamente en nuestra relación con el resto del sistema con una peculiar forma de racionalidad. Nuevamente, nos encontramos frente a una densidad histórica que demanda páginas de análisis, como efectivamente existen. Sin embargo, solo se puede, en el presente contexto, enunciar a modo introductorio el advenimiento del capitalismo post-feudal. ¿Qué es lo que nos trae a este terreno en un ensayo en el cual se pretende argüir sobre la relación de la tecnología con el ambiente? Por un lado, es el concepto de desarrollo, con profundas raíces en el capitalismo, el que nos exige sobrevolar este territorio. Por el otro, el esquema crítico que se va a utilizar en el apartado de tecnología, se gesta en una escuela de pensamiento que vio en el sistema económico uno de los factores que instalaron la tecnología como toxina en el sistema, para luego aclamar la respuesta tecnológica como su prescripción terapéutica

El mercado como institución fuertemente impersonal y racional, en el cual se calcula permanentemente en pos del interés propio. El mercado como el ámbito donde el instrumentalismo individual tiene su expresión más cabal. El uso de formas avanzadas de medidas e intercambios monetarios permite la despersonalización de las transacciones y el dominio de

---

[17] Lo que se propone aquí es pensar la relación entre capitalismo e Ilustración. *El esquema económico actual como causa de la Ilustración*: la dinámica histórica europea, que atraviesa los siglos XI a XIV, reconoce un severo impacto demográfico (epidemia de peste negra de 1348), climático (enfriamiento) y ecosistémico (agotamiento de tierras por siglos de cosecha tras cosechas) en el feudalismo. Sumado a nuevas herramientas que hacen más eficiente la agricultura, crea "hombres sin amos", itinerantes, que buscaron respuestas en la incipiente sociedad urbana. En un mecanismo de retroalimentación positiva, la naciente burguesía alienta el trabajo asalariado y crea una sociedad que debe controlar. Nace un Estado centralizado que inicia su vida con el absolutismo. Un rey, asociado con la incipiente burguesía para mantener a raya la decadente aristocracia feudal, que transita tierras políticas vírgenes, recurre a la nueva fuente de legitimación. El soberano, en su nueva tarea creadora, debe ser ilustrado. *El esquema económico actual como efecto de la ilustración*: aquella ilustración necesaria para los gobernantes se trasladó, pero únicamente en forma nominal, subrayada y ponderada, a los súbditos que requerían capacitación y la necesaria disciplina para actuar y, sobre todo, para reconocerse y reproducir el nuevo esquema.

la medición instrumental. Las consecuencias se arquean en términos de balance pecuniario. El progreso material de la revolución científico-técnica se computa en la mayor o menor posibilidad de cálculo. Llegamos al *homo economicus* de la economía clásica, clave dentro del escurridizo y deslustrado concepto de desarrollo sustentable. Esta visión individualista que asume al capital como proceso y construye una tela institucional para capturar la mayor cantidad de beneficios, desemboca en el abuso tecnológico que estamos tratando de interpretar para poder actuar sobre él.

El *homo economicus* y su relación con el ambiente material es la expresión económica de esa desmembración del ser humano entre observador y observado de la que se habló más arriba. Este agente económico actúa, pero no participa en el mundo físico que ahora se conceptualiza como recursos para satisfacer necesidades. Contrariamente a la concepción pre-iluminista, en la cual el mundo exterior estaba cargado de intencionalidad y significado, para el *homo economicus* este está esencialmente muerto. Como entidad separada de la naturaleza, esta adquiere valor solo en la medida en que sirva para satisfacer necesidades, punto este en el cual el pensamiento ortodoxo dentro de la economía se lanza a considerar con valor solo aquellos bienes que estamos dispuestos a comercializar. La naturaleza como supermercado. La Ilustración es, entonces, un punto de inflexión en la curva de la historia en el cual no solo se comienza a hegemonizar la ciencia y la tecnología, sino que se produce una re-conceptualización de la naturaleza.

Esta re-conceptualización encuentra al ser humano determinado económicamente. Como ente aislado y separado de su entorno y de su propio cuerpo, su actividad diaria se define en una ecuación matemática de utilidad, cuyos términos son *commodities* y su igualdad, la felicidad. El mundo es una calculadora y el ser humano un agente de cálculo en búsqueda permanente de la solución óptima. Una de las propiedades más sobresalientes de la economía neoclásica es la objetividad. La economía moderna es desestimar la emocionalidad del ser humano, emocionalidad a la que la misma economía no puede escapar, ya que su atrincheramiento en el intelecto es producto del miedo. En síntesis, la economía surge de una construcción del individuo y su relación con el entorno que probó ser punitiva con el mismo. Entonces, hay un jugador clave y ese es el *homo economicus*, subespecie fuertemente comprometida a mantener su coto de caza, sin intención de distribuir y compartir.

Es necesario, ahora, definir el juego en el que participa este jugador y, a tal efecto, se propone aquí una interpretación del período que transcurre entre principios de la década de 1960 y mediados de 1980, como el juego de las "sillas musicales". Recordemos que en este juego, un grupo de personas camina alrededor de un número menor de sillas que el de jugadores, esperando que la música se detenga para poder sentarse. Al haber una silla menos que el número de personas jugando, pierde aquel que no logra sentarse. En aquellos años y, eliminando cualquier animosidad y compromiso, no es demasiado aventurado decir que se jugó con una sola silla (la distribución de los recursos) y dos jugadores. El resultado: no fue precisamente la aproximación tecno-capitalista la que se quedó parada.

¿Cómo se jugó aquel "juego de las sillas"? En 1962, se publica *Primavera silenciosa*. ¿Cuál es la trascendencia histórica del libro de Raquel Carson que, en su versión original, apareció seriado en la revista *The New Yorker*? Algunos historiadores sugieren que el peso de esta publicación, dentro del movimiento ambientalista, es equiparable a la fuerza que tuvo *La Cabaña del Tío Tom* en el movimiento abolicionista. Fue una publicación fuertemente criticada desde el ágora: de conclusiones exageradas, circunstanciales, y más emocional que científica. Fue mal recibido por revistas con referato como *Chemical and Engeneering News* y la misma *Science*. No faltó, obviamente, el vilipendio por parte de las corporaciones afectadas y del mismo Departamento de Agricultura de los EE. UU., en este sentido, brazo público de dichas corporaciones. Es interesante que revistas e instituciones de tanto peso, así como autoridades académicas influyentes,[18] le dedicaran tiempo a criticarlo.

Es cierto que *Primavera silenciosa* se basó, en gran parte, en casos reportados que no recibieron un ulterior análisis estadístico riguroso. El relato de Carson orbita alrededor del miedo a lo que pudiera ocurrir si

---

[18]Cuenta Wang (1997) que Emil Mark, rector de la Universidad de California en Davis y profesor de Ciencias de los Alimentos, testificó en su momento en el congreso de los EE. UU. que las conclusiones de Carson, sobre el efecto deletéreo de los insecticidas en los sistemas biológicos y en la salud humana, no condescendían con el conocimiento imperante en aquel entonces.

se continuara con el uso indiscriminado de agrotóxicos. El mismo título habla de un mundo sin música, sin belleza, sin vida. Sin embargo, *Primavera silenciosa,* dice Lear, no fue escrito como un trabajo científico a ser publicado en alguna de las revistas con referato del área. El libro no fue escrito para convencer a académicos y científicos, sino que tuvo la intención clarísima de llegar y motivar al ciudadano, objetivo logrado con espectacularidad.[19] Raquel Carson no fue una mala científica sino que fue una excelente escritora.

El ambientalismo que irrumpe con Carson refuerza su armazón eco-céntrico y anti-utilitario, en la *ecología profunda*[20] de Naess. Nos obliga a repensar el sentido de valor (qué vale y qué no) y a reconsiderar el sistema como algo viviente y no como un mero conjunto de recursos. La matriz fuertemente antropocéntrica e instrumentalista no es cuestionada dentro de la economía, mientras que el ambientalismo empuja la discusión hacia ese terreno.

Este movimiento político, más que tecnológico y/o científico,[21] tiene cumpleaños formal el 22 de abril de 1970, el Día de la Tierra. ¿Qué ocurrió verdaderamente ese día? Sencillamente, la reafirmación de una metodología que se sustancia, fundamentalmente, en la sociedad como colectivo autopoiético. El Día de la Tierra emerge en una atmósfera de desgaste de un modelo de acumulación que exhibía signos de

---

[19]Recordar que fue el detonante de lo que sería, en 1970, el Día de la Tierra

[20]El concepto de ecología profunda fue creado por Arne Naess. Por un lado, enriqueció y, por el otro, dividió al ambientalismo. A través de sus libros y clases, Naess enseñó que la ecología no debería ocuparse del lugar que el ser humano tiene en la naturaleza, sino más bien de cada componente de esa naturaleza, sin hacer distinciones. Naess sostenía que cada pieza ecosistémica tiene un valor intrínseco que trasciende a los valores humanos. El hombre, decía Naess, puede realizarse solo como parte de un todo. Conservar no para el ser humano, sino por el planeta en sí mismo. La *ecología superficial* piensa los problemas ambientales desde la sociedad industrial capitalista. En contraposición, la *ecología profunda* hace preguntas distintas, en planos inexplorados por el *ambientalismo industrial*, preguntas que parten de ser conscientes de que la sociedad causó los problemas en primer lugar. Una aproximación objetiva a la naturaleza significa creer en un mundo casi unidimensional, visto desde arriba, sin ninguna profundidad. Esta aproximación, afirmaba el filósofo, era el origen conceptual de la destrucción del sistema. Sus enseñanzas nacen de la lectura que hiciera de Spinoza y de Heidegger, en su juventud.

[21]El ambientalismo se nutre conceptualmente de varias ciencias como, por ejemplo, la ecología, la química, la climatología, etcétera. Existe la modalidad actual de llamar a ese conjunto de disciplinas tradicionales *ciencias ambientales.*

abuso de toda índole, más que molestos. Una humanidad que intenta doblar el curso de la historia, evidenciado esto en distintos acontecimientos de la época (recordar, por ejemplo, el Mayo Francés de 1968 y la Revuelta de Praga), se enfrenta al núcleo duro de la economía que se resiste a admitir y, consecuentemente, a caer en la *trampa malthusiana*.[22] Una crisis[23] que es aprovechada para alimentar un poder aún no perdido del todo, para recomponerlo y reavivarlo en un proyecto que imagina a la salida de la crisis como un mero cambio de fuente de ingresos, claro está, eliminando algunos estorbos. Se podría pensar al "desarrollo sustentable" como funcional a esos fines. Pero ese análisis queda para el capítulo siguiente.

Es así como las estructuras imperantes desde la postguerra, heridas por una crisis de sobreproducción, se pusieron inmediatamente a la defensiva. Aquel Día de la Tierra llamaba a una acción rápida. Otro frente que amenazaba con provocar una intensa mutación de las prácticas sociales y culturales fue el accionar del Club de Roma. El empresario italiano Aurelio Peccei y el académico británico Alexander King, habían encargado a Dana Meadows, del Instituto Tecnológico de Massachusetts (MIT), dirigido por J.W. Forrester, un estudio que se materializó en *Los límites al crecimiento*. Este famosísimo informe fue publicado en el año 1972, logrando vender más de 12 millones de copias publicadas en 37 idiomas diferentes. El mensaje que lanzaba el trabajo de Meadows

---

[22]La tendencia de la población a crecer más rápido de lo que lo hace el suministro de alimentos, fue descripta por Tomas Malthus en su libro *Un ensayo sobre el principio de las poblaciones*, publicado en 1798. Gregory Clark, historiador de la economía de la Universidad de Davis (UC), realiza un estudio que se da a conocer en 2007, en el libro *Adiós a las almas*, en el cual muestra cómo, en Inglaterra entre los años 1200 y 1800, la sociedad inglesa vivió permanentemente dentro de una *trampa malthusiana*, es decir, que cada vez que un adelanto tecnológico producía un aumento de la eficiencia, el producto de dicho adelanto generaba un incremento poblacional mayor al diferencial de productividad, provocando una nueva declinación de la población. La tesis de Clark es poco menos que una osadía, al considerar que la revolución industrial es una consecuencia de la selección a favor de ciertas características comportamentales que favorecen el desarrollo capitalista y la consecuente explosión industrial que tuvo lugar en la Inglaterra del siglo XIX. La revolución industrial es, afirma Clark, el primer escape de la *trampa malthusiana* que experimentó el ser humano. La "revolución verde" podría ser la segunda vez. ¿Habrá percibido el núcleo duro de la economía de la década de 1960 que no había *ventana* para una tercera fuga?

[23]Acá se habla de la crisis de demanda que el sistema venía experimentando ya desde principio de la década de 1960.

y colaboradores, provocó un movilizador malestar en los centros de acumulación de recursos, incitando los ya clásicos enardecidos cuestionamientos a sus resultados cuantitativos. El curso que seguían los acontecimientos no era irreversible, decía aquel informe, simplemente hacía falta un cambio de actitud sustanciado con políticas adecuadas. Ya en aquellos años, los mercados podrían resolver, por un lado para el capitalismo, cualquier desajuste ambiental (señales de precios disparadas por escasez de recursos, por ejemplo) y el aún sólido bloque comunista, por el otro, confiaba ciegamente en la tecnología. El Club de Roma no veía ninguna de las dos posiciones alternativas como viables. King y Peccei compartían la desconfianza a la narrativa del crecimiento como avenida de salida a las problemáticas ambientales. Un discurso apocalíptico en el *Informe Forrester-Meadows*, no hubiese estimulado reacciones tan fuertes en el grupo afectado, como lo hizo el mensaje de optimismo que, paradójicamente, se gestaba dentro del reconocimiento de la existencia de límites al crecimiento.

Hirsch, en un libro publicado en 1976,[24] menciona una alternativa a los límites al crecimiento. Él dice que previos a los límites biofísicos, es decir, los que originalmente plantearon Meadows y colaboradores, podemos estar llegando o, incluso, podemos ya haber llegado a límites sociales, políticos e institucionales para avanzar en una agenda que modifique, de alguna manera, el curso tecnológico actual. Acompaña a este pensamiento una colección literaria crítica de los impactos sociales, políticos y distribucionales del proceso de industrialización. Hirsch resume que podemos llegar a alcanzar los límites del modelo occidental de desarrollo antes que toparnos con aquella pared que separa al "vergel de recursos" del desierto.

En la Argentina se publica, en 1975, y en franca oposición al *Informe Forrester-Meadows*, *El Modelo Mundial Latinoamericano*, o lo que se conoció como *Modelo Bariloche*. Este proyecto intentaba resaltar la conceptualización que Alker[25] realizaba del trabajo del MIT, es decir, el reflejo de la sociedad medio-clasista consumista estadounidense de la

---

[24] Hirsch, F., 1976.

[25] Hayward Alker, fallecido en 2007, fue profesor de Relaciones Internacionales de la University of South California. Su inclusión en el presente texto no solo es oportuna por

época. Este modelo surgido en la Fundación Bariloche, durante una complejísima instancia histórica de la Argentina, se preocupa más, como Hirsch, por los límites más sociales que biofísicos que pudiéramos haber estado rozando a mediados de la década de 1970. El modelo critica, en el informe del MIT, su aproximación técnica en lo analítico y los planteos de crecimiento cero, acompañados por controles poblacionales, sobre todo en los países periféricos.[26]

La reacción a estos malestares sociales fue fuerte, prevaleció y se manifestó en "puro desarrollo".[27] A esta altura el juego había terminado, alguien ya se había quedado sin silla y era expulsado del mismo. Dentro del economicismo del que habla Norgaard, la economía académica adquiere hoy en día una magnitud tal que se despliega entre los pliegues de nuestra rutina. La economía global es producto de la *razón económica*, si bien utilizando porciones altamente seleccionadas de ese razonamiento. Muchas de las decisiones individuales actuales, de índole moral pasan, hoy por hoy, por el filtro de los precios y el ingreso. Avistamos y entendemos la realidad desde nuestra posición particular en la economía y, a través de la misma, percibimos las posiciones de otros y de un mundo de recursos y servicios. Nuestra imagen del futuro es un retrato económico del progreso material que da la tecnología. El economicismo es nuestra religión secular, dentro de la cual elaboramos el discurso político acerca de los valores y, a través de la cual, describimos nuestras relaciones co-específicas, así como nuestra posición en el mundo. Podríamos conjeturar, en otras palabras, que el economicismo contemporáneo es lo que fue la religiosidad, sobre todo, para la Edad Media.

En la ética del utilitarismo, algo es correcto si los beneficios exceden a los costos. La verdad pragmática es éxito travestido. Los juicios éticos son resultado del cálculo. Esto representa un frente bélico intelectual importante. Para el "ambientalismo" actual, las decisiones intentan ser

---

su comentario sobre los informes del Club de Roma, sino también por su preocupación por los constantes acercamientos a los problemas internacionales desde las ciencias duras o las sermocinales.

[26]Durante estos años se produce el debate Commoner-Ehrlich, en el cual se discutió la importancia de la demografía en relación con el stock de recursos, sobre todo los que se conocen como no renovables.

[27] No faltó, tampoco, la reacción al *Modelo Bariloche*, ciertamente, muchísimo más dolorosa.

producto de juicios de valor y no de cálculos matemáticos. La fuente de conocimientos no es el instrumentalismo racional, situación que lo enfrenta con la hegemonía política de la economía.

La valuación de los servicios del ecosistema, más allá de la defensa a la biodiversidad, se encuentra sumamente atractiva en los debates que se vienen dando en los círculos conservacionistas de las últimas dos décadas, sobre el curso e implementación del desarrollo. La descripción pecuniaria de la naturaleza, tal vez no concuerde ni con los valores de esos profesionales ni con su relación personal con la misma. Sin embargo, para las generaciones más recientes, educadas en el economicismo, se presenta menos conflictiva que para los naturalistas más viejos, fuertemente comprometidos con un discurso político. Tal vez sirva como sustento argumental de este punto, un análisis de la evolución de la educación en los EE. UU., indiscutiblemente y, por ahora, centro académico e intelectual influyente a nivel global. Schuster y Finkelstein, escriben en su libro *The American Faculty*:

> [...] la agenda académica hoy es sustancialmente diferente a lo que fue en la década de los '60.

Promediando el siglo pasado, las instituciones académicas estaban razonablemente aisladas de las presiones del mercado, mientras que en la actualidad son tratadas, tanto en su gestión como en sus objetivos, como un negocio. Schuster y Finkelstein dicen en su libro:

> [...] esto es un viraje ideológico y filosófico sustantivo, en cuanto a la manera en que la sociedad conceptualiza a la educación.

Las viejas generaciones académicas ponderaban valores y normas, las actuales orbitan alrededor de datos. Erik Wright, profesor de la Universidad de Wisconsin, señala un corrimiento desde grandes marcos conceptuales de debate, hacia cuestiones empíricas, comúnmente celebradas como prácticas.

Los biólogos dedicados a la conservación comparten un objetivo: conservar la diversidad. Si bien, personalmente, la valoran, la mayoría de ellos están convencidos de que "el resto de la gente" jamás llegaría a apreciar la importancia de la riqueza de la vida. Las películas de la naturaleza han llamado la atención de un grupo creciente de personas, sin embargo, los conservacionistas están persuadidos de que para pasar la barrera de los medios y llegar al difícil mundo de la política, el idioma del dinero habla más fuerte que la particular atracción que pueda provocar algún animal en peligro de muerte. Este eje metodológico arrastra a los biólogos involucrados a deambular por la economía para estructurar el discurso sobre el valor del servicio de los ecosistemas, basado en el análisis de costo-beneficio.

Los libros de economía presentan a la mayor parte de los predicamentos humanos como imperfecciones de mercado. Por ejemplo, el abuso del sistema es consecuencia de que no existe un mercado para la polución o para a los servicios ambientales. Consecuentemente, los precios que se generan en mercados imperfectos, conducen a la gente a tomar decisiones con respecto al ambiente que no coinciden con el interés general. Los precios del mercado deben ser corregidos, incluyendo todos los servicios de la naturaleza. También los análisis de costo-beneficio que se utilizan en las decisiones públicas, deberían incluir valores que normalmente no tienen reflejo en el mercado. Es decir, el problema se exhibe, en gran medida, como una incorrecta definición de los precios, lo cual se define como una dificultad meramente técnica que se soluciona con una prolija aplicación de la incompleta ciencia económica.

No sorprende, entonces, que los biólogos conservacionistas estén, hoy por hoy, ocupados con cuestiones de teoría económica. Esta combinación desemboca en medidas tales como el establecimiento de mercados forestales para el secuestro de carbono en países pobres, en los cuales sus habitantes están "dispuestos" a dejar de explotar las plantaciones, para que la población capitalizada del mundo pueda comprar los derechos. Esto, naturalmente, hace que el secuestro de carbono sea más barato que en un mundo con menos inequidad distributiva, lo que es lo mismo que decir que podemos seguir manejando autos de alto consumo, mientras los menos favorecidos dejan de aprovechar los recursos. Desde esta plataforma, no es difícil lanzarse a la explicación de por qué resulta sumamente complicado aceptar las señales de precios generadas en un mercado dentro de este contexto de desigualdad. Esto ocurre porque hay varias combinaciones eficientes de precios que dependen de la distribución de los derechos al capital. Este ejemplo, entre muchos que prolongarían esta discusión más allá de lo razonable, demuestra que la economicidad que plantea Norgaard, una de las herederas directas de la Ilustración, no es más que la racionalización del *status quo,* a través de la tecnología.

El problema con la *construcción liberal ortodoxa,* según palabras de Eckersely, es que sirvió para despolitizar el espacio de la toma de decisiones en aquellos dominios, en los cuales se generan "desgastes" del sistema, difusos pero acumulativos. Las decisiones de inversión, producción y consumo son consideradas esencialmente cuestiones individuales y privadas, a menos que se pueda demostrar que dichas decisiones causan un daño directo a agentes identificables, lo cual la mayoría de las veces es sumamente difícil.

Los valores liberales surgieron dentro de la emergente sociedad de mercado europea que sustentó su crecimiento en una ampliación de la base de recursos y en un constante aumento del stock de riqueza. Dicho liberalismo precedió a la democracia moderna y creó el mundo al cual esta última *se tuvo* que adaptar. Las fuerzas sociales que forjaron al esquema económico actual fueron las mismas que diseñaron los protocolos de procedimiento democráticos de los estados modernos. Estos actores sociales entendieron el individualismo de Locke como el músculo de su creación y concibieron al individuo racional y egoísta como "natural", justificando en esta construcción la privatización de las ganancias (rentabilidad) y la socialización de las pérdidas (degradación ambiental). La expropiación al sistema natural y el dualismo entre ser humano y naturaleza, que negaba la dependencia del primero a la segunda, no reconocían el valor intrínseco de dicho sistema. La idea de que la libertad solo es alcanzable desde la plenitud material y la confianza en la omnipotencia humana, fueron los disparadores de una escalada de degradación (o simplemente cambio) que se alimentó y retroalimentó, con la supremacía tecnológica.

Este paseo por las raíces iluministas de la economía no implica una lateralización de nuestro objetivo principal. Como se dijo antes, es importante reconocer allí uno de los pilares del discurso ambiental actual predominante: la conceptualización del "desarrollo". La otra pieza del sintagma, la idea de "sustentable", aparece como posible escudo frente al embate del primer ambientalismo. "Desarrollo" y "sustentable", ambos conceptos hijos de la misma madre racional cartesiana, empujaron al pasado a un futuro de números y máquinas que se encarna en un presente que empieza a dudar de su rumbo. Los principios epistemológicos analizados más arriba, constituyen el alimento intelectual de mucho de lo que percibimos como crisis de la modernidad. Cabe analizar, ahora, uno de los fenómenos más escurridizos de la narrativa ambiental moderna.

Capítulo 2

El desarrollo sustentable como *excipiente* de la tecnología

> *La crítica será genealógica en el sentido de que no deducirá*
> *de la forma que somos lo que es posible hacer o conocer, sino*
> *que extraerá de la contingencia que nos ha hecho ser lo que*
> *somos, la posibilidad de dejar de ser, hacer o pensar lo*
> *que somos, hacemos o pensamos.*
>
> Micheal Foucault, *¿Qué es la Ilustración?*

El desarrollo sustentable, concepto más político que técnico, como intentaremos demostrar en este capítulo, es pura semántica que pudo no haber tenido la intención de avanzar una agenda, francamente desgastante de nuestra relación con el sistema, pero lo logró. El término fue instalado por la Comisión Internacional sobre Ambiente y Desarrollo de las Naciones Unidas, la cual redacta en 1987 un informe liderado por la primera ministra noruega Gro Brundtland. El *Informe Brundtland* contiene la más famosa de todas las definiciones… y la más ambigua. Sinónimo, para muchos, de ambientalismo cosmético, es una herramienta mediática propia de varios gobiernos y de la inmensa mayoría de las empresas. He aquí la necesidad de discutir este concepto poco útil, trivial y, por momentos, casi mediático, pero con mucho del poder que la maquinaria comunicacional-informativa le impuso, convirtiéndolo en garante de la reproducción del sistema hegemónico y de lo que se sostiene como *lógica tecnológica*.

La puja entre conservar y preservar subyace como particular y compleja historia intelectual de las reacciones al concepto de desarrollo sustentable, concebido en el *Informe Brundtland*. Por un lado, la preservación de la virginidad del sistema, por el otro, la posición conservacionista que favorece su protección desde una perspectiva netamente antropocéntrica, fundamentalmente, para seguir contando con aquellos recursos útiles al ser humano. La primera aproximación al ambientalismo es históricamente expresada en términos más bien espirituales y románticos, típicos del trascendentalismo americano y el romanticismo europeo. La segunda posición se asocia al utilitarismo y a aquella filosofía social que asume como objetivo el mayor bien para el mayor número de gente. La interpretación individual que se haga del concepto de desarrollo sustentable está condicionada por la posición que se mantenga dentro de este espectro.

Este planteamiento binario ocupó parte del debate en la primera parte del siglo xx, en temas como la preservación de la biodiversidad, la extracción de recursos renovables y el manejo de áreas naturales. En las décadas de 1960 y 1970 con Boulding, Carson, Ehrlich, Hardin, Commoner y Meadows, entre otros, temas como la polución, los recursos no renovables y la sobrepoblación, pasaron a engrosar las carpetas del ambientalismo, adquiriendo incluso una predominancia sustantiva.

El debate entre Barry Commoner y Paul Ehrlich a principios de la década de 1970, ejemplifica la dirección que había tomado el problema de nuestra relación con el sistema, en los años de gestación del movimiento ambientalista, cuando el tema aún estaba contenido en el mundo académico y hacía no más de un año que había debutado en una movilización masiva. Si bien Ehrlich intentó mantener cohesionado al movimiento[1] frente a los ataques argumentales anti-ambientalistas que

---

[1] En realidad la situación no era de tal unidad. En momentos en que se estaba llevando a cabo el debate en la academia, año 1971, Commoner hizo pública una carta, aduciendo presiones que Erhlich y John Holdren (al momento de escribir este ensayo, asesor científico

amenazaban con terminar de copar al tema, no son menores las diferencias que ambos investigadores sostenían. Básicamente, disentían en cuáles eran los factores predominantemente responsables de la situación en la que estaba ingresando el sistema. Commoner le atribuía un peso más que importante a la contaminación producida por la tecnología, mientras que Ehrlich culpaba a la sobrepoblación y el consumo excesivo, lo cual exigía, más que impulso tecnológico, un cambio fundamental en la demografía. Cabe recordar que *La bomba poblacional,* de Ehrlich, fue un libro ampliamente leído por la gente, lo cual lo constituye en un canal de llegada importante de la preocupación ambiental a la sociedad, como para contribuir a incubar el movimiento que luego se materializaría, formalmente, a partir del Día de la Tierra.

No es intención discutir en profundidad este mojón histórico dentro del "ambientalismo". Sin embargo, los párrafos que ocupa obedecen a su carácter de incubadora del análisis de la relación entre ambiente, tecnología y política, así como también, a la aproximación a esa relación que se ensaya en este trabajo. Los desacuerdos entre Commoner y Ehrlich[2] iniciaron una discusión sobre la importancia relativa de la tecnología y la responsabilidad individual, con respecto a la dinámica humana dentro del sistema, instalando claramente el tema en terreno político. Si bien podríamos establecer, a partir de este debate, el origen de la diferencia entre "sustentabilidad" y "desarrollo sustentable" que se examina en lo que sigue de este capítulo, no parece posible evitar evaluar algunos de los, tal vez, errores de cálculo de la convocatoria de Commoner y Ehrlich, ya que operó como valiosa mediadora evanescente[3] para la transmutación,

---

del presidente de los EE. UU., Barack Obama) mandaran a una serie de colegas. La carta intentaba persuadir a Commoner de no debatir en público para no perjudicar los objetivos del ambientalismo que empezaban a verse seriamente atacados. Efectivamente, el *establishment* corporativo no solo *le da la espalda* a Erhlich, sino que en una jugada que se discute más adelante, se *apropia* del discurso ambientalista, sobre todo, por la posición de Commoner, mucho más radicalizada que la de Erhlich. Si bien es posible que Commoner haya exagerado levemente la actitud intimidatoria de Erhlich, claramente, este último intentaba despolitizar el argumento, mientras que las intenciones polarizadoras de Commoner, no se ocultaban detrás de ningún eufemismo.

[2] El debate culmina con la publicación de *The Closing Circle* de Commoner, Ehrlich y Holdren, de abril de 1972, en la revista *Environment.*

[3] La noción de *mediador evanescente,* que emplea Slavoj Zizek en "Multiculturalismo, o la lógica cultural del capitalismo multinaciona" (en F. Jameson y S. Zizek: *Estudios culturales.*

es decir, continuidad del esquema de utilización de recursos imperante hasta ese momento. Prueba de esto último es cómo siguió esta historia.

El primer antecedente de la formulación del objetivo del desarrollo sustentable se puede encontrar en la Declaración de Estocolmo de 1972. El documento original en esa oportunidad fue "Only One Earth: the Care and Maintenance of a Small Plane", escrito por René Dubos y Bárbara Ward, con la colaboración de 70 especialistas. La declaración publicada, posteriormente, como actas de la conferencia realizada en la ciudad sueca, incluye un conjunto de principios, resoluciones y recomendaciones de tipo institucional y financiero. En este documento, la onu adopta una posición claramente antropocéntrica, siendo el cuidado de los recursos no un fin en sí mismo, sino un medio para el desarrollo y la mejora de las condiciones de vida de la sociedad. El punto 6 de la proclama dice:

> La defensa y el mejoramiento del medio humano para las generaciones presentes y futuras, se ha convertido en meta imperiosa de la humanidad, que ha de perseguirse, al mismo tiempo que las metas fundamentales ya establecidas de la paz y el desarrollo económico y social, en todo el mundo y de conformidad con ellas.

La Declaración de Estocolmo es muy precisa en cuanto a la necesidad de crecimiento económico, desoyendo los reparos al mismo que muchos sostenían,[4] en tanto que su propia argumentación recomienda la implementación de tecnologías apropiadas para compatibilizar conservación y desarrollo en el Norte y que, a su vez, puedan ser transferidas al Sur para fomentar el bienestar material del mismo. El principio 11 reza:

Reflexiones sobre el multiculturalismo), para referirse al papel de los disidentes durante el proceso de restauración del capitalismo en la ex urss, se puede aplicar al papel de estos dos investigadores durante los años en que se instalaba la posibilidad de una modificación del rumbo. El término, originalmente, le pertenece a Jameson cuando hace referencia a la hipótesis weberiana del origen del capitalismo: una vez que el Protestantismo posibilita la racionalización de la vida espiritual, deja de tener razón de ser y desaparece de la escena histórica. Estos mediadores evanescentes actúan como auténticos catalizadores, en la medida en que permiten el acoplamiento de sustancias poco reactivas. En este caso, el concepto surge del hecho de que el objetivo de ambos ambientalistas condujeron a un efecto opuesto al que había sido pensado originalmente.

[4] Recordar que, como se señaló en el capítulo 2, fue en estos años en que se publica *Los límites al crecimiento*.

[...] las políticas ambientales de todos los Estados deberían estar encaminadas a aumentar el potencial de crecimiento actual o futuro de los países en desarrollo y no deberían coartar ese potencial ni obstaculizar el logro de mejores condiciones de vida para todos.

El crecimiento demográfico representa una causalidad clave, según la declaración, por lo que recomienda control de la natalidad:

El crecimiento natural de la población plantea, continuamente, problemas relativos a la preservación del medio y se deben adoptar normas y medidas apropiadas, según proceda, para hacer frente a esos problemas. De todas las cosas del mundo, los seres humanos son lo más valioso.

El discurso de la Declaración de Estocolmo llega a un espacio ideológico, si bien no completamente estructurado (esto recién ocurre a comienzos de la década de 1980), suficientemente preparado como para que, dicha declaración, sea bien recibida. Revolviendo en los archivos de época, se puede encontrar, efectivamente, signos claros de una construcción ideológica, suficientemente fértil para la siembra de las semillas de la concepción actual de ambientalismo, surgidas de la reunión en Suecia de 1972. Por ejemplo, en el seminario Founex, llevado a cabo en Suiza, en 1971, se acuerda: 1) superar la antinomia entre desarrollo y medioambiente, 2) que la cuestión ambiental no solo compete a países desarrollados y 3) que las cuestiones ambientales estén relacionados con las sociales. El informe[5] que se redacta, deja bien en claro que el problema no radica en el sistema económico, sino que es consecuencia del proceso de industrialización y de crecimiento demográfico. No sorprende, entonces, que recomiende un desarrollo en los países pobres que sea espontáneo y sin regulaciones y que, para fomentar dicho desarrollo, se produzca una distribución equitativa de la polución, reubicando industrias contaminantes desde los centros manufactureros a las periferias. Según esto último, entonces, algo estaba muy claro: donde aún quedaban servicios ambientales en abundancia.

---

[5] Naciones Unidas, 1971, *El desarrollo y el medio ambiente*, Suiza, Founex, 4-12 de junio de 1971.

A principios de la década de 1980, Lester Brown, en *Building a Sustainable Society*, introduce una visión más social de largo plazo, imaginando cambios institucionales conducentes hacia un espacio de sustentabilidad sólido y perdurable. Aproximadamente para la misma época, en 1980, aparece *La estrategia mundial para la conservación* (World Conservation Strategy (WCS), una publicación de la IUCN[6] financiada con fondos del PNUMA, y la World Wildlife Fund (WWF), presentada en la FAO y la UNESCO. Este documento concentró su discurso en las condiciones ecológicas que deben preponderar, si se pretende no sobrepasar los límites hacia una sobreexplotación.

A pesar de sufrir una severa crisis de demanda, el sector empresario dañado por dicha crisis, encuentra la capacidad ofensiva suficiente para recuperar la tasa de ganancia mediante nuevas tecnologías, más productivas y menos labor-intensivas. Este fenómeno genera una perspectiva compleja, desde el punto de vista social, que le exige una maniobra. Es así como, a mediados de la década de 1980, se emprende un intento de recomposición de la relación con el ciudadano de a pie que percibía, en el planteo de salida de la severa crisis por la que aún atravesaba el mundo, una tendencia a fuertes desequilibrios, no precisamente a su favor. Es así como, luego de la Conferencia sobre Conservación y Desarrollo de la IUCN-PNUMA-WWF en Ottawa en 1986, se revisa el documento original publicado en 1980. Se decide, de este modo, comenzar a hilvanar un discurso más convocante, un discurso que incluyese la idea de una suerte de desarrollo "sustentable" y equitativo. Desarrollo sustentable, paz, solidaridad y justicia se constituyen, en la nueva propuesta, en una argamasa capaz de cimentar la conservación de los recursos que garantice, tanto el crecimiento, como los intereses de los pueblos originarios y del resto de los ciudadanos:

> La conservación es totalmente compatible con la demanda creciente de desarrollo 'centrado en la gente', que alcanza una más amplia distribución de los beneficios a todas las poblaciones…

---

[6] La IUCN (International Union for the Conservation of Nature) nace en una reunión de la UNESCO en Fontainbleu (Francia), en 1948, de la mano de Julian Huxley, primer presidente de dicho organismo multilateral, creado una vez constituida la ONU en 1945.

En 1991 la iucn publica el segundo wcs con el título de *Caring for the Earth: A Strategy for Sustainable Living.*[7]

La trayectoria de esta serie de documentos evidencia la controversia entre las dos posiciones que se viene exponiendo en párrafos anteriores. En una primera edición del informe de la iucn, se hace hincapié en temas netamente ecológicos (uso sustentable de recursos, mantenimiento de la diversidad biótica y preservación de los sistemas de sustento de la vida). En esta segunda publicación el foco migra, significativamente, hacia la dimensión humana del problema. Lo mismo ocurre con el *International Geosphere-Biosphere Program of the International Council of Scientific Unions,* establecido en 1984, y con el *Human Dimensions of Global Environmental Change Program* establecido, de 1988, en una conferencia organizada por el *International Federation of Institutes of Advanced Study,* la un University y la unesco. En todos los casos, partiendo de una perspectiva de las ciencias naturales, se fue virando hacia una representación más institucional, orientada a problemas particulares y fundamentalmente antropocéntricos. Cabe recordar que entre el primer wcs y el segundo, tiene lugar la publicación de *Nuestro futuro común (Informe Brundtland).*

Los documentos de la iucn, una *guía práctica* para gobiernos y empresas, materializan el marco conceptual para el pensamiento conservacionista. Proponen mantener los recursos a escala global, demostrando cómo, conservación y desarrollo, pueden potenciarse mutuamente y que, este último, tiene que ser visto como el mayor medio para lograr la conservación, en lugar de visualizarlo como un obstáculo. Dice el documento de la iucn:

> [...] el mantenimiento de los procesos ecológicos esenciales y los sistemas de soporte de la vida, la preservación de la diversidad genética, y la utilización sustentable de las especies y los ecosistemas con el propósito general de alcanzar el 'desarrollo sustentable' mediante la conservación de los recursos vivos.

Los documentos de la iucn, concebidos, tal vez, como se insinuó más arriba, como un protocolo sobre manejo de recursos para ser

---

[7] iucn/wwf, 1991.

utilizado por instituciones gubernamentales, detallan prioridades y distribución de tareas entre gobierno y ONG, reconsiderando los objetivos de desarrollo en función de la agenda conservacionista. De hecho, el desarrollo sustentable fue uno de los programas pensados por la IUCN para el período 1984-1987. Esta incorporación de "desarrollo sustentable" recibió el apoyo de otros documentos, como el Reporte de la Comisión Norte-Sur (1981), la Proclamación de la Carta de las Naciones Unidas para la Naturaleza (1982) y la Conferencia Mundial de la Industria sobre Gestión Ambiental (1984).

Es interesante destacar que son las particulares definiciones de conservación y desarrollo que elabora la IUCN, lo que hace a estos términos compatibles y no antagónicos, colocando el concepto de "sustentable" en un lugar clave y definitorio. "Desarrollo" es presentado como:

> [...] la modificación de la biosfera y la aplicación de los recursos humanos, financieros, vivos y no vivos para la satisfacción de las necesidades humanas y la mejoría de la calidad de la vida humana.

Mientras que "conservación" se define como:

> [...] la administración del uso humano de la biosfera para que pueda rendir los mayores beneficios sustentables a las generaciones presentes mientras mantiene el potencial para satisfacer las necesidades y aspiraciones de las futuras generaciones.

Los documentos de la IUCN ponen al descubierto la esgrima entre dos posiciones que, a lo largo del recorrido histórico que aquí se propone, van quedando nítidamente establecidas. Por ahora, se van a nombrar como tecno-centrismo y eco-centrismo, si bien, en desarrollos posteriores en este ensayo, al nutrirse del debate filosófico y sufrir una transgénesis conceptual, será posible reconocerlas en otros significantes, pertenecientes a una aproximación más sub-superficial a esta controversia. Estos textos intentan un ambientalismo híbrido, con elementos del utilitarismo científico, del holismo romántico y del pensamiento vitalista, así como con aspectos científicos de la ecología, ofreciendo una suerte de aleación conceptual de corte bioético:

[...] las especies deben conservarse porque son útiles y porque tiene derecho a ser conservadas...

Resolviendo la pugna, finalmente, en una convocatoria mucho más amplia.

No es difícil apreciar la higiene política con la que wcs y *Caring for the Earth: A Strategy for Sustainable Living* intentan concebir, el aún embrionario, por aquellos años, concepto de desarrollo sustentable. Tanto la conservación, como la ciencia, pretenden ser presentadas allende cualquier planteo ideológico. No es posible deducir de los textos ninguna interacción entre sociedad y naturaleza y, mucho menos, que la visión misma de la naturaleza pueda llegar a ser, como se expondrá en otro capítulo, construida socialmente. Los documentos presuponen que la conservación puede trascender estructuras y desequilibrios sociales:

[...] la integración de la conservación y el desarrollo para asegurar que las modificaciones al planeta aseguran la sobrevivencia y bienestar de toda la gente.

Más allá de cualquier análisis, estos documentos, al acoplar conservación y "desarrollo" constituyeron un piso indispensable para los planteos que inició el *Informe Bruntland*. No conviene olvidar que esta labor no fue solo teórico-conceptual, sino también política, ya que prepararon a gobiernos y organizaciones varias para recibir, dentro del esquema institucional imperante, los objetivos claros de *Nuestro futuro común* de 1987. La Comisión Brundtland profundizó el curso hacia temas más sociopolíticos y distribucionales, sin proclamar la necesidad de cambios drásticos, ni en nuestro comportamiento, ni en nuestras prioridades. Al mantener su mandato de contemplar, tanto el sistema, como el crecimiento económico, la Comisión concentró su atención en las condiciones socioeconómicas de los países en desarrollo y su conexión con la "degradación ambiental". El resultado fue un reporte que combina tanto matices reformistas como, según consideran algunos, *revolucionarios*, entendidos estos últimos como un cambio drástico para mantener la estabilidad social. En última instancia, se habla de cambiar el funcionamiento del sistema... pero para sustentarlo:

> Las próximas décadas serán vitales. Es tiempo de romper con los modelos
> del pasado. Si intentamos mantener la estabilidad social y ecológica por
> medio de las viejas estrategias de desarrollo y de protección ambiental,
> la inestabilidad aumentará. La seguridad debe ser buscada en el cambio.

Los aspectos reformistas tienen que ver con la naturaleza fuertemente antropocéntrica del informe, sesgo que condujo a sugerir que las soluciones a la inequidad distributiva y su nexo con la "degradación ambiental", radicaban en la promoción de más desarrollo, a pesar de que el ecosistema había dado muestras más que contundentes de sus limitaciones para absorber ese crecimiento económico. El informe aboga por la ya clásica sugerencia de aumentar las tasas de entre 5 y 10 veces en el curso de los próximos cien años, de forma tal de satisfacer las necesidades de los excluidos.

Para el informe, la pobreza es, al mismo tiempo, causa y efecto de la degradación ambiental y, por momentos, se responsabiliza a los indigentes de la crisis ecológica:

> El desgaste del medio ambiente fue con frecuencia considerado el resultado de la creciente demanda de recursos escasos y de la contaminación causada por la mejora del patrón de vida de los relativamente ricos. Pero la propia pobreza contamina el medio ambiente, creando otro tipo de desgaste ambiental. Para sobrevivir, los pobres y los hambrientos muchas veces destruyen su propio medio ambiente [...] El efecto acumulativo de esos procesos llega al punto de hacer de la propia pobreza uno de los mayores flagelos del mundo.

La comunidad ambientalista, criada bajo el plectro de *Principios de política económica* de John Stuart Mill, recibió con escepticismo e incredulidad la sugerencia de multiplicar por 10 el PBI mundial, para lograr que el desarrollo sea sustentable.

Hay algo destacable en el informe de la UNCED. Si bien su análisis permite percibir esa dicotomía reformista-revolucionaria, ambas aproximaciones comparten texto y se ubican en el mismo lado del debate entre conservacionistas y proteccionistas. El documento no hace ningún énfasis, ni mención ligera siquiera, a aspectos valorativos o de responsabilidad individual. Señala, por el contrario, respuestas institucionales colectivas, ganancias en eficiencia y, por supuesto, un impulso y fe ciega a la innovación tecnológica, es decir, como se menciona antes, una actitud estrictamente antropocéntrica y dirigida a la satisfacción de las necesidades de un grupo, digamos, medianamente bien definido de seres humanos. La agenda política del informe trasciende la visión localista de las primeras aproximaciones ambientalistas e, incluso, de la IUCN, y subraya insistentemente el libre intercambio entre naciones. Es así que el *Informe Brundtland* se aleja, ostensiblemente, de ser una auténtica propuesta "ambiental" para ser más una apoyatura convocante del reporte Brandt.[8]

En las diferencias está el valor de las similitudes

Funcionales a los propósitos del presente ensayo, fueron seleccionadas dos perspectivas de análisis del "desarrollo sustentable". Ambas parten de la indiscutida cuna brundtlandiana, pero difieren en su desarrollo posterior. Lo interesante es que, si bien divergen en un tramo del análisis, esta divergencia, se podría decir, es casi anecdótica y ambas confluyen en el resultado final.

La primera perspectiva, desde el comienzo más crítica, ensaya una hipótesis históricamente contextualizada sobre las causas de la fórmula del *Informe Brundtland*. Un modelo económico resquebrajado intenta sobrevivir frente a una crisis de demanda y de agotamiento de recursos. Paralelamente, las hegemonías políticas de postguerra no conforman en el Norte y mucho menos en el Sur. Por otro lado, como vimos en el apartado anterior, se comienza a repensar, desde Carson y Nelson (mentor del primer "Día de la Tierra"), nuestra dinámica en el sistema. Indiscutiblemente, todo esto constituye una miscelánea indigerible para

---

[8]El reporte Brandt es parte de la lógica de una economía mundial interdependiente, surgida en Bretton Woods en 1944. La idea de la Comisión, creada por la ONU en 1980, fue reorganizar las relaciones internacionales, la economía mundial y la inserción de los países en desarrollo. No resulta extraño que el "medioambiente" forme parte de esa reorganización, sobre todo en lo que a conservación se refiere. El informe plantea que el proteccionismo es causa del estancamiento imperante.

el sólidamente instalado paradigma de la razón iluminista o, lo que es lo mismo, para el camino del crecimiento económico señalizado por el análisis de costo/beneficio de tecnologías nacidas a la luz de una "investigación científica" rentable.

La pregunta de partida que nunca se explicitó, pero que más cuaja con las respuestas que finalmente se dieron, podría plantearse de la siguiente manera: ¿se puede aumentar el producto industrial en un factor de entre 5 y 10 con lo que queda de recursos, estirando su rendimiento lo más que se pueda? Esta pregunta presupone, por un lado, el reconocimiento de límites "naturales" a la expansión económica, idea que era preferible no instalar mediáticamente en la sociedad, sacándola, de esa manera, de la esfera política, sin demasiado esfuerzo.[9] Por otro, dicha pregunta reconoce tensiones en la fibra social que amenazaban quebrar los esquemas distributivos imperantes. Este paisaje volcánico encontró al núcleo duro económico con una respuesta: el *Informe Brundtland*, con su desarrollo sustentable.[10] Si bien es en cierta manera hipotética, no se puede calificar esta asociación de forzada. El texto del informe exuda compromiso, primero y ante todo, con el crecimiento y, en segundo plano de discusión, sugiere que ese crecimiento sea lo menos perjudicial para *algo* llamado ambiente, que supuestamente debe quedar intacto para *algo* que llama futuras generaciones. Como demuestra Naomi Klein, aquellos eran años en los cuales *repensar las fábricas* estaba fuera de toda cuestión.

Al repasar el *Informe Brundtland* se ve que en el mismo se explicita una condición ambiental comprometida y una situación de desequilibrio material importante entre distintas porciones de la población humana. Este lenguaje de crisis contrasta con el paquete de propuestas que recuerdan al esquema económico planteado en párrafos anteriores, esquema que gestó aquella crisis en primer término. El documento, al relacionar en un paralogismo ya clásico, la degradación ambiental y la pobreza, resuelve la salida a ese círculo vicioso con un crecimiento económico impulsado por la mecánica del mercado y del libre comercio,

---

[9] Wallerstein menciona, por ejemplo, cómo grupos económicos hegemónicos han sido capaces, históricamente, de lograr sus objetivos sin excluir temas de la discusión política (democrática), simplemente recurriendo a las amenazas económicas y al miedo.

[10] No fue la única de la que echaron mano. Por momentos, tuvieron que ser un poco más *claros*.

los cuales pueden facilitar el movimiento de capital y la transferencia de un renovado impulso a las "tecnologías limpias".

Pearce y Warford son algunos de los investigadores que asocian el concepto de desarrollo sustentable con una reacción al frente que venía impulsando, ya desde mediados de la década de 1970, la idea de límite. Cabe recordar aquí el aire de escepticismo con respecto a las bondades del crecimiento económico en impulsar el desarrollo que recorrió la última parte de la década de 1960 y 1970, de la mano de Meadows, Schumacher y otros. A esta altura queda bastante claro que el concepto de desarrollo sustentable no nace del movimiento ambientalista, sino que más bien se gesta como defensa contra el radicalismo y la virulencia que mostraba dicho movimiento en aquellos años, pues el mismo hablaba, decididamente, otro idioma. Por otro lado, hay quienes piensan el desarrollo sustentable como un giro hacia el conservacionismo, como por ejemplo Dowie y Gottlieb. Estos autores lo enmarcan como una materialización del concepto de conservación de los recursos. De cualquier manera, no es difícil percibir el tipo de discurso que se estaba tratando de instalar en aquellos años. Un discurso que no hiciera hincapié en los límites ni en la regulación de los ambientalistas radicales, pero que resaltara al desarrollo sustentable como salida, es decir, en los términos de este ensayo, como una amarra a siglos de modernidad poscartesiana.

Desde otra perspectiva analítica, Sneddon, Howarth y Norgaard definen al *Informe Brundtland* como un hecho histórico vital, ya que instala una definición de desarrollo (el de carácter sustentable) y, por otro lado, señala la emergencia del tema medioambiental como una faceta crítica en la gobernabilidad internacional. Estos autores subrayan que el mérito del informe es haber disparado una serie de estudios en cuanto a desarrollo y sustentabilidad, los cuales marcaron el rumbo posterior del debate.

Estos investigadores toman el prefacio del informe y en él destacan las menciones a la educación, a la participación y al debate como vehículos eficaces de las distintas aspiraciones que se detallan en el cuerpo de dicho informe. De todos modos, reconocen que, si bien se definieron planes concretos a nivel local para impulsar y/o monitorear sustentabilidad de procesos, siempre carecieron de masa crítica, tanto dentro como fuera de las estructuras gubernamentales, como para materializarse. Aunque hubo intentos, dicen, de ampliar la base participativa, jamás se produjo una traslación del poder decisorio de los administradores del *status in quo* hacia el ciudadano de a pie.

También subrayan la referencia a la relación entre degradación ambiental y pobreza. Sin embargo, simplemente se limitan a marcar de manera recatada la importancia de poner a la vista y consideración de todos, la interconexión entre ambas variables. Por otra parte, vuelven a colocar el informe en un lugar destacado cuando le atribuyen el hecho de haber creado nuevos espacios para avanzar en objetivos ecológicos y sociales comunes, es decir, en un terreno más fértil para la democracia y la política.

Una vez superada la instancia de separar las piezas más rescatables del informe, comienzan las convergencias con la primera perspectiva analizada. Sneddon, Howarth y Norgaard ven un proceso de internacionalización de la política ambiental a partir del informe que se hace evidente en un gran número de acuerdos multilaterales que apuntan a recursos, principalmente, en zonas en las que dichos recursos se empiezan a ver cuantitativamente comprometidos. Prestando mucha atención a esto último, no debería sorprender, entonces, que sean organismos multilaterales como la Organización Mundial del Comercio (OMC) o, incluso, el Fondo Monetario Internacional (FMI), los que hayan prácticamente monopolizado "las discusiones", en el terreno del sistema natural, luego de la publicación del *Informe Brundtland*. Es en las reuniones de estas organizaciones donde se disputan argumentos sobre el ambiente, obviamente, dentro de la matriz de la liberalización de los mercados y el crecimiento económico. Claramente, según estos investigadores las cuestiones referidas a los recursos fueron sacadas de la esfera política. Ambientalistas en todo el mundo subrayan la socavación permanente por parte de estos organismos multilaterales de la gobernabilidad ambiental global, por medio de la *commoditización* de recursos y el debilitamiento de esquemas de regulación locales.

Luego de rescatar el *Informe Brundtland* como un hito histórico en un rumbo aceptable y empezar a notar malformaciones en el crecimiento posterior del concepto que en él nace, recorren el camino posterior y llegan a la Conferencia sobre Sustentabilidad y Desarrollo de las Naciones Unidas (UNCED, según sus siglas en inglés). No se puede disentir con ellos en cuanto a la atmósfera que se respiró en la reunión de Río de Janeiro en 1992. La retórica del desarrollo sustentable, tal cual salió de la Comisión Brundtland, entusiasmó inmediatamente, como se dijo al principio, a gobiernos e industrias permitiéndoles equiparar, de ahí en más, desarrollo sustentable con crecimiento económico.

Sin embargo, el camino hacia una completa dilución de los eventuales compromisos con un cambio de rumbo, no se presentaba tan fácil. Varios acontecimientos empezaban a representar una dificultad no despreciable. Ya en 1976, la catástrofe químico-ecológica que tuvo lugar en Seveso, Italia, después de que una nube de dioxina contaminara a todos los seres vivos de la región, alcanzó un nivel mediático importante. En 1978, se dio lo que se llamó entonces la segunda crisis del petróleo (entre octubre de 1973 y noviembre de 1981, el precio de un barril pasó de 3 a 34 dólares). En 1981, científicos británicos anunciaban que, desde 1970 en cada primavera se venía produciendo un agujero en la capa de ozono estratosférico, situada sobre la Antártida, exponiendo más a los seres vivos a las radiaciones ultravioletas solares. En los Estados Unidos, se autorizó la construcción de la bomba de neutrones que mata a las personas y deja intactos a los objetos. En 1984, hubo un escape en la fábrica de plaguicidas Union Carbide que provocó la muerte de 2.000 personas y diversas lesiones en otras 200.000. En 1985, ya se disponía del arsenal atómico suficiente como para matar a 8.000 millones de personas, doce veces a cada ser humano del planeta. En 1986, estalló un reactor en la central nuclear de Chernobyl (URSS), liberando una gran nube de agentes radioactivos contaminantes que se extendió sobre la Unión Soviética y Europa occidental. Hubo solo 34 muertos directos, pero con un efecto inercial en medio millón de personas en los setenta años siguientes.

Estos desastres no pasaron inadvertidos para la sociedad. Cuatro años después de la publicación del *Informe Brundtland*, se realizó una encuesta internacional, en la cual se observaba un incremento más que sustancial en la preocupación de la población por el estado del sistema. Es así que, casi en una carrera para ganar espacios sociales, se pergeñó la reunión de

Río de 1992. La idea de la conferencia de la UNCED de Río de Janeiro, era instrumentar el desarrollo sustentable mediante compromisos jurídicamente vinculantes entre gobiernos, fijando plazos y recursos financieros. Se aprobaron cinco documentos: la *Declaración de Río sobre medioambiente*, la *Convención Marco sobre Cambio Climático*, la *Convención sobre Diversidad Biológica*, la *Declaración de principios sobre manejo de bosques* y la *Agenda XXI*. Este clima dejó en claro que se establecía no solo la perfecta compatibilidad entre la liberación del comercio y el mercado a nivel global, la protección ambiental internacional y el crecimiento económico sustentable, sino que estos objetivos se apuntalaban mutuamente. En pocas palabras, muchos de los gobiernos asistentes, vaciaron de contenido conceptual las medidas que se pretendían aprobar y las colmaron de pecuniario. En muchos sentidos, esto implicó un fuerte retroceso respecto de la reunión de Estocolmo, realizada veinte años antes. A partir de 1992, el Banco Mundial y otras organizaciones multilaterales, prácticamente tomaron la administración de los recursos internacionales.

La *Convención sobre Biodiversidad* y el *Convenio Marco sobre Cambio Climático*, por considerar dos de los acuerdos internacionales más conocidos surgidos después de Río, fueron un intento de parte de la UNCED por establecer una acción coordinada entre el mercado y las políticas públicas a nivel global, mientras se mantenían *intactas* las distintas soberanías. Una aproximación como esta, a principios de la década de 1990, representó una curva cerrada en la ruta hacia un auténtico cambio, en cuanto a los planteos de la primera reunión de Estocolmo en 1972, en la cual la intervención estatal fue casi un presupuesto mínimo en el debate. Y aquí es donde la distancia entre este análisis sobre el nacimiento y la evolución posterior del concepto de desarrollo sustentable y el anterior, es máxima. Para Sneddor, Howarth y Norgaard, Río también fue un giro de gran magnitud con respecto a los planteos de *Nuestro futuro común*, donde, según estos autores, se buscaba un mayor equilibrio entre las políticas públicas y el sector privado para definir el rumbo resolutivo de la comprometida situación del sistema.

Lo cierto es que el mundo *post*-Brundtland cambió drásticamente, en lo que a tecnología se refiere, ya que se fueron incorporando la revolución biotecnológica y los cambios en el manejo de la información y en las comunicaciones. Las revoluciones tecnológicas interceptan las cuestiones de sustentabilidad en lo que se podría denominar la "revolución industrial verde". Río+10 (reunión de la UNCED en Johannesburgo, en 2002) se transformó entonces en una suerte de re-edición de la anciana revolución industrial, pero con maquillaje.

Los dos acercamientos analíticos que se han presentado, como se dijo al principio, pueden tener matices, pero esas diferencias solo le imponen un ritmo diferente a la cronología histórica de las consecuencias del *Informe Brundtland* y de su conceptualización del camino a seguir, con respecto a nuestra actividad transformadora. Mientras que Sneddon, Howarth y Norgaard encuentran las raíces de los antagonismos con respecto al concepto de desarrollo sustentable en el mismo informe, en el cual conviven los argumentos de tipo reformista y los de *corte revolucionarios*, en la otra perspectiva analítica estos *aspectos revolucionarios* no solo no lo son tanto, sino que relajan responsabilidades en el sector más afortunado de la humanidad, dejando el peso de la sobreexplotación y la contaminación a los más alejados del sistema. De todos modos, como se demostró, ambos caminos llegan tarde o temprano a la misma interpretación del objetivo del informe: salvar el esquema económico de postguerra estructurando el nuevo modelo de acumulación, en torno a la inclusión de más consumidores, utilizando una versión más fuerte del mismo esquema científico-tecnológico que originó el problema en primera instancia.

Aparentemente, alejados del curso central de este ensayo conviene, entonces, resaltar la fibra conceptual de la discusión sobre desarrollo sustentable hecha hasta aquí, es decir, que la sustentabilidad brundtlandiana almacena un caldo nutritivo potente del actual capricho tecnológico en ambiente. La localización institucional de defensores y detractores del concepto acredita esto último. Por un lado, se puede ubicar a los defensores de los lineamientos del informe en oficinas de las Naciones Unidas (UNDP, por ejemplo), agencias gubernamentales de investigación y directorios de empresas. Por otro, dentro del espectro crítico están aquellos que califican el desarrollo sustentable, tal cual se definió en 1987 y se afianzó en las reuniones de 1992 y 2002, como una representación que solo intenta, por una parte, consolidar la brecha material entre los seres humanos para lograr un incremento virtual de los recursos disponibles y, por la otra, facilitar la aceptación de las tecnologías verdes como *proceso revolucionario*. Otros críticos apoyan los conceptos generales, pero advierten sobre andamiajes de poder que impiden el verdadero progreso hacia los objetivos delineados en el *Informe Brundtland*. Para los críticos que provienen de la ecología, el antropocentrismo marcado del informe y las subsiguientes reafirmaciones solo impiden la posibilidad de disolver la falsa barrera entre la esfera humana de las actividades económicas y sociales y la esfera ecológica que alimenta a la primera.

Según Faber, los seguidores de la versión original de desarrollo sustentable tienden a visualizar las cuestiones epistemológicas y metodológicas de una forma muy específica. En una síntesis ligera, digamos que esta posición parte del individualismo, el economicismo y el optimismo tecnológico para definir cómo se genera el conocimiento acerca del mundo social. Por otro lado, tienden a esquematizar cuantitativamente las complejas relaciones del ser humano con el resto del sistema, con el objetivo de ofrecer a los tomadores de decisiones generalizaciones útiles. Por el contrario, los críticos de esta concepción del desarrollo sustentable, según Robinson y Demeritt, son en su mayoría afines a una suerte de constructivismo social, el cual afirma que el conocimiento del mundo representa una serie de mediaciones entre los seres humanos, las relaciones sociales y las identidades individuales. Estos críticos, también, tienden a enfatizar las contingencia histórica de los procesos de desarrollo y llevan a cabo, normalmente, análisis cualitativos basados en la metodología de estudio de caso. Sin embargo, lo más importante es que, mientras que los seguidores del concepto tradicional perciben las reformas como el camino adecuado para lograr la mentada sustentabilidad, los críticos abandonaron la posibilidad de canalizar el cambio a través de las instituciones tradicionales.

En la crítica posestructuralista[11] al desarrollo y a su reencarnación actual, el desarrollo sustentable, se aprecia la palanca que este movimiento

---

[11] Estructuralismo y posestructuralismo tienen una frontera confusa, no solo desde lo conceptual sino también en cuanto a sus representantes. En oposición a la centralidad cognoscitiva del sujeto cartesiano, el estructuralismo lo descentra, pensándolo más bien como parte de una estructura: nada es en sí sino en relación con lo demás. Para el estructuralismo, no existe sujeto sino estructura con partes y reglas de conformación que no pueden variar de cultura en

brundtlandiano significó para la hegemonización de las respuestas tecnológicas a las distintas situaciones en las que se encuentran los recursos. Autores como Fergusson, Escobar y Foucault se refieren a los procesos definidos en el informe como a objetivizaciones del individuo y la naturaleza. Ejemplificando la visión posestructuralista en Escobar, este define el desarrollo sustentable, según fuera concebido en su forma original, como un movimineto de arriba hacia abajo, netamente etnocéntrico y tecnocrático que trata a la gente y a la naturaleza como a una abstracción, como estadísticas que deambulan en gráficas de "progreso". En síntesis, según esta aproximación, el desarrollo sustentable no fue concebido como un proceso cultural, variable residual copada por la modernización. El desarrollo sustentable fue pensado como un sistema de intervenciones tecnológicas medianamente universales, para dotar de ciertos bienes *absolutamente necesarios* a una población *target*.

En la retórica del *Informe Brundtland*, en el cual se suelen encontrar las dicotomías que se mencionaron antes sobre posiciones reformistas y revolucionarias, late la razón como instrumento indiscutido para elaborar esquemas tecnológicos que van a sacar al ser humano de la encrucijada entre el crecimiento económico y la transformación irreversible del sistema, envuelto todo en una poco convincente preocupación por el desarrollo de las comunidades relegadas. En este contexto, el costado reformista es el que más brilla, creando una sólida desconfianza en el concepto que se visualiza como epítome de la hegemonía tecnológica, salvadora de las sociedades acaudaladas, no solo como substituta de los recursos naturales sino, y más virtualmente aún, como nuevo esquema de acumulación.

Cabe recordar que, hacia el final de la década de 1980, el Banco Mundial (BM) comenzó a sumarse a la cruzada sustentable del desarrollo y esgrimió explicaciones relacionadas con la "degradación" ambiental que servía más para deslindar responsabilidades que como plataforma de lanzamiento para un debate serio sobre las raíces históricas de los problemas actuales. Entre sugerencias neo-malthusianas, que imputan el desastre ecológico al crecimiento poblacional sin siquiera mencionar

---

cultura. El posestructuralismo recupera al individuo (a la agencia) y lo contextualiza, de ahí entonces que Escobar critique la extrapolación sin mediar análisis.

que la inequidad distributiva iniciaba una escalada veloz, se propone una composición causa-efecto-solución que evidencia, aún más, que el protagonismo dado a las salidas tecnológicas es mayor al que ya le había dado la revolución industrial. Sin lugar a duda, en la profanidad de las máquinas se yergue una nueva religiosidad, y a esta santísima trinidad, el mercado como fuente de productividad y eficiencia. El mundo se refugia en una nueva catedral. Pobreza y degradación son el blanco perfecto para la bala de plata del crecimiento. No en vano Stiglitz habla de la *teología del mercado*. Como si la pobreza fuera solo una cuestión de dinero y la "degradación" del sistema una consecuencia de la pobreza.

Sin embargo, es prudente señalar que el BM habla de dificultades en el planteamiento de la democracia, así como también refiere a problemas de desajustes en la distribución de los bienes y servicios del sistema, entre los distintos países y comunidades poniendo, de esa manera, la "degradación" del sistema en un marco institucional. Con todo, llegado el momento de empezar a debatir salidas, escamotea la política y se zambulle de lleno en la tecnología, sin siquiera sugerir malformaciones congénitas en los sistemas productivos vigentes. En un reporte del banco publicado en 2003, apunta a la "revolución verde" y a las comunicaciones como a claros exponentes de las bondades de la tecnología al momento de sacar a las distintas culturas y comunidades de la pobreza y la degradación de sus recursos.

Desarrollo sustentable, eficiencia y eco-eficiencia versus sustentabilidad y adaptación

La eficiencia es una de las piedras angulares del pensamiento tecno-científico y económico, predominante en el *Informe Brundtland*. Más allá del planteamiento teórico de la eficiencia Pareto,[12] el pensa-

---

[12] La eficiencia Pareto, llamada así por quien la propuso, es un concepto que se utiliza tanto en economía como en ciencias sociales e incluso en ingeniería. El concepto dice que, sea P un problema de optimización multi-objetivo, una solución S_1 es pareto-óptima cuando no existe otra solución S_2 que mejore en un objetivo sin empeorar al menos uno de los otros.

miento ortodoxo maneja el cociente *input/output*, el cual señala la evolución de la cantidad de recursos que se necesitan para producir una unidad de bien o servicio. He aquí una consecuencia positiva… para el grupo de economistas ambientales: la eficiencia transforma las cadenas productivas en sustentables. A esta altura, de esta forma, el concepto de eficiencia transfigura el ambientalismo actual en un arma de primerísimo nivel para el grupo que ostentaba el dominio de los recursos y estuvo a punto de perderlo.

Sin la intención de transitar el puente histórico y/o conceptual entre *la métrica de la eficiencia* de la modernidad, de la cual habla Feenberg, y la eco-eficiencia propia de la lógica de fines de siglo xx, asociada al determinismo tecnológico neoliberal, no cabe duda de que este concepto es clave en nuestra dinámica social actual o, por lo menos, fue más que funcional para vincular el crecimiento[13] y la "protección ambiental".[14] Es desde este concepto que, más allá del debate entre Heidegger, Habermas y Feenberg sobre el carácter ontológico de la tecnología, el problema de las bases de sustentabilidad del sistema es reducido a simple avance científico y creación de máquinas, cada vez más eficientes. Se puede ubicar aquí, por ejemplo, a la cuna del reciclaje como tecnología (no como ideología)[15] y a la substitución, columna vertebral de la sustentabilidad débil de Solow y Stiglitz y de los optimistas tecnológicos como Sagoff y Ausubel.

La economía ecológica no escapa a esta lógica *eficienticista*, típicamente moderna, si bien la misma es más terreno de la economía ambiental neoclásica. Para Costanza, en la economía actual, el capital natural pasó a ocupar el lugar del capital artificial como factor limitante. Según este economista de la Universidad de Maryland, se debería maximizar la productividad del capital natural, mudando el énfasis, por lo tanto, desde la tecnología que mejora el rendimiento del trabajo y de las máquinas hacia aquella que aumenta la capacidad de carga del sistema. La

---

[13] Léase continuación del proceso de acumulación que se estaba viendo seriamente comprometido a fines de 1970 y en 1980.

[14] Léase mantenimiento de una base de recursos que se reconocía como retrayéndose a pasos más que acelerados

[15] Entendida como marco de conocimiento pre-reflexivo, es decir, marco cognoscitivo que permite que diversas zonas de la experiencia humana ocupen un lugar y cobren una forma dentro de una estructura reconocible y significativa.

productividad de los recursos se corrige aumentando el flujo de bienes y servicios por unidad de recurso e incrementando la eficiencia, con la cual el producto resultante ofrece servicios al consumidor final. Desde el lado de la demanda, gustos y valores pueden afectar la productividad económica del capital natural, lo cual apunta al capital cultural y social como elementos económicos claves dentro de la lógica que propone Costanza.

Sin embargo, la base de sustentabilidad de los sistemas pueden imaginarse como un balance dinámico entre la tasa de crecimiento de su eficiencia (en su formato económico ortodoxo) y su adaptabilidad. Las soluciones prácticas a este desafío implican decidir cómo se maneja *la tragedia* del cambio, dice Giampietro. Este investigador nos recuerda algo que conviene tener presente a lo largo de todo este ensayo: la complejidad es vertebral en el enfoque analítico sobre las condiciones de sustentabilidad de los sistemas. Aparentemente común e inherente a varias temáticas, la complejidad a la que alude Giampietro no es simple fórmula lingüística, ya que re-direcciona completamente la aproximación tradicional al concepto en cuanto a las posibles soluciones. Investigadores como Van der Bergh, Gowdy y Rammel, acompañan el pensamiento de Giampietro, argumentando que la sustentabilidad, más que un estado determinado, es un proceso en el cual se intenta enfrentar la incertidumbre y la impredecibilidad de las propiedades emergentes por medio de la flexibilidad adaptativa.

La adaptabilidad y la flexibilidad son cualidades cruciales para definir sistemas con buena base de sustentabilidad. Ambas dependen de la habilidad que se tenga en preservar la diversidad. Sin embargo, este último objetivo colisiona con el de aumentar la eficiencia en un punto particular en el tiempo y en el espacio. La eficiencia requiere, por un lado, la eliminación de actividades con una *performance* inferior, definida esta última en un contexto particular de objetivos, funciones y fronteras ecológicas y, por el otro, la amplificación de las actividades percibidas como las de mejor comportamiento contingente.

Esto también se aplica al progreso tecnológico. Por ejemplo, en producción agropecuaria, *mejorar*, según el espacio de objetivos expresado por un grupo social determinado, en situación hegemónica y de acuerdo con su percepción de las fronteras ecológicas (por ejemplo, muy buena disponibilidad de energía fósil), implica una reducción dramática de la diversidad de sistemas de producción, es decir, la desaparición de los esquemas tradicionales. Paulatinamente y bajo innovaciones tecnológicas tales como la "revolución verde", la agricultura, en todo el planeta, está convergiendo en un muy estrecho grupo de soluciones estándares, entre ellas el monocultivo de variedades de alto rendimiento, dentro de un esquema de uso intensivo de energía (aplicación de fertilizantes, plaguicidas e irrigación). Por otro lado, los sistemas *obsoletos* de producción que están siendo abandonados, podrían mostrar resultados más que satisfactorios si fueran analizados en otro espacio de objetivos y criterios.

Cuando se analiza el tema de la sustentabilidad el dilema eficiencia *versus* adaptabilidad es imposible de formalizar, y se necesita un proceso participativo que maneje una aproximación integrada al problema. Por otro lado, la aparición de nuevos objetivos y nuevas fronteras ecológicas requiere una redefinición de eficiencia, lo que significa que aquellas actividades que fueron amplificadas hasta ahora, van a transformarse en obsoletas y el sistema va a escanear viejas *nuevas* opciones. En otras palabras, detenernos a evaluar la posibilidad de supervivencia de ciertos sistemas implica olvidarse de intentar "soluciones óptimas" y focalizar el esfuerzo en una aproximación de soluciones de compromiso, integradas y existenciales. La importancia y centralidad del tema de estos últimos tres párrafos amerita resaltarlos e indicar, a su vez, que se volverá sobre este contenido en el capítulo en el que se debate sobre la tecnología.

La manera en la que representamos y estructuramos, en términos científicos, el problema de la sustentabilidad, refleja los valores e intereses que genera dicho análisis.[16] En este sentido, la agenda que propone el *Informe Brundtland*, es decir, que la reversión a la "crisis ambiental" sea un cambio posible dentro del sistema vigente, tiene una sustancial deficiencia en política que deja intacta, obviamente, la estructura de poder que lo redactó. Representa, como vimos anteriormente, un desvío discursivo que distrajo de los cambios políticos y sociales que reivindicaba la situación entonces, y que hoy en día resulta menos demandante comparada con los años en los que se gestó el informe. Por otro lado, basar nuestro accionar en una ciencia sustentada en universales y en la

---

[16] Esto se desarrolla en el capítulo siguiente.

inmutabilidad, significa ser sorprendidos tanto por "cambios sociales" como en el "ambiente", que tornan insostenible nuestra actividad. En resumidas cuentas, el desarrollo sustentable del *Informe Brundtland*, el único que salió del ámbito especializado para llegar al ciudadano de a pie, sostiene una tecnocracia, que lo utiliza para "detener" al sujeto en una totalización que la beneficie.

Es, entonces, el turno de descongelar la importancia del análisis científico para encarar los problemas de la no sustentabilidad del sistema actual. La ciencia echa mano a la liada red de conocimientos actuales, para tratar lo que entiende como una compleja interacción entre distintos sistemas, a saber, el ecológico, el social y el económico. Sin embargo, al final de la discusión, cuando *se apagan las luces del auditorio,* el tema de la sustentabilidad tiene que ver con conductas y negociación sobre futuros posibles y deseados que se dan bajo condiciones de alta contingencia e incertidumbre. La sustentabilidad del sistema es un concepto normativo, enraizado en una realidad no positivista, que es puro movimiento y *poiesis.*

La ciencia no es del todo neutral con respecto a algunos de estos puntos. En principio, el análisis científico-tecnológico puede informar, pero no resolver los problemas que impone la sustentabilidad. Mucho menos plantearlos. Segundo, el análisis científico mismo es una suerte de recombinante de importantes compromisos sociales y valores que deberían estar expuestos para su discusión. Y esto nos conduce a otras formas de entendernos, de arrojarnos al mundo, en lugar de conocerlo, que aportan a la construcción de las decisiones a tomar. De aquí se desprenden algunos temas que es necesario debatir y que se desarrollan a continuación, en el siguiente capítulo. La ciencia tiene que pensar.

Capítulo 3

Arbiter veritatis o el color del cristal

*Nadie es buen juez porque no hay juez
que no sea juez y parte.*

Pierre Bourdieu, *El campo científico*

*La realidad es mucho más promiscua que lo que se
muestra, hoy en día, en los planes de estudio
de las instituciones educativas.*

Por lo visto hasta aquí, la sustentabilidad es, al menos en parte, un significante abierto, ya que existen varias maneras de reflexionar la relación con los recursos. Es decir, el planteo original del desarrollo sustentable, estrictamente científico o tecnológico, empieza, a esta altura del ensayo, a tartamudear frente a la posibilidad de que se trate más de una cuestión sociopolítica que de un asunto privativo de una suerte de elite[1] científica. Una mayor osadía en territorio técnico sería sugerirlo arrinconado por

---

[1]Según la Real Academia Española, elite es una minoría selecta o rectora. Su definición satisface la situación actual de científicos (y técnicos), más allá de que pueda preocupar el hecho de responder cómodamente a esa calificación. De hecho, aunque perdido en el párrafo introductorio del presente capítulo, desandar este epíteto que los últimos siglos de historia cargaron sobre las espaldas de una parte de la sociedad, es central en este ensayo.

un problema ontológico[2] que es, precisamente, lo que se discute en el capítulo siguiente. Lo cierto es que a la ciencia se la hace jugar un papel importante en la determinación del peso de la tecnología como articulación entre nosotros y el sistema. Aparecida como uno de los ejes centrales del modernismo, gesta la revolución industrial y pone a la tecnología en una posición privilegiada en la cotidianeidad humana. Por ejemplo, según Oreskes, hoy en día la única respuesta frente a alguna "situación ambiental" es la creación de una agencia científica o de algún programa o iniciativa de investigación técnica. Se puede decir que la explosión de las ciencias *post*-renacentista, no solo creó todo un sistema científico humanista (desde y para el hombre), sino que centrifugó lo que consideró "irracional" hacia los dudosos confines de un supuesto "universo científico". No conforme con ello, también expulsó del sistema a la inmensa mayoría, dejando el control de todo a unos pocos demiurgos.[3] La prueba de la existencia de ese proyecto ilustrado hay que buscarla en Bensalem.[4]

Un pequeño paréntesis. Hablar de un "sistema científico humanista" puede resultar paradójico, si se analiza la crispada relación entre los *studia humanitatis* y los lógicos y físicos de aquellos siglos de mutaciones, los cuales tuvieron enormes consecuencias en la evolución sociocultural del ser humano. Sin embargo, el *silenciamiento de las ciencias* de los siglos XIV y XV no significó un retroceso o un freno al descollante avance de la razón sino, más bien, un período fuertemente crítico que, por el contrario, contribuyó a una reformulación poderosa del trabajo científico. Es Galileo quien reivindica a Platón frente a Aristóteles desde los *Discorsi e dimostrazioni matematiche intorno a due scienze*, y fue desde el humanismo, desde las artes sermocinales, que se recuperó a Platón. No

---

[2] Esto se sustancia con la fenomenología de Heidegger, a la cual se va a hacer referencia, tangencialmente, en el siguiente capítulo.

[3] El empleo del término demiurgo no responde solo a una cuestión literaria que pretende recorrer, hasta donde dé el combustible intelectual, el inmenso paisaje lingüístico español, sino también a una cuestión conceptual. Según Platón, en *Timeo*, el demiurgo se compadece de la materia y copia en ella las ideas o, en términos más coloquiales, se cree el sabio que le da forma a las cosas. Por otro lado, Thomas Paine, uno de los "padres fundadores" de los Estados Unidos, en *La edad de la razón* se define dentro de un deísmo, el cual rechaza la religión organizada pero cree en algo superior, es decir, en un demiurgo.

[4] Bensalem es la utópica isla que Bacon describe en su novela póstuma *Nova Atlantis*, en la cual la ciencia reina independiente de cualquier autoridad política.

fue la Guerra de los Cien Años la que agotó la vena científica de Buridán, sino la ausencia de Arquímedes y, una vez más, fue el humanismo quien la recuperó. Fueron los humanistas de aquellos siglos *oscuros para la ciencia* quienes liquidaron la pretensión de identificar a Aristóteles con la verdad. Una labor poderosamente influyente en nuestro desarrollo tecnológico actual fue la de recomponer los vínculos rotos con la gran ciencia helénica. ¿Acaso no hay vínculos que habría que recomponer hoy en día? ¿Acaso, y a pesar de la materialidad y de lo eminentemente práctico de nuestro desarrollo tecno-científico actual, no deberíamos proponer una vez más, casi cinco siglos más tarde, *res non verba*? Duras, complejas, estas ideas seguro exigirán lectura y relectura, pero es la única manera de lograr en nosotros, los técnicos, la *maieutike,* es decir, que la crítica salga de adentro, que sea parida como propia y no adoptada.

Debatir la ciencia en la mesada de un laboratorio es un asunto espinoso, sobre todo en el ámbito de la investigación. Sin embargo, existe cierta evidencia que nos autoriza. Volvamos momentáneamente a Raquel Carson y veamos que ocurrió con *Primavera silenciosa.* Carson era una científica, y sin embargo no se plantó frente a la pérdida de especies de aves desde lo utilitario, ya sea según la ortodoxia (y/o heterodoxia) económica o según su funcionalidad ecosistémica, sino que lo hizo simplemente desde la perspectiva de dejar una naturaleza sin pájaros.

Por el contrario, tanto Lomborg como sus prosélitos y críticos, intentaron dar un paso más en el sentido de la modernidad. Mientras este investigador pone el énfasis en *cuantificar y contar*, Carson señaló aquellas cosas que no se pueden contar pero que, sin embargo, para muchos cuentan. De hecho, en un repaso de los sucesos que siguieron a la publicación de *Primavera silenciosa*, Oreskes recuerda que las decisiones tomadas por el Comité Asesor Científico de la Presidencia de los Estados Unidos (PSAC, según sus siglas en inglés), no surgieron de la noción de prueba sino, más bien, del peso de la opinión científica considerada y de la preocupación pública por el tema. Algo así como una aproximación democrática a la definición del problema.

Cuando Lomborg publica en 2001 *El ecologista escéptico,* se produce una gran nerviosidad en la comunidad especializada, algo muy parecido de lo que se produjo con *Primavera silenciosa*. Ambos libros, colocados en el ámbito de la ciencia, pueden quedar empantanados en análisis acordes con las características epistemológicas de las disciplinas involucradas. No obstante, más allá de ese análisis, ambas obras produjeron una movilización importante, coproduciendo el replanteo que se está proponiendo en este ensayo.

Hay una indudable intención de re-establecer conexiones sociales, a través de la búsqueda de la reintegración de lo axiológico y de la política a la ciencia. Holton y Dunbar, por ejemplo, mencionan las actitudes anti-científicas (significante vacío, si los hay) que parecen afianzarse, e incluso crecer en sociedades altamente tecnificadas. El retorno de fuertes e influyentes fundamentalismos y planteos creacionistas en algunos estados del centro de los Estados Unidos y otros fundamentalismos en diversas sociedades es, según Sneddon, Howarth y Norgaard una reacción a:

> [...] la ideología racional del individualismo y la competitividad/eficiencia extremas.

Si aún no estamos convencidos del viraje del péndulo hacia el otro extremo, repasemos la inmensa confusión que existe en muchos grupos sociales entre astronomía y astrología o entre medicina y homeopatía.

Norgaard, en línea con Holton y Dunbar, atribuye a la ciencia el hecho de no haber logrado estructurar el discurso suficientemente satisfactorio que la mayoría necesita, razón por la cual se ve en la actualidad a una fracción significativa de la sociedad educada en las ciencias, leyendo textos religiosos en forma casi literal y eligiendo explicaciones místicas para contestar a la estructura y dinámica de la naturaleza. Este proceso acentuó, por otro lado, las diferencias entre las distintas creencias. Existe, dice este economista, una interacción importante entre la fragmentación, la devaluación y la caída de la ciencia en la esfera pública, con la fragmentación y reevaluación religiosas.

La ciencia moderna estuvo y está ligada a una narrativa de progreso, a través del control de los elementos. Sin embargo, en la práctica, el no haberse esforzado por construir objetivos comunes dentro de la sociedad, dice Norgaard, ha traído aparejado incompletitud, resultados muchas veces desastrosos y hasta una actitud miope. La falta de algún tipo de escrutinio democrático de la investigación científica y del desarrollo tecnológico, es un caldo de cultivo para sentimientos "anticientíficos" y luditas.[5] Dentro del ámbito académico, existen paralelismos a estas reacciones de la comunidad extra científica, por ejemplo, el anarquismo epistemológico de Feyerabend.[6]

Que la sustentabilidad sea, probablemente, más una construcción sociopolítica que otra cosa, en principio y como mínimo, reubica la tecnociencia en este debate, liberando espacios para la participación societaria. Sin embargo, aquí no se detiene el análisis. La pregunta es: ¿representa el esquema científico moderno un proceso de descubrimiento de "la naturaleza", o el ser humano tiene mucha más injerencia en ella de lo que su "objetividad" pretende? En lo que sigue se debate esta posibilidad,

---

[5] El ludismo hace referencia a los seguidores de Ned Ludd, líder de un movimiento obrero en Gran Bretaña, entre los años 1811 y 1816, que luego se expandió al resto de Europa. Ludd y sus partidarios argumentaban que las máquinas y la tecnología estaban perjudicando al trabajador, haciendo que este perdiera su capacidad laboral. Veían en la tecnología el origen de muchos de los males sociales de la época, lo cual, poco a poco, generó "conciencia de clase", dando paso al materialismo histórico de mediados de siglo.

[6] En *Against Method* y *Science in a Free Society,* Paul Feyerabend dice: "La ciencia es una de tantas ideologías que impulsan a la sociedad [...] La ciencia está más próxima al mito de lo que la filosofía de las ciencias está dispuesta a admitir". Sostiene que no existe un método científico universal y se define en contra del falsificasionismo de Popper y Lakatos. No ve límites precisos entre la ciencia, el mito o las aproximaciones sociales al conocimiento. Proponiendo una suerte de *anarquismo teórico*, muestra contraejemplos en la historia, que no solo no se atuvieron a un método determinado sino que, de haberlo hecho, no se hubiera producido el progreso del conocimiento.
Cabe recordar que Popper introdujo el término *demarcación* para indicar la separación normativa de las ciencias empíricas, de las matemáticas, la lógica y la metafísica. Cualquier teoría que no fuera capaz de exponerse a la falsificación empírica (los casos favoritos de Popper eran el psicoanálisis y el marxismo), no podía considerarse dentro de territorio científico. Su proyecto era netamente metodológico, crítico y normativo, y no se puede cuestionar la enorme influencia que tuvo en el mundo científico, en lo que a metodologías se refiere. Uno de los puntos centrales de su propuesta es qué falsificar, lo que problematiza la demarcación de la ciencia desde el punto de vista metodológico. Lakatos, por su parte, con una interesante metáfora elabora su propuesta: imaginemos aquello que va a ser puesto a prueba como una nuez. Dicha nuez se coloca sobre un yunque de conocimiento, de una solidez indiscutible, y se le acierta un duro golpe con un martillo de ciertas preposiciones aceptadas. La nuez puede resistir el golpe o ser falsificada hasta ser transformada en polvo. Lakatos propone un proceso de *falsificación sofisticada* y sugiere programas científicos compuestos por un núcleo teórico duro *protegido*, momentáneamente, del proceso de falsificación, por una suerte de cinturón de hipótesis auxiliares.

la cual constituye una tarima importante para sostener nuestra tesis de la sustentabilidad presentada en el capítulo anterior, ya que, de esta forma, la sociedad le puede disputar posiciones a la comunidad de científicos.

¿El *viejo* esquema científico moderno para una nueva tecnología?

La relación entre la ciencia y la toma de decisiones en el terreno de la "problemática del ambiente", no es buena. La tecnología que acá se discute, tratando de entender su omnipresencia desde su fracaso, según nuestra perspectiva, como mediadora con el ambiente, guarda una relación placentaria con los laboratorios. Ahora bien, si el esquema científico moderno[7] es la matriz en la cual se desarrolló la tecnología que nos ubicó en la situación actual, ¿se puede imaginar una alternativa a dicha aproximación tecnológica, elaborada dentro de la misma matriz? Este planteo provoca y nos obliga a una alienación, aunque más no sea temporaria, para poder mirarnos y reconocer, o no, una suerte de monarquía científica moderna en materia ambiental. Tanto cuestionando la existencia de la dualidad ciencia-tecnología, como disputando realidad a los conocimientos generados, el análisis que sigue pretende debatir las credenciales de la ciencia moderna para definir, en soledad, cuestiones ambientales.

El halo *cuasi* teológico que rodea a la ciencia desde muy joven, guarda relación con un desarrollo no exento de controversias. La mitología universal dispone de un importante número de figuras que pueden ser útiles al momento de describir el impacto de la ciencia en nuestros días. Por ejemplo, podríamos decir que el *Big Bang* científico post-cartesiano, gestó un Leviatán[8] que domina y amenaza permanentemente. Esta imagen empuja a la ciencia demasiado hacia el infierno, lo cual, no solo

---

[7]Recordemos brevemente la nota 3 de la Introducción. *Esquema científico moderno* no refiere en proporcionalidad directa a *ciencia*, sino a un tejido tecno-científico con, obviamente, una aproximación a las ciencias que le es propio, el cual se desarrolla y analiza en el presente capítulo.

[8] El Leviatán es una bestia marina mencionada en el Viejo Testamento. Es un monstruo gigantesco, asociado a Satanás.

es apresurado, sino también desmedido. El canto de sirenas homérico[9] puede representar una metáfora más manejable, ya que nos ayuda a, por lo menos, especular situaciones presentes y desarrollos futuros. No cabe duda de que el sentimiento de independencia y omnipotencia que da saberse dueño de la dinámica de la naturaleza, es tan atractivo que, una vez *escuchado*, difícilmente se pueda abandonar. Por otro lado, las externalidades[10] que dejan en el camino los *brazos mecánicos* del ser humano, testimonian lo engañoso y peligroso del canto.

En 1993, Collins y Pinch[11] publicaron un libro en el cual traían a colación a un personaje de la mitología judía, el Golem, al que asimi-

---

[9]El canto de sirenas homérico hace referencia al episodio por el que atraviesa Ulises en su regreso a Ítaca, luego de la Guerra de Troya. Cuando Ulises vuelve del mundo de los muertos, Circe le advierte sobre futuros peligros en su viaje de regreso a su patria. Entre ellos menciona a las sirenas, tres ninfas (Licosia, Ligea y Partenope) que encantan y seducen a los marinos, los cuales se arrojan al mar y mueren ahogados.

[10]El término "externalidad" implica una concepción de la relación *ser humano-resto del sistema* que merece ser pensada. Presupone un armado conceptual hegemonizado, absolutamente debatible. Dice Eduardo Grüner, desde otro contexto analítico que resulta muy oportuno para plantear las dudas a partir de las cuales, creemos, debería analizarse este concepto: "Para el pensamiento 'hegemónico', por ejemplo, los 'problemas' de un sistema son 'defectos' que al sistema le 'falta' subsanar mediante la 'profundización' de medidas compensatorias". Podríamos decir que cualquier texto atravesado por el concepto actual de "medioambiente" trabaja a las "externalidades" desde la perspectiva que remarca Grüner, es decir, dentro de las fronteras del sistema. Dicho sistema reconoce las condiciones que le impone una metodología aproximativa (decir "comprometida", tal vez, sea excesivo) hacia "la naturaleza" y, desde ahí, se construye en base al discurso ambientalista, generando un *adentro* convenido y aceptado, que debe *profundizarse* para poder *achicar* un *afuera* (la externalidad). El sistema queda, de este modo, exonerado en el consenso, un consenso que queda asegurado a través de una red *rizomatosa* de instituciones (ciencia, tecnología, desarrollo sustentable, etcétera). Podemos, entonces, sugerir un análisis en el que confluyan "externalidad ambiental" y hegemonía, es decir, el concepto de externalidad como un ejercicio hegemónico en el cual, un sector dominante de la sociedad tiene la capacidad de articular sus intereses con los del resto de la sociedad. De esta forma, el sistema intenta ocultar el conflicto que se genera producto de sus inconsistencias internas. Dicho conflicto es, en cierta manera, el núcleo transformador importante que se intenta reubicar en primer plano en el presente trabajo, en el lugar que hoy ocupa el concepto de ambiente, atravesado por certezas calcificadas culturalmente. Recordemos que en el capítulo en el cual se analiza genealógicamente el sintagma "desarrollo sustentable", ya sugerimos esta cooptación del discurso ambientalista por parte de aquellos interesados en seguir el curso imperante en los años del *Informe Brundtland*.

[11]Collins, H. Pinch, *The Golem.What You Should Know about Science*. Cambridge University Press, 1993, p. 157. Las palabras de la introducción de este libro pueden hacer más palatable lo aquí descrito. Con la metáfora del Golem, precisamente, los autores pretenden establecer el punto medio entre la ciencia como demoníaca y como solución a todos los problemas.

laban a la ciencia. El Golem es un humanoide hecho de agua y barro que posee poderes. Recibe órdenes y todos los días crece en su sortilegio. Sin embargo, es torpe y peligroso; fuera de control puede destruir a sus amos. Lo concreto es que el determinismo tecnológico del cual brevemente se va a hablar en el capítulo siguiente, está provocando reacciones que representan, se podría decir que injustamente, a la ciencia como un verdadero Golem, e incluso un Leviatán.

En su estado actual de evolución, las ciencias se muestran incapaces de desarrollar, tal cual es su pretensión, una representación unidireccional y unificada del "ambiente", en la que todos podamos converger. Esperar que la confluencia disciplinaria logre explicar qué sucedió, está sucediendo o puede llegar a suceder con el sistema natural, es lo mismo que exigirle a la ciencia que explique las condiciones actuales bajo las cuales tomamos ciertas decisiones y qué consecuencias tienen dichas decisiones. Esta expectativa se enfrenta con la proliferación de datos en distintas disciplinas que pueden ser y de hecho son usados, para construir representaciones variopintas de las condiciones actuales y futuras. Estos problemas hablan, como explican Michael y Norgaard, de una gran diversidad de valores e intereses, los cuales estructuran las distintas ramas de la ciencia, imprimiéndoles esquemas normativos propios, pero también evidencian una naturaleza de lo más variada ("no-una") y un conocimiento que, en su estado evolutivo actual, es incapaz de absorber el impacto de esa inmensa variabilidad.

Llegados tan cerca del abismo, el desconcierto y la sensación de inminente caída a un precipicio de preguntas punzantes y sin horizonte de respuestas lenitivas, nos vemos obligados a descomprimir esta línea argumental para que el miedo no paralice y la posible crisis pueda ser percibida en su más puro sentido hipocrático, es decir, como el momento de tomar decisiones que determinen un viraje satisfactorio.

En algunas mitologías, dicen Collin y Pinch, el Golem es una criatura perversa, pero para la cultura Yiddish es un individuo torpe que desconoce su propia fuerza. En la tradición medieval, este gigante de barro, construido por el ser humano, se animaba con la palabra Emeth (verdad), escrita en la frente, lo que no significaba que entendiera la verdad. Los autores subrayan además que la ciencia, como el Golem, no es culpable de nuestros errores y no se le puede pedir tanto, ya que no conviene olvidar que, por más poderosa que sea, es nuestra creación. Algo claramente iconoclástico.

La repuesta a la pregunta que prologa este punto, es decir, la posibilidad de una tecnología aceptable, con origen en la matriz científica moderna, parece no ser afirmativa y genera una interesante problematización que podemos organizar en algunos interrogantes derivados. ¿Qué se hace con la ciencia, entonces? ¿Cómo se debe (¿debe?) entender (¿entender?) una actitud *anticientífica*? ¿Qué es ciencia y qué no lo es? Este plexo problemático podría estar sugiriendo que lo que sigue es un análisis sobre la ciencia. Sin embargo, lejos de ese objetivo, la intención es componer una matriz tecno-científica alternativa, suficientemente flexible como para acomodar una variedad de expectativas en cuanto a las otras especies del sistema.

Después de atrevernos a entrar en este espacio tan delicado, tan vacío de *marcadores de certidumbre*, no queda más que coraje para seguir adelante, sin temor a empezar un camino, desabrigados de la omnipresencia y omnipotencia de *esta* ciencia que, si bien está, debe ser interpelada para poder ser *des-cubierta*. Norgaard, al igual que otros investigadores que marcan el ritmo del presente cuestionamiento, reposiciona el aporte científico *a posteriori* de cualquier clarificación de cuestiones valorativas y después de la puesta en común de los objetivos como comunidad, sociedad y/o especie. La insatisfacción que se expande en la literatura, en cuanto a los magros resultados de casi cuarenta años del ambientalismo actual, es bastante aliciente para cuestionar la alternativa que, por acción u omisión, escondió a la política detrás de una pantalla de rigurosidad científica.

La propuesta de Nogaard no es única. Política y ciencia se van a encontrar, de ahora en más, en este capítulo y subsiguientes, disputando territorio, llegando a enunciados densos, por momentos paradójicos (en el sentido más etimológico del vocablo), hasta casi re-significar la investigación "dura" como una forma más de política, pero en otros términos.[12]

---

[12]Más adelante recurriremos a las ideas de Bruno Latour para analizar no solo este tópico, sino el acto tecnológico elegido para ejemplificar nuestra tesis. Fue precisamente Latour quien dijo que *la ciencia es política en otros términos*. Latour es un sociólogo francés que estudió los procesos de la ciencia desde la década de 1970. Es uno de los representantes más conspicuos y, tal vez, radicales, entre los que desestiman cualquier frontera entre ciencia y política. Latour se basa, entre muchos otros, en Foucault, quien entiende el *poder* como relaciones de fuerzas y no como dominación o, lo que es lo mismo, como un poder no inteligible.

La ciencia, la política y lo político: incertidumbre epistemológica e incertidumbre ontológica

> *La naturaleza como caos, solo porque no se corresponde con la praxis humana.*
>
> MAX HORKHEIMER, *Eclipse de la razón*

La reflexión crítica es la esencia de la política, dice Bauman, mientras que lo político se vincula con el ejercicio del poder. Planteemos, entonces, tres posibles correlatos entre la ciencia, la política y lo político: que la política y lo político se entrometa en la ciencia, que la ciencia se entrometa en la política y/o lo político, o que ni una ni la otra existan independientemente como tales. Visto desde otra perspectiva, se puede tratar de territorios excluyentes (la existencia de un *adentro* y un *afuera*), de fronteras medianamente porosas, resultado de una negociación contingente o, directamente, de que no haya nada que separar. Si bien esta idea va a ser desarrollada a continuación en sus distintas argumentaciones, es posible mostrar que pretender que se acepte a técnicos, científicos y ejecutivos como un clero, como sacerdotes y obispos de una verdad revelada, colisiona con la cuna misma de la ciencia moderna.

Aunque la misma disputa entre Galileo y la Iglesia fue un enfrentamiento entre lo religioso y lo secular, sería conveniente ensayar una lectura de la misma desde el poder. Más allá de que no haya sido, como dice Brecht en su obra de teatro *La vida de Galileo,* un científico *puro* y desinteresado, el historiador Biagioli pone de relevancia, en *Galileo cortesano*, el costado social de sus desarrollos científicos. Normalmente, se representa la producción de Galilei como ajena a los valores de la corte de los Medici, consecuencia de una distinción tajante entre ciencia y sociedad. Por el contrario, dicho encuadre cortesano aportó a la legitimación cognitiva de la nueva ciencia, ya que ofreció un espacio de aval social de sus practicantes, incrementando su estatus epistemológico. Galileo fue el resultado de la confluencia de la relación entre poder, conocimiento y autoconstrucción.[13]

---

[13]Un desplazamiento hacia la corte de los príncipes, como espacio fundamental para el

Efectivamente, Galileo logra cimentar una identidad socio-profesional original, a partir de los roles sociales y los códigos culturales existentes. Orienta su discurso, motivaciones y elecciones intelectuales según la cultura del mecenazgo, anexando, simbióticamente, su autoconstrucción como beneficiario de la corte a su compromiso con el copernicanismo. Esto no debe interpretarse como que Galileo fue un *esclavo del sistema*, ya que el poder no censura ni legitima un *corpus* de conocimientos independiente del mismo. No hay, como dice Biagioli, un Galileo previo que moldea o se deja moldear por el contexto que lo rodea. La posición de Galileo en Florencia no fue, en realidad, consecuencia del valor científico de sus hallazgos astronómicos sino, según afirma el estudio de Biagioli, producto de que los mismos fueron adecuados al discurso de la corte y la mitología dinástica de los Medici.

Movernos en espacios políticos y científicos soberanos tiene mucho que ver con la incertidumbre y la angustia que ello provoca en nosotros. Se suele resolver la relación entre la ciencia y lo socio-político por un lado y la incertidumbre por el otro, sosteniendo que dicha relación representa un problema para el cual el concepto geográfico de ciencia (esencialismo) entre ciencia y no-ciencia, se muestra insolvente. ¿Será verdaderamente insolvente o de esta manera, legitima algún tipo de poder?

El conocimiento, y la incertidumbre que genera su ausencia, fueron desde épocas pretéritas, un factor de poder. Los trabajos de Paul Radin[14] pueden ser particularmente demostrativos en este sentido. Este etólogo halló, en las sociedades primitivas, dos tipos generales de temperamentos: el sacerdote pensador y el lego. Radin explica la interacción entre los dos aspectos de esta compleja relación:

El hombre primitivo tiene miedo de una cosa: las incertidumbres de la lucha vital.

---

desarrollo de la nueva ciencia, refleja una mayor inquietud por los rituales, las representaciones y el discurso, lo cual requiere un análisis más complejo sobre las relaciones entre conocimiento y poder. Estos fueron, durante el Renacimiento, factores muy eficaces para la formación de las ideas. Por otro lado, el poder no existía por fuera de esas prácticas, sino que se constituía en ellas.

[14] Paul Radin fue un antropólogo americano, autor de *El hombre primitivo como filósofo*.

La incertidumbre es una fuente primordial de miedo. La falta de control sobre variables desconocidas, siempre generaron sufrimiento e hicieron que se deseara la seguridad que podía aportar el conocimiento, lo que explica la existencia de magos, sacerdotes y, justo es decirlo, probablemente científicos.

"Ciencia y sociedad", entonces, se insinúa como una construcción platónica, entre mística y religiosa, en la cual la congregación del laboratorio logra sujetar la feligresía con el temor a la incertidumbre y sostiene, a través de esta última, lo que Shackley y Wynne llaman la autoridad institucional de la supremacía científica. Al presentarla como un concepto vago pero coherente que se puede reducir por medio de la investigación, la comunidad científica consigue acomodar la incertidumbre en nuestro imperfecto entendimiento de la naturaleza. Esto es muy diferente a considerarla como una propiedad del sistema natural, de la estructura disciplinaria de la ciencia, o del contexto político en el cual la *praxis* científica se lleva a cabo.

Nada más exacto y litúrgico que el análisis estadístico para sentir la paz de la certeza de nuestro conocimiento. No hay soga más fuerte para evitar nuestra caída al abismo de la incertidumbre. Sin embargo, cualquiera sea el test que se utilice, siempre habrá errores. Ningún test puede evitar completamente ser demasiado selectivo (rechazar una correlación genuina) o demasiado sensible (aceptar correlaciones espurias). Se debe tratar de alcanzar un balance entre el costo de errores por exceso de selectividad o por defecto, balance que depende del marco de políticas que se escoja. A este marco político no lo ofrecen los científicos, ya que estos suelen aplicar el nivel estándar para su disciplina. Todas estas consideraciones son las que la teoría estadística articula en el concepto de hipótesis nula, alrededor de la cual se diseña un test y los tipos de error, de rechazo cuando verdadera (tipo I) y de aceptación cuando falsa (tipo II).

La ortogonalidad de los planos científico y axiológico (suponiendo que alguna diferencia entre ambos existe) y la manera en la que, desde esa independencia, se maneja la incertidumbre, pueden toparse (y de hecho lo hacen) con argumentos que provienen del debate sobre el realismo en biología. Sin entrar en una discusión que excede las pretensiones de este ensayo, cabe señalar que existen posiciones en las disciplinas que vertebran el concepto actual de ambiente, en las cuales se cuestiona la realidad, ya sea de las entidades y/o de las teorías con las cuales dichas disciplinas trabajan. La metafísica de Latour, en la que entraremos más adelante para proponer una alternativa a la conceptualización de ambiente, sostiene, por ejemplo, que la realidad externa es la consecuencia y no la causa de la investigación científica.[15]

Rosemberg[16] dice que las "ciencias del ambiente" son ciencias instrumentales, es decir, una colección de recursos heurísticos y prácticas útiles. El argumento de este autor es el siguiente: los hechos de la naturaleza son deterministas, por lo cual no pueden proceder de un indeterminismo intrínseco de los procesos que se estudian, lo que es lo mismo que decir que dicho indeterminismo no tiene una base ontológica sino epistémica, es decir, obedece a nuestra incapacidad de conocer completamente los complejos procesos biológicos, por lo cual hay que recurrir a las probabilidades. Esto implica, según Rosemberg, que el resultado al que se arriba no puede ser interpretado como realidad, sino como mero instrumento.

La propuesta de Rosemberg puede pensarse al revés. De hecho, Brandon y Carson[17] sugieren partir del realismo y sobre dicha base, argumentan que, dado el carácter estadístico de los procesos biológicos, es pertinente asumir que dichos procesos son básicamente indeterministas. Proponen el ejemplo de la teoría cuántica, cuyo carácter probabilístico obedece al indeterminismo de los fenómenos cuánticos. Dicho indeterminismo, dicen, puede incluso traducirse en los procesos biológicos.

Estamos entonces frente a la posibilidad de una incertidumbre de tipo epistémico (Rosemberg) o de tipo ontológico (Brandon y Carson). Sugerir estos términos de análisis, baja a la ciencia del altar y la seculariza. Al mismo tiempo, problematiza la concepción moderna de los científicos, según la cual la naturaleza es única, homogénea y estable para todas las sociedades, es decir, deroga a la ciencia el privilegio y el poder de definirla. Esto no es nuevo, y si bien no se puede decir que Kuhn

---

[15] En el Anexo 1 hay un detalle sobre la Teoría del Actor-red, que es conveniente leer para entender más cabalmente lo que aquí se acaba de decir.
[16] Rosenberg, A., 1994.
[17] Brandon, R.N. y Carson, S., 1996.

haya sido el primero en reconocer el carácter social del conocimiento, ya en aquellos años este filósofo situaba a las organizaciones sociales en el centro del análisis de la relación ser humano-ciencia. Debemos entonces permitirnos la posibilidad de explorar espacios prohibidos por nuestra formación técnica, espacios que empezamos a discurrir desde el presente capítulo en adelante.

La disciplina científica como posición política

El alineamiento que normalmente se hace entre las perspectivas disciplinarias y los intereses particulares es especialmente importante para comprender las controversias "ambientales". Tratar de buscar en dichas controversias algún tipo de esencia científica, descascarándolas ideológicamente y descartando el conflicto de intereses, es un ejercicio vano. Aún el científico aparentemente más apolítico y desinteresado, puede estar viendo el mundo a través de un sistema valorativo muy distinto al de otro colega. Las mismas estructuras disciplinarias representan, en sí mismas, un conflicto de intereses. Es decir, los debates científicos sobre recursos, por ejemplo, no son tanto la contraposición de argumentos infiltrados de valores e intereses sino, más bien, una negociación explícita del conflicto entre diversas representaciones de la realidad encapsuladas en las diferentes estructuras disciplinarias.

Entonces, cuando se elige una ciencia, se elige una construcción valorativa, un punto de vista. Norgaard ofrece un análisis del caso de Lomborg que cuadra con este tipo de aproximación. *El ecologista escéptico*[18] fue muy criticado por ecólogos y físicos por cómo cuestiona el concepto de progreso material (tecnología). Sin embargo, fue muy bien recibido, en general, por economistas. La visión optimista del libro encaja con el principio económico de escasez. La historia de las economías industriales

---

[18]El libro se publica originalmente en danés bajo el título *Verdens sande tilstand* cuya traduccion literal es *El estado real del mundo*. Luego Cambridge University Press lo traduce al inglés en 2001 con el título *The Skeptical Environmentalist*. La traducción al español llega en 2003 publicada por Espasa Calpe, bajo el título *El ecologista escéptico*.

se puede sintetizar en un permanente intento de superación de la misma, por medio de la innovación. El progreso, de la mano de esta última y del crecimiento económico, es el primer principio que subyace debajo de este dogma, el cual se acopla a un intento de superación de los problemas por medio de la tecnología.

El modelo lineal

Queda, hasta ahora, ampliamente explicitada la intención de deflacionar la ciencia pero no para empujarla de la cornisa, sino para quitarle los movimientos torpes al Golem, de los que hablan Collins y Pinch en el libro al que aludíamos. Hay que defender a la ciencia de sí misma, dice Latour.

Entre su abuso como justificación por parte de algunos, y la incertidumbre que generan sus resultados esgrimida por otros, la ciencia queda entonces en el medio de una disputa hegemónica. Automáticamente, esto pone a la tecnología, en su calidad de solución de los problemas ambientales, en una situación incómoda. Entender la actividad científica desde la asepsia política, pero como definidora de posiciones particulares, supone plantear lo que se conoce como el modelo lineal. La utilización de este modelo implica actuar políticamente bajo la supervisión de certeza y exactitud científicas.

La ciencia, en la medida en que se la analice desde una posición *internalista*,[19] imparte sentencia y obstruye cualquier salida que resulte de la pluralidad de perspectivas que se barajan en el acto político. Dentro de las reacciones que *El ecologista escéptico* provocó, hubo quienes extrapolaron un juicio negativo con respecto al costado científico del libro, a una visión política equivocada. Este tipo de linealidad entre ciencia y posición política surge de una perspectiva ontológica y epistemológica sobre

---

[19]Es decir, focalizando en las propiedades epistemológicas del conocimiento, sin tener en cuenta las propiedades sociales de la comunidad científica. La posición *internalista* analiza, en un contexto de descubrimiento (científico) no en un contexto de justificación (del conocimiento). Por último, es una posición normativa, que se contrapone a la de los *externalistas* (constructivistas) que adoptan un sesgo descriptivo.

el papel de la primera en la sociedad, que la reconoce como rectora de los resultados políticos dentro de la comunidad. El modelo lineal asume que la consecución y posesión de datos *verdaderos y certeros* (como si eso fuera casi una consecuencia directa de *hacer ciencia*) son necesarias y a veces suficientes para sustentar decisiones de tipo político. Resulta forzado aceptar esta relación directamente proporcional entre laboratorio y parlamento, ya que las políticas que muchas veces se implementan no son producto únicamente del riguroso análisis científico.

El modelo lineal implica que vencer en un debate científico coloca al vencedor en una posición política preferencial, lo cual transforma los debates científicos en debates políticos. De esta forma, la ciencia se convierte en un instrumento necesario y hasta conveniente para sacar de la mesa de discusión ciertas opciones, sin la necesidad de acudir, por ejemplo, a una disputa de valores. Pero como el modelo lineal falla en su intento de describir el resultado político desde un dato científico, lo que está en realidad haciendo es enmascarar una disputa normativa utilizando el lenguaje de la ciencia.

Politizar la ciencia sería entonces sinónimo de un modelo lineal que acepta un *adentro* y un *afuera* de la misma. No puede desestimarse pensar, sin embargo, la alternativa de que no exista un *afuera* en la ciencia. Latour, por ejemplo, busca una ruptura con la dicotomía moderna, de carácter epistemológico, entre *relaciones de fuerza y relaciones de razón*.[20] El viraje de pensamiento que ofrecen este y otros sociólogos es abandonar la oposición entre conocimiento y sociedad. Se trata de describir, incluso dentro de la ciencia o en la ciencia como espacio social, los juegos de luchas y los apoyos mutuos entre diferentes relaciones de fuerza. De hecho, Latour utiliza para describir la labor de investigación un lenguaje agonístico,[21] con muchas metáforas bélicas. En pocas palabras, esto

---

[20]Latour se basa en Foucault, quien entiende el poder como relaciones de fuerzas y no como dominación o, lo que es lo mismo, como un poder no inteligible.

[21] El orden social reviste un carácter hegemónico, es decir, contingente, dependiente de una situación histórica determinada, lo cual excluye la existencia de un fundamento último de dicho orden. Esta situación de contingencia se caracteriza por una dinámica, propia de lo político, según la cual un *nosotros/ellos* realiza distintas hegemonías desde el antagonismo o el agonismo. El significado de esto último puede explicarse desde la bioquímica. En este sentido,

significa, despojados de lo moderno, mostrar disposición impura a entrar en mixturas e hibrideces entre política, ciencia y sociedad.

La tarea sería, entonces, dentro del discurso que ofrece este ensayo, tantear qué tipo de reciprocidad se da entre la ciencia, lo político y la política con el "desarrollo sustentable", por un lado, y con la sustentabilidad por el otro, y a su vez indagar cuál es el impacto de dicha reciprocidad en la relación ambiente-tecnología. Analizar estas correspondencias implica adherir a un replanteo de la matriz científica que cuestionamos al comienzo. Se espera que dicho análisis permita arbitrar el surgimiento de una posible alternativa a la ciencia moderna, que sirva como órgano para una suerte de nueva aproximación tecnológica a los problemas que se elijan como parte de la composición que se haga del ambiente.

Ciencia y política en un contexto de desarrollo sustentable: superación del modelo lineal... ¿usando el modelo lineal?

En una edición especial de la revista *Environmental Science and Policy* (ES&P) de octubre de 2004, Pielke, Sarewitz, Oreske y Lövbrand, entre otros, discuten el impacto que tuvo *El ecologista escéptico*. A partir del análisis acerca del tipo de vínculo que existe entre ciencia y ambiente/sociedad, Sarewitz y Pielke abogan por un abandono del modelo lineal, el cual establece, como señalamos, la posibilidad de políticas nacidas de la *verdad científica*. Los autores critican la fluidez con la que, según ellos, investigadores y/o políticos transportan por la autopista entre el ágora y el laboratorio argumentos científicos para deshacer políticamente al adversario o para politizar la ciencia.

Los análisis que Sarewitz y Pielke hacen, tanto del libro de Lomborg como del calentamiento global, lejos de ser reflexivos demuestran lo difícil que es sostener la *pureza política* de la ciencia. Por un lado, adjudican un

---

un agonista sería una sustancia capaz de unirse a un receptor y causar una respuesta en la célula. Por el contario, un antagonista, al unirse a un receptor, no solo no lo activa sino que bloquea su activación por medio de algún agonista.

vicio a los censores de Lomborg, sin aplicar ningún tipo de simetría crítica hacia el estadístico sueco. Luego, en un artículo publicado en la revista de opinión *The Atlantic*,[22] ambos investigadores discuten sobre el origen de la problemática del cambio climático, analizando su planteo original. En ese artículo sostienen que el nudo gordiano en el que este tema se transformó es consecuencia, por un lado, del proceso de maduración del ambientalismo y, por el otro, del mismo desarrollo que sufrieron los estudios científicos sobre el clima. Sugieren así la posibilidad de que dichos estudios pudiesen haber tomado otro rumbo para encausar un desarrollo distinto de esta problemática (esto significa explorar territorio constructivista, no obstante lo cual, en ninguna de las publicaciones de Sarewitz y Pielke que aquí se consideran se hace mención explícita a esta corriente de pensamiento). Es difícil no ver en estos documentos la política que los dos investigadores sugieren barrer del laboratorio. El análisis conjunto de los artículos de ES&P y *The Atlantic* evidencia una agenda, no precisamente científica, que pretende avanzar con el modelo lineal. La lectura de estos investigadores impone las siguientes preguntas: ¿por qué el problema de las emisiones fue un planteo incorrecto?, ¿por qué se da esa *resignación* en cuanto al futuro de las emisiones? Los autores dicen:

> En primer lugar, los niveles atmosféricos de dióxido van a seguir aumentando [...] Segundo, aún si los niveles de emisiones pudieran bajar de algún modo a niveles pre-industriales, el impacto del clima en la sociedad y el ambiente seguiría su curso.

Y luego:

> Si estas observaciones son correctas y nosotros creemos que son esencialmente indisputables, entonces enmarcar el problema del calentamiento global en términos de reducción de emisiones es un callejón sin salida, tanto desde lo político, como de lo ambiental y lo social.

En la misma edición de ES&P, Lövbrand sostiene que:

---

22 Sarewitz, D. y Pielke, R., 2000.

[...] enfatizando el problema de la politización de la ciencia en lugar de indagar sobre las fibras políticas estructurales de la misma, los dos autores, indirectamente, reproducen el modelo lineal que intentan criticar.

En otras palabras, si bien Pielke y Sarewitz proponen una instancia de debate político para persuadir, remarcar, desagregar y localizar áreas de valores comunes y superposición de intereses, que permitan actuar en ausencia de un acabado entendimiento científico de la situación o del sistema, no existe intención de cuestionar la separación geográfica y esencialista[23] entre *buena* y *mala* ciencia. Pielke y Sarewitz siguen sosteniendo la separación entre los "hechos de la ciencia" y los conflictos axiológicos.

En esta búsqueda de alternativas a la ciencia y a la tecnología modernas, ambas con una destacada labor dentro del desarrollo sustentable, aunque no logren integrarse convenientemente a la sustentabilidad, comienza a desdibujarse la autoridad que fue (y aún es) funcional a grupos en pugna en el planteo típicamente brundtlandiano. El problema de las posiciones de Sarewitz y Pielke es que intentan no ser políticas, siendo políticas, incluso recurriendo, como ya se dijo, a argumentos constructivistas, sin explicitarlos. Por ejemplo, dice Sarewitz:

De haber sido adoptados aquellos objetivos y valores como, por ejemplo, la reducción en el consumo de hidrocarburos por medio de una mayor eficiencia energética, un desarrollo económico mundial más equilibrado y una disminución del impacto de cambio climático de la sociedad, las prioridades de la comunidad científica internacional serían sustancialmente diferentes a las que son ahora.

---

[23]Cuando Gieryn analiza los límites entre sociedad y política, propone un contraste entre esencialismo y constructivismo. De acuerdo con los esencialistas, existe una demarcación clara y absoluta entre ciencia y política, límite que, por otro lado, sería factible y deseable. Los constructivistas, por el contrario, discrepan que no existe tal límite rígido, sino que esa frontera es producto de una negociación permanente.

Ciencia y política en un contexto de sustentabilidad: ¿ni ciencia, ni política?

En un capítulo anterior se habló de la poderosísima influencia epistemológica del idealismo cartesiano en nuestra concepción actual de la naturaleza. Para Latour,[24] la secesión entre sujeto y objeto tiene una ascendencia platónica, esencialmente política, que plantea una falsa alternativa entre derecho y poder, entre *verdad científica* y *verdad social*. El efecto de este piélago entre ciencia y sociedad es la construcción de políticas a partir de elementos fuera del alcance de *la masa*, elementos de los que no se puede hablar, ya que han sido ontológicamente extirpados de la misma. La ciencia es, dice Latour, puesta por fuera del ágora. Al dejar *abiertos*[25] los debates científicos sobre el ambiente, se los torna inmunes a cualquier tratamiento político, al igual que a aquellos que los manejan según sus propios intereses.

Michael plantea que una mayor cantidad de información científica incrementa la fuente de la cual, las partes interesadas en un debate, pueden extraer piezas para armar un rompecabezas sobre cómo se llegó a la situación actual, qué está ocurriendo en este momento, qué es lo que se puede hacer y qué consecuencias puede tener esa acción. Más información crea más opciones que, a su vez, estimulan la investigación para obtener más información. Este *exceso de objetividad*, como lo conceptúa Sarewitz, más que un uso discrecional de los hechos propicia variadas construcciones de la realidad. El exceso de datos hace difícil elaborar relaciones de causa-efecto simples, puesto que se va sumando todo aquello que se descubre para consolidar una imagen completa del problema en cuestión. Esto obliga a elegir y, dependiendo del contexto institucional, social y político del lugar o tiempo considerado, algunos datos aparecen como más consistentes que otros. Entonces, dentro de

---

[24]Latour, B., 1999. Latour, tal cual veremos en el capítulo siguiente, prefiere analizar la cuestión tecno-científica desde lo político, contrariamente a lo que propuso Heidegger. Para el filósofo alemán, el problema es ontológico, no político.

[25]En capítulos subsiguientes discutiremos a partir de la posición filosófica de Andrew Feenberg sobre el acto tecnológico, la posibilidad no solo de *cerrar* debates tecno-científicos sino de hacerlos con una amplia participación de la sociedad. Es decir, tratando de restituir la política a ciertas instancias de la ciencia y la ciencia a la sociedad.

un marco sociopolítico y ético determinado, un conjunto de hipótesis, resultados y comprobaciones puede ser coherente y preciso, y en otro contexto exactamente lo contrario.

A esta altura, en el proceso deconstructivo[26] que estamos desarrollando, no solo la autoridad de la ciencia comienza a ser incierta sino su propia existencia, lo cual no significa que esté desvalorizándose. Por otro lado, al establecer la posibilidad *lacaniana* de que no exista relación entre ciencia y política, se logra sustanciar el relato histórico del capítulo anterior sobre desarrollo sustentable.

Es Kuhn quien introduce, en cierta medida, a la sociedad en la ciencia. La noción de controversia aparece asociada, como inexorable consecuencia, al elemento social, es decir, a la comunidad científica.[27] Un paradigma es lo que los miembros de una comunidad científica comparten y, a su vez, una comunidad científica consiste en mujeres y hombres que comparten un paradigma. La discusión de Kuhn de las ciencias *pre-paradigmáticas* como inmaduras, ilustra cómo este concepto oficia de frontera de la ciencia para el filósofo.

Sin profundizar demasiado, y dejando espacio de indagación personal para aquel que quiera bucear la espesura de la cuestión, nos limitaremos a señalar que fue la sociología constructivista[28] de la Escuela de

---

[26]La deconstrucción es un método analítico sistematizado y teorizado por Jacques Derrida. Este análisis muestra cómo se construye un concepto a partir de procesos históricos y de la sumatoria de tropos (metáforas, etcétera). Toda estructura que organiza nuestra experiencia, se constituye y mantiene a través de actos de exclusión. Estas estructuras pueden tornarse represivas y aquello que ha sido reprimido, dice Derrida, puede regresar (freudianamente) para desestabilizar cualquier construcción.

[27]Mientras que se puede pensar al proyecto de Kuhn como descriptivo y focalizado en las propiedades sociales y epistemológicas de los científicos, también es, en cierta manera, una aproximación normativa. Es oportuno definir a este filósofo como *internalista*, ya que sus estudios sobre desarrollos científicos representan la dinámica interna de una comunidad *científica autónoma*, en el sentido de que no se desarrollan de los lazos que esta comunidad mantiene con el ambiente social. Sin embargo, no es el mismo *internalismo* que el de Popper y Lakatos (sin componente social), ya que lo epistemológico, para Kuhn, está intrínsecamente ligado con lo social en el concepto de paradigma.

[28] El constructivismo, en este caso, es una perspectiva filosófica acerca de la naturaleza del conocimiento científico. Los constructivistas se aproximan al conocimiento como una construcción de los científicos (como integrantes de una sociedad) y no un descubrimiento del mundo. Se opone al positivismo, filosofía que sostiene que el conocimiento auténtico es el que se basa en la experiencia real. Latour, quien permanentemente intenta despegarse de cualquier tipo de constructivismo, en su libro *La Esperanza de Pandora*, señala la diferencia

Edimburgo, a través de lo que se conoce como Programa Fuerte,[29] la encargada de abandonar el territorio de la filosofía de la ciencia y de proponer que el contenido del conocimiento estaba condicionado por los contextos sociales e históricos en los que aparecían. Qué vale como evidencia o qué es un buen experimento, según este punto de vista, depende de lo que sea institucionalmente aceptado. En consecuencia, y contrariamente a lo que plantean las escuelas racionalistas y empiristas, para las cuales la ciencia constituye una suerte de espacio sin mácula sociopolítica, es la negociación de intereses entre actores sociales lo que cierra cualquier polémica.

En camino hacia la profundización de la idea de una ciencia no solo vinculada arterialmente a la sociopolítica sino indiferenciada de ella, proponemos revisitar el análisis del concepto de realidad de la naturaleza (realismo/anti-realismo), aplicado más arriba, en el análisis de la incertidumbre, al cual cabe reconocerle centralidad analítica al momento de desarmar el concepto actual de "ambiente", por su comunión con la ciencia moderna. La pregunta es qué posición toman con respecto a esto la sociología del conocimiento científico (Programa Fuerte) y Kuhn. Para la primera el asunto juega un papel mínimo en el establecimiento de acuerdos o, lo que es lo mismo, en la determinación de la verdad y la falsedad de las creencias científicas.[30] El Programa Fuerte se declara

---

entre la aproximación materialista a la tecno-ciencia, a la cual asocia al determinismo tecnológico, y a la aproximación sociológica, ligada al constructivismo social, tal vez, como extremos. El autor utiliza un ejemplo muy gráfico para explicar su posición: para el primer caso, *un arma mata*. En cambio, según el constructivismo social, la tecnología es un elemento neutro que simplemente vehiculiza, tanto el bien como el mal. El alejamiento de Latour de los extremos desafía el punto de partida de los constructivistas (que, según él, es compartido por los realistas), es decir, la existencia de un corte entre *el sujeto cognoscitivo* y los objetos. Para la *realidad realista* de Latour, como punto medio entre ambas posturas, no existe ese corte que promueven tanto el realismo modernista como el relativismo constructivista.

[29]El Programa Fuerte sugiere un análisis simétrico del conocimiento científico. Esta simetría implica la no discriminación previa entre teorías *verdaderas* y *falsas*, es decir, utilizar las mismas variables de análisis en ambas situaciones. Dicha discriminación supone que las *teorías verdaderas*, se establecen en función de recursos epistémicos, mientras que las *teorías falsas* son producto de una especie de *contaminación* social. Todo conocimiento descansa sobre acuerdos sociales. El Programa Fuerte propone buscar las explicaciones del conocimiento en el mundo social y no en el natural.

[30] Es oportuno recordar que, dentro de la filosofía de la ciencia, *enfrentada* con los constructivismos, es clave el criterio de verdad como correspondencia.

agnóstico respecto del realismo de corte metafísico aunque, debido a su agnosticismo, asume un anti-realismo epistemológico.[31] En otras palabras, se opone a la premisa realista según la cual la realidad restringe de algún modo las posibles representaciones del mundo.[32] También se opone a la premisa empirista que sostiene que el ámbito de lo fenoménico impone restricciones a las teorías, ya que el empirismo exige un mínimo de adecuación experimental.[33] El Programa Fuerte mantiene una apertura interpretativa con respecto a qué se llama evidencia, ya que si la realidad es construida socialmente y la evidencia es flexible en su interpretación, el conocimiento no solo descansa sobre instituciones sociales sino que es completamente determinado por estas.

Si bien el constructivismo social no aparece precisamente desde la biología sino que se trata de un anti-realismo ontológico general que se aplica a toda entidad teórica, no deja de ser inquietante que tengamos que detenernos en debatir la realidad de "especie", "población" o "unidad de selección". Y resulta preocupante, porque son entidades teóricas como estas las que marcan, con autoridad *de facto*, los caminos a seguir en el

---

[31]En filosofía se da una vieja disputa entre realismo e idealismo. Según el primero, el mundo físico existe independientemente de nuestra propia existencia, mientras que para el idealismo el mundo depende de nuestra actividad consciente.

Realismo metafísico: nuestra cotidianidad nos coloca cerca del realismo, en tanto el Aconcagua existía antes de mi nacimiento y seguirá existiendo después de mi muerte. Es decir, el mundo sería ontológicamente independiente del acto de conocer, y el hecho de que exista no depende de que yo lo haga.

Realismo epistemológico: afirma que la ciencia tiene como objetivo proveer una descripción verdadera del mundo y que hay una realidad factible de ser conocida. Podemos alcanzar ciertas verdades sobre el mundo.

El *anti-realismo,* por su parte, no acepta la existencia de entidades inobservables tales como los electrones, por ejemplo, los que no pueden ser detectados por los sentidos. En un campo como la entomología, realistas y anti-realistas no tendrían razón de existir como concepciones disidentes. Sin embargo, en áreas como la física, la evolución o la biología molecular, la disputa puede llegar a ser agria. El instrumentalismo agnóstico sostiene que dichas entidades son simples instrumentos necesarios para sostener las teorías científicas. Poblaciones, especie, ecosistemas, son los entes que más comúnmente son puestos en tela de juicio por los anti-realistas en biología.

[32]Y al hacerlo, hace que la representación predominante quede absuelta de cualquier consideración valorativa, que puede o no tenerla, según el caso. Este punto debe ser muy tenido en cuenta de aquí en adelante, sobre todo en sus implicancias y relación con la Teoría del Actor-red como alternativa analítica, justo es proponerlo, emancipatoria.

[33]El éxito prolongado y repetido de una teoría en situaciones diversas es, para el realista, una señal de que entre la teoría y la realidad hay más que una adecuación empírica.

tratamiento de recursos. Ubicarse en el realismo o en el anti-realismo con respecto a ellas, pesa mucho en la toma de decisiones.

Especie y ecosistema: adaptacionismo, dialéctica y constructivismos sociales… y no sociales

Llegamos a una instancia de nuestro análisis, ciertamente curiosa, complicada, en la que vamos a generar tensiones discursivas como consecuencia de intentar *matar dos pájaros de un tiro*. Por un lado discutiremos, aunque lánguidamente, especie, selección y ecosistema, vigas maestras del concepto de ambiente que estamos deconstruyendo. Por el otro, mostraremos cómo ciertos temas que creemos ajenos conviven con nosotros en nuestro universo laboral y hacen inevitable una actitud de cuestionamiento, incluso para el técnico más celoso de su trabajo.

La suerte de especies y ecosistemas estuvo, y aún está, fuertemente signada por un *ultradarwinismo adaptacionista*, no darwiniano.[34] A pesar de que mucha agua ha corrido bajo este puente, hoy por hoy, el actual concepto de ambiente sigue atravesado por ese sólido darwinismo. Sin embargo, ya en 1985 Lewontin y Levins adelantaron una objeción no menor a esta concepción, objeción que dispara en varias direcciones en cuanto a sus consecuencias.

Por empezar, impacta en lo que fue discutido en el Capítulo 2 sobre mecanicismo: Lewontin y Levins critican la conceptualización de la evolución como proceso progresivo, conducente a cierto estado de equilibrio.

---

[34] Paradójicamente, Darwin no era un *adaptacionista*. Fueron Wallace y Weisman los que lo convirtieron en uno. Dice Darwin en la última edición, de 1872, de *El origen de las especies*:

> As my conclusions have lately been much misrepresented, and it has been stated that I attribute the modification of species exclusively to natural selection, I may be permitted to remark that in the first edition of this work, and subsequently, I placed in a most conspicuous position-namely at the close of the introduction-the following words: 'I am convinced that natural selection has been the main, but not the exclusive means of modification'. This has been of no avail. Great is the power of steady misinterpretation.

Hay en esta idea de evolución, de uso cotidiano en la elaboración de nuestros proyectos de investigación, una suerte de determinismo biológico mecánico que invade gran parte del discurso ambientalista actual.

También impacta en el hecho de que el atomismo como marco epistemológico es cuestionado. Un organismo es *atomizado* en varios caracteres que son explicados como estructuras diseñadas por la selección natural para funcionar de determinada manera. Pero, ¿qué es un caracter?... si un organismo es una entidad integrada y no una colección de objetos discretos, entonces no queda otra opción que interpretar a los organismos como colecciones de situaciones de compromiso entre partes, que no *logran optimizarse*.

Lewontin y Levins sugieren una alternativa. El mundo está en permanente movimiento. Las constantes se tornan variables, las causas, efectos; mientras que los sistemas cambian en un proceso de destrucción de las condiciones iniciales. Cambios y más cambios, producto de contradicciones que evolucionan y fuerzan transformaciones en los vectores que atraviesan al mundo. La cigarra alimentándose de una tipa, o el panda alimentándose de bambú en la selva asiática, representan solo un balance momentáneo entre fuerzas opuestas. La relación entre un ente y su ambiente es dialéctica, dicen estos biólogos, existen como una unidad en tensión. Se transforman mutuamente, pero no se determinan completamente.

Solemos plantear las encrucijadas sobre biodiversidad entendiendo al organismo como consecuencia de las posibilidades de resolución que el mismo tiene con respecto a los problemas que el ambiente le impone. Cabría preguntarse cómo serían los proyectos de investigación en un universo en el que nos condujéramos en espacios más dialécticos y no tan reduccionistas o funcionalistas.

Dentro de un territorio científico, cuyas fronteras están cuidadosamente custodiadas para impedir el ingreso de ideologías o políticas, estas entidades pueden ser impuestas por técnicos y científicos autodefinidos como *conocedores* de estas *realidades*. A partir de la discusión realismo/anti-realismo se puede ir hacia una propuesta que logre flanquear las fronteras. Sterelny y Kitcher[35] sugieren un convencionalismo

---

[35] Sterelny, K. y Ph. Kitcher, 1988.

o instrumentalismo, es decir, un *pluralismo teórico* de tono anti-realista, que apueste a una base más participativa al momento de elegir entre opciones. Estos autores, en un debate sobre la realidad de la unidad de selección, argumentan que, según el pluralismo, no se trata de que la selección actúe sobre varios niveles simultáneamente, sino de que se pueden utilizar los distintos modelos explicativos (genes, organismos, poblaciones especie, etcétera), según la conveniencia.

Sin embargo, Shanahan[36] responde que, si el pluralismo sostiene que varios modelos son igualmente adecuados, esto quiere decir que:

> [...] hay un fenómeno físico unitario que sirve como punto de referencia para las representaciones científicas.

Y como la selección es inobservable, se estaría aceptando la existencia real de un fenómeno inobservable, lo que nos remite a puro realismo metafísico.

Protección del ecosistema implica biodiversidad, biodiversidad implica especie, especie, entonces... ¿qué implica? Especie, ecosistema, unidad de selección, mas allá de ser claves en la construcción de proyectos que involucren modificaciones en nuestras relaciones tecnológicas con los recursos, son especialmente susceptibles de ser interpretados a la luz del anti-realismo. De hecho, el realismo en biología, comparado con la física, reclama un mayor desarrollo argumental y un apoyo más sólido en ejemplificaciones.

El concepto de especie es, ya desde Dobzhansky, problemático. Si nos enmarcamos en el pluralismo teórico, podemos aducir que cada uno de los conceptos de especie tiene un determinado contexto de aplicación. Podríamos estar en presencia de un pluralismo teórico de tipo realista, ya que no es necesario negar la realidad de la especie. En cambio, el pluralismo de corte anti-realista, si bien no niega que existan fresnos, camellos, pingüinos, *Escherichia coli* o el picudo del algodonero, eso que se llama "especie" es muy diferente en cada caso en que se aplica.

Cuando un proyecto de investigación "medioambiental" que incluye entre sus conceptos constitutivos el "desarrollo sustentable" se propone

---

[36] Shanahan, T., 1996.

trabajar con la biodiversidad y protegerla, y dentro del mismo cualquier sugerencia tecnológica considera la conservación de la diversidad específica, cabe preguntarse qué "especie" se está protegiendo: ¿nos estamos refiriendo a un linaje que ocupa una zona adaptativa diferente y que evoluciona separadamente de los demás? Este concepto no permitiría distinguir entre dos especies si una de ellas ha surgido por poliploidía a partir de la otra y ocupan el mismo hábitat. Entonces, tal vez, estemos hablando de un grupo de poblaciones naturales interfértiles que están reproductivamente aisladas de otros grupos, pero, ¿cómo considerar el aislamiento reproductivo? ¿Qué sucede con organismos de reproducción asexuada? ¿Y en paleobiología? Cualquiera de las aproximaciones presenta problemas y limitaciones.

En lo que antecede, no solo nos enfrentamos al problema de la concepción de especie sino, también, a su análisis dentro de un adaptacionismo cuestionado. Se podría optar, por ejemplo, por alternativas como la sugerida por Ghiselin[37] y Mayr.[38] Estos investigadores reclaman un concepto de especie que pueda:

> [...] ser aceptado como único válido en todo contexto.

Se puede aducir que, independientemente de qué se considere como especie, la idea es proteger la vida en sus diversas formas. Por otro lado, uno puede objetar que si la población A es de la misma especie que la población B y su protección implica la posibilidad de una menor producción, por ejemplo, de alimentos, amén de que el servicio ambiental que sostiene puede ser mantenido por la especie A, no se justificaría invertir en su conservación. Otra voz puede aducir que las especies vicariantes no son una redundancia, sino que otorgan homeostasis al sistema. Nuevamente, ¿son A y B especies diferentes?

En el extremadamente simplificado ejercicio que se acaba de hacer, no es difícil analizar las distintas propuestas y contrapropuestas desde ciertas posiciones en la red de la que habla Latour, en la que se articulan relaciones de poder, explícitamente planteadas en la propuesta

---

[37] Ghiselin, M., 1974.
[38] Mayr, E., 1988.

de Ghiselin y Mayr, que se forjan y definen realidades como las de un armado ecosistémico de especies que responde a manejos acordes, pero no *verdaderos*. En este ejemplo también aparece claro el *exceso de objetividad* del que habla Sarewitz y que nos conduce a una situación en la cual vemos a la ciencia con pocas posibilidades.

Especie y ecosistema, arterias femorales del concepto actual de ambiente, vuelven a ser ejemplos más que oportunos en la presentación de los constructivismos tecno-científicos que aquí se hace. El organismo como sujeto y objeto al mismo tiempo, es una propuesta de Lewontin y Gould que anticipa a Latour, quien, directamente, rechaza esa dicotomía cartesiana: la naturaleza *que* vivimos (no, *en la que* vivimos), no es epistemológica.

En definitiva, lo que Lewontin, Levins y Gould propusieron, y luego Latour, son especies y ecosistemas menos manejables científicamente y más políticos (claro, suponiendo que ciencia y política sean espacios distintos). Esto puede sonar herético pero también lo fueron, en su momento, las propuestas de Martín Lutero y Jan Huss. Por su parte, Carolan nos plantea el tema de la *salud* ecosistémica, sintagma nodal en el concepto actual de ambiente. Sin embargo, ¿qué se entiende, realmente, por un ecosistema *sano*? ¿Aquel con mayor riqueza específica? ¿Aquel que es capaz de brindar mayor cantidad de servicios? (¿servicios para quién y para qué?), ¿o aquel que alguna vez fue, si es que resulta posible recuperar un pasado con el cual no podemos acordar? Integridad ecológica, salud ecosistémica, biodiversidad, son manipulados como estados objetivos de la realidad y, sin embargo, después de hacer estas preguntas reflotan como juicios de valor. Sintagmas que podrían sustentarse en un concepto de naturaleza del cual, cada vez, se duda más.

Vemos que esta discusión, como otras del mismo estilo, gira como un taladro que perfora la superficie del trabajo de investigación, descubriendo un subsuelo cavernoso, en penumbras, laberíntico, con dicotomías que obligan a una elección casi permanente. Napas profundas con poca luz, inciertas, turbadoras, en las que *el mechero Bunsen* no alcanza para iluminar y nos obligan a empuñar antorchas alternativas. Grutas sub-superficiales tan solitarias que nos compelen a la resistencia, a un pensamiento autónomo, pensamiento que nos descuaja de una carrera ascendente en publicaciones y cargos. Pero son túneles que una vez caminados, seducen y nos propalan completitud en la insatisfacción. Cavernas que nos regurgitan mutados en agentes mutagénicos, capaces de prosperar en una superficie líquida que creíamos sólida, sobre la cual podemos construir nuestros proyectos a partir de nuestras memorias del subsuelo y hasta con añoranza de sus silencios, sin que esos proyectos se cosifiquen en verdad revelada. Seguimos, entonces, con los constructivismos.

La Escuela de Bath o Programa Empírico del Relativismo (PER), que también es parte de la sociología del conocimiento científico como la Escuela de Edimburgo, abandona los estudios históricos de la ciencia, tal cual los conduce el Programa Fuerte, catalizando el surgimiento de los estudios sobre tecnología y sociedad. Es en este nuevo marco que la Teoría del Actor-red (ANT),[39] mencionada más arriba, establece, por un lado, un puente entre ciencia y tecnología necesario para la lógica discursiva de este ensayo y, por el otro, propone un bastidor social distinto para la estructuración de la ciencia, al cual se puede calificar de osado y sumamente interesante.

La Teoría del Actor-red rechaza el realismo social[40] de la Escuela de Bath, despegándose del constructivismo tal cual lo entiende la sociología del conocimiento científico, entrando con una propuesta más transformadora. En primer lugar, sostiene que si bien es constructivista, su propuesta no es social, ya que deja de ser antropocéntrica. El eje de su estrategia es empujar a los humanos del centro de análisis, extendiendo el principio de simetría del Programa Fuerte a un *principio de simetría generalizado*, por el cual el esquema social implica no solo a los humanos sino, también, a sus creaciones tecnológicas. Este principio postula que, tanto humanos como no-humanos (microbios, plantas, espectrofotómetros, PCR o conductímetros) deben ser tratados con las mismas herramientas analíticas.

Para los proponentes de esta teoría, Latour y Callon, este híbrido llamado sistema socio-técnico no es otra cosa que una red formada por humanos y no-humanos que intercambian propiedades. Latour pretende

---

[39] Actor-Network Theory.
[40] Es decir, no presupone una estructura social.

mostrar de qué manera tecnología y sociedad se constituyen la una a la otra. La Teoría del Actor-red intenta entender los procesos por medio de los cuales el conocimiento moldea, a la vez que es moldeado, la vida humana. Indudablemente, esto da por tierra con dicotomías como tecnología-sociedad, ciencia-tecnología (ciencia básica-ciencia aplicada), sujeto-objeto, humano-no-humano, adentro-afuera, micro-macro, etcétera. El eje fuerte de esta teoría es que en las controversias, las entidades emergentes modifican el rumbo que estas toman, transfigurando, en consecuencia, a los actores humanos. Es en este suave desplazamiento desde la ciencia hacia la tecnología que se va cerrando el hiato histórico entre ambas,[41] como consecuencia de un criterio *geográfico* para delimitar ciencia y sociedad, límite que se renegocia con originalidad debatible en la Teoría del Actor-red.

Más allá del entramado social de la tecno-ciencia, la Teoría del Actor-red reformula el mito moderno según el cual:

> [...] las ciencias son el medio por el que las mentes se liberan de la sociedad, alcanzan la naturaleza objetiva y ordenan la materia eficiente…

De esta forma, la tecno-ciencia socializa lo no-humano para que interactúe con lo humano. Indudablemente, este es un planteo que inquieta y despierta debate,[42] pero alerta sobre la posibilidad de mirar con más recelo las certezas con las que se suele construir nuestra relación con el resto del sistema, construcción esta última que sustenta el "desarrollo sustentable".

Entonces, mientras el PER adscribe a una tradición epistemológica que se pregunta por el modo en el que las representaciones, efectivamente,

---

[41] Aquí desparece la dicotomía *ciencia básica* y *ciencia aplicada*, diferencia que, en la antropología latouriana, carece de significado.

[42] Buena parte de las resistencias a la Teoría del Actor-red se enfocan en su insistencia en borrar la distinción entre humano y no-humano, a través de la problematización del concepto de agencia. La agencia *in media res*, a diferencia de su contraparte metafísica, emerge de un proceso que comienza con un punto de fricción en un espacio social ya constituido. En este contexto, cabría preguntarse cómo se hace un agente, en lugar de qué otro ente es un agente. En cuanto al significante *agencia*, proviene de una traducción literal del término inglés *agency*, ya que no existe correlato en español y se emplea para definir la capacidad de un actor de obrar en el espacio social.

representan al mundo, la Teoría del Actor-red inquiere acerca de cómo algo puede representar, válidamente, cualquier otra cosa. Esto lleva de nuevo la discusión al área del realismo.[43] En el caso del PER, toma como punto de partida, como se dijo, el realismo social (la sociedad existe) y rechaza el realismo epistemológico (los objetos científicos solo existen como tales en la medida en la que nuestras representaciones nos permiten constituirlos). La Teoría del Actor-red parte de una sociedad y de objetos que no son presupuestos, sino el resultado de un proceso, lo que significa que los actores actúan en dicho proceso al mismo tiempo que llegan a ser a través de él.

Latour radicaliza el principio de simetría del Programa Fuerte y elabora una simetría generalizada[44] que ofrece una alternativa para entender, por un lado, la relación de la tecno-ciencia con el ambiente que recorre la deconstrucción que se hizo previamente sobre el "desarrollo sustentable" y, por el otro, el replanteo de la tecnología que sigue al presente capítulo. Según su libro *La esperanza de Pandora*:

> Cuando decimos que no existe mundo exterior, no significa que neguemos su existencia, sino, al contrario, que nos negamos a concederle una existencia no histórica, aislada, inhumana, fría y objetiva que se le adjudicó con el único fin de combatir a la multitud.

En otras palabras, Latour quiere significar que la consideración de Platón y Galileo, y más recientemente de Kuhn y de Popper, de la ciencia como una entidad autónoma y a-histórica, es puesta en tela de juicio.

---

[43] Latour pasó tres años en el *Salk Institute for Biological Studies* en los Estados Unidos, invitado por el Premio Nobel y uno de los fundadores de la neuroendocrinología, Roger Guillelmin, para estudiar la vida en su laboratorio, donde se investigaba la estructura molecular de la hormona tirotropina. Latour observa que dentro del laboratorio hay una permanente negociación entre humanos y no-humanos (aparatos, publicaciones, etcétera), para que algo sea un hecho científico; la realidad externa es la consecuencia y no la causa del trabajo de investigación. Los hechos no desencadenan controversias, sino más bien, son el producto final de las mismas. La realidad existe, la hormona que estudiaba Guillelmin y su equipo existe, pero no existió desde siempre. He aquí la historicidad que la Teoría del Actor-red le impone a la ciencia. La tirotropina se transformó en un hecho real solo *a posteriori* del trabajo de los científicos. Los hechos *no son*, sino que llegan *a ser*. Woolgar, quien trabajó con Latour, dirá que: "la representación da lugar al objeto".

[44] Este aspecto de la propuesta latouriana será expuesto con más detalle en el presente capítulo, más adelante y en el capítulo acerca de digestión anaeróbica de residuos orgánicos.

Desde la epistemología, las prácticas científicas aparecen como un tipo de conocimiento que responde, únicamente, a una serie de reglas metodológicas que delimitan un espacio bien claro y puro. Esta imagen de la ciencia sirvió, y aún sirve, para legitimizar el conocimiento y para justificar su fuerza y su poder en las sociedades modernas. El retrato de la ciencia como *potencia* disimula y esconde los elementos ontológicos que la hacen posible. Según Latour, este retrato genera dos tipos de mitos contrapuestos que comparten la racionalidad, el determinismo y el objetivismo de la ciencia misma. Por un lado, el mito según el cual los métodos experimentales de las sociedades occidentales, desde la época moderna, consiguen alcanzar saber científico ajeno a obstáculos no epistemológicos, tales como pasiones, intereses o ideologías. El otro mito, según el sociólogo francés, afirma que el desarrollo científico no contribuye al progreso sino que representa un obstáculo para el ser humano, que queda cosificado en un entramado de relaciones deterministas.[45]

En ambos mitos, la ciencia goza de una independencia por lo menos cuestionable. El límite entre la ciencia y la política, según esta perspectiva, es un contrato negociado permanentemente, entre científicos y tomadores de decisiones. Su interfase es un espacio coproducido, en el cual los hechos del mundo natural son formateados y, a su vez, formatean las relaciones sociales entre los científicos y sus interlocutores. Esta coproducción, dice Jasanoff,[46] significa que la manera en la que conocemos y nos representamos al mundo, es inseparable de la manera que elegimos para vivir en él. El conocimiento y sus distintas materializaciones son, al mismo tiempo, producto del trabajo social y constitutivos de la vida social; así como la sociedad no puede funcionar sin conocimiento, el conocimiento no puede existir sin la sociedad toda. El conocimiento científico encierra y es encerrado en las prácticas sociales, las identidades, las normas convencionales, los instrumentos discursivos y las instituciones.

---

[45]Latour, en la Teoría del Actor-red, enfrentando las concepciones racionalistas y deterministas, intenta combatir ambos mitos o, lo que es lo mismo, ensaya una redefinición ontológica de la ciencia, abandonando la dicotomía sujeto-objeto, y rechazando la separación naturaleza y sociedad.

[46]Jasanoff. S., 1996.

De una ciencia pura e inmaculada, para la cual cualquier tangencialidad con la política, o lo vulgar, es sinónimo de corrupción, pasando por una ciencia involucrada con una matriz social e histórica determinada, se llega a postular la posibilidad latouriana de un modelo de coproducción entre sociedad y acto tecnológico. Ese modelo considera que lo que actualmente se define como ciencia y como política se relaciona por medio de traducciones permanentes que tienen lugar en el laboratorio y en los discursos de la sociedad que a su vez se relacionan con ello. Estamos frente a un constructivismo que muda el énfasis desde *la división del trabajo* hacia *el trabajo de la división*.[47]

La ciencia posnormal

Una sociedad moderna que comienza a enfrentarse con los límites de su propio modelo, amasa el cambio histórico desde los *efectos colaterales* y no desde la racionalidad instrumental. Estas nuevas aproximaciones que se acomodan más a un esquema de sustentabilidad, tal como la significamos en el Capítulo 2, se caracterizan por modelos de diálogo entre la sociedad y la ciencia que encuentran infecunda la gobernabilidad ilustrada. Sin embargo, y por variadas razones, la situación no está

---

[47]La modernidad, generalmente, se asocia con procesos de estabilización. En los últimos años, ha habido una gran cantidad de estudios que desafían los fundamentos categóricos de la sociología y la filosofía social. Categorías que dividen, tales como capital/trabajo, naturaleza/cultura, agencia/estructura, arte/ciencia, organización social/organización técnica y burgués/proletario. Movimientos tan diversos como el deconstruccionismo y el feminismo, están poniendo en duda estas divisiones, y muchas de ellas, que se veían sólidas, ahora aparecen como arbitrarias y endebles. Si bien estas divisiones ya no se consideran esenciales, se toman como fijas por hábito, rutina o convención. La pregunta es: ¿a quién benefician? La sociología ocupa parte de su tiempo en averiguar qué grupo de diferencias está protegiendo a qué grupo social específico. Al poner en tela de juicio la *naturalidad* de dichas diferencias, no estaríamos frente a *cosas* para ver sino que dispondríamos de distintas formas de ver las *cosas*. Se abandona la *cosa-en-sí*, pasando a ser una cuestión de perspectivas. No se trata de diferentes ideas, sino más bien de ideas sobre la diferencia, es decir, ¿se justifica una diferencia?, ¿hay que establecer una diferencia? Se trata, entonces, de abandonar el pensamiento sobre la división de las tareas y pensar en la tarea de la división, de ir estableciendo fronteras entre dicotomías pretéritas, supuestamente estables y no partir de su supuesta existencia. Una de ellas es la división que aquí nos ocupa entre ciencia y política.

resuelta.[48] Existen aproximaciones que intentan *cruzar el Rubicón* pero aún parecen no atreverse a dejar la certidumbre y la paz que supone una sociedad bajo control.

Funtowicz y Ravetz desarrollaron un nuevo marco epistemológico llamado ciencia posnormal, dentro del cual es posible manejar dos aspectos cruciales de la ciencia en el dominio de la política: la incertidumbre y el conflicto de valores.[49] Proponen un nuevo marco epistemológico: *la extensión de la comunidad de referentes*. Dicha extensión es esencial para mantener la calidad del proceso de toma de decisiones cuando se trabaja con sistemas reflexivos complejos.[50]

El nombre de ciencia posnormal quiere indicar una diferencia respecto del típico ejercicio de resolución de enigmas de la ciencia normal en el sentido de Kuhn. La ciencia normal, que fue tan exitosamente trasladada desde el laboratorio hacia la conquista de la naturaleza, a través de lo que se conoce como *ciencias aplicadas*, no es, evidentemente, un marco apropiado para discutir y analizar la sustentabilidad de los sistemas, por sus características como problema. En otras palabras, todo aquello que aprendemos de los libros de texto en nuestra preparación profesional, aún representa conocimiento útil, pero bajo ningún punto de vista resulta suficiente para tratar el tema, por ejemplo, de la contaminación generada por los residuos de la actividad productiva. La perspectiva epistemológica cartesiana es insatisfactoria cuando lo complicado se manifiesta como complejo (los hechos son inciertos, las disputas de valor son centrales, los riesgos son grandes y la decisión es urgente).

---

[48]En realidad, no es seguro que alguna vez lo esté o que tenga que estarlo. Fieles a la matriz que venimos construyendo, esto forma parte de nuestro *estar-en-la-naturaleza*, es parte de la incertidumbre que empezamos a ver como ontológica. ¿Tiempos líquidos o los mamíferos, en realidad, "nunca dejamos de ser peces"?

[49] Cuando la ciencia kuhniana se mete con la incertidumbre, es cuando el Golem se *hace torpe*.

[50] Beck postula que estamos viviendo una etapa de la modernidad que califica de reflexiva. La sociedad vive lejos de la certidumbre y la velocidad informativa la lleva a la reflexión constante de su direccionalidad. No hay naturaleza ni tradición que proporcione base firme para decidir. Hasta nuestros impulsos más profundos (la orientación sexual) se viven cada vez más como algo que se elige. Todas las esferas cotidianas son objeto de una creciente colonización por parte de la reflexión, se las experimenta como algo a aprender y sobre lo cual decidir. Sin embargo, la principal traba de la *sociedad de riesgo* reside en la brecha entre saber y decisión: nadie sabe en verdad qué hacer, la situación es por completo indecidible, pero de todos modos hay que decidir.

La ciencia posnormal supone una incertidumbre ontológica que sugiere manejar las distintas situaciones desde una apertura democrática necesaria para la complejidad, ya que aspectos normativos y cognoscitivos conviven, dicen los teóricos de la posnormalidad, en dichas situaciones. La ciencia posnormal, que sigue siendo ciencia, considera necesaria la participación cuando *la morfología fáctica de los problemas encierra, cada vez más, un núcleo denso de valores*. Sin embargo, esa apertura no se entiende desde un modelo integrativo laplaciano,[51] sino desde la conjugación de una multiplicidad de voces. Los canales de participación se habilitan, según Ravetz, desde un posicionamiento distinto de los técnicos. Ellos deben presentar el material científico como evidencia y no como hechos duros, en una actitud más de diálogo que de demostración.

En una situación de posnormalidad, todas las partes interesadas tienen un papel activo y no pasivo de mero aprendizaje, papel típicamente reservado, en la concepción brundtlandiana de desarrollo sustentable, para los no expertos. Sin embargo, los esquemas y/o metodologías participativos, lo que Funtowicz y Ravetz llaman epistemología política, aún permanecen con importantes indefiniciones.

Según Carolan, la ciencia posnormal tiene intenciones estratégicas, como el proyecto de dejar intacto el feudo de la ciencia. El investigador arguye que esta propuesta, al cargar la incertidumbre al proceso regulatorio (políticas), automáticamente sugiere que aquella no es inmanente a la naturaleza, es decir, no es en realidad una incertidumbre ontológica. De esta manera, la ciencia y sus actores mantienen su autoridad y jerarquía en cuanto a la resolución de los problemas y a su evaluación.

Por otro lado, para encarar con bizarría este proceso de democratización, se debería empezar por concederle visa a la teoría política democrática, autorizándole el ingreso a los laboratorios técnicos. ¿Qué queremos decir *con bizarría*? Simplemente, que no se trata, por ejemplo, de un seminario, si hay tiempo, sino de incorporar esto dentro del aparataje tecnológico cotidiano. En definitiva, se habla de técnicos conscientes, de un *para sí* del trabajo científico que nos permita pensarnos y recapacitar que la particular forma que tenemos de surgir como sujetos de la ciencia

---

[51]La *unidad de las ciencias,* por la cual aquellas distintas disciplinas, al estar estudiando distintos aspectos de misma realidad, se reconciliarían en un único entendimiento del todo.

es excluyente, arroja hacia afuera de nuestra área de trabajo pero también nos excluye a nosotros mismos ni bien dejamos nuestros institutos.

La ciencia posnormal incluye en su agenda un proceso de democratización con debate sobre la existencia y protagonismo del *experto*. Giddens aclara que la confianza en la modernidad reposaba en los científicos y técnicos especializados, es decir, era (y aún lo es) una confianza pasiva, pero en la modernidad reflexiva es necesaria una confianza activa. En el marco postradicional que plantea, las instituciones están sujetas a la crítica. Entonces, la confianza activa de Giddens implica un compromiso reflexivo de legos con los expertos que, claro está, reorganiza la autoridad.

Construir desde las expectativas y no desde *lo mejor*. La posnormalidad en acción

Trasladarse desde un esquema genérico de objetivos (reducir la contaminación ambiental, mejorar las condiciones sanitarias, terminar con la tala de bosque), con el cual es fácil acordar, hacia la contextualización formalizada de un sistema acotado de metas,[52] es el paso que requiere comprimir el espacio infinito a un espacio finito de información. Este paso exhorta a deshacerse de ambigüedades, lo que hace posible compartir el significado de identidades semánticas usadas por observadores no equivalentes de la realidad.[53] El tema crucial en sustentabilidad es cómo se seleccionan los criterios o indicadores que pueden mostrar si hay o no hay avance hacia un sistema contextualizado de objetivos. Este tipo de discusión es imposible fuera del ámbito de la sociedad toda.

Dentro de este marco, una situación posnormal típica implicaría que el principal objetivo de los científicos sería el de aprender cómo percibir y representar la sustentabilidad, de manera que copie lo mejor posible la topografía social, más que el de indicarle a la sociedad qué

---

[52] Objetivos específicos y sus respectivas metodologías.

[53] Gianpietro se refiere a observadores no equivalentes de la realidad en su análisis del gráfico de ameba que se discute en la página 79.

debe hacer. Mientras que la racionalidad sustantiva implica un flujo de información unidireccional, la ciencia posnormal reubica a científicos y técnicos, dentro de un constante aprendizaje social. La ciencia como parte de la sociedad y no externa a ella. Trabajar con la sustentabilidad de los sistemas requiere admitir que es imposible saber con certeza cuál es *la* pregunta adecuada.

Este movimiento metodológico solo requiere que dejemos de creer que nuestro proceso de toma de decisiones está basado en una habilidad especial para detectar el *mejor* de los cursos posibles de acción, producto de la aplicación de protocolos estándares, basados a su vez en un análisis reduccionista. Es probable que nunca haya sido de esa manera. Simplemente, grupos de interés con posición dominante se encontraron tomando decisiones basadas en una racionalidad sustantiva. De este modo, fue relativamente sencillo justificar y hegemonizar, en todos los rincones del planeta en donde eso fue posible, una estructura económica particular, asociada a la tecnocracia. Esto es, en última instancia, lo que la Teoría del Actor-red latouriana pretende hacer en clave foucaultiana: dar cuenta de los procesos a través de los cuales el conocimiento moldea a la vez que es moldeado por la vida humana.

La misión que le queda a la ciencia en este nuevo contexto que estamos planteando es, en lugar de ofrecer la solución tecnológica definitiva, potenciar la resolución social de los problemas ambientales, lo que incluye participación[54] y un proceso de mutuo aprendizaje. El objetivo del técnico sería el de contribuir a la reestructuración del problema, manejando de un modo coherente con su circunstancia social el heterogéneo espacio informativo que reflejaría: 1) las distintas dimensiones relevantes e inconmensurables (ecológica, económica, social), y 2) las disímiles percepciones referidas a los diferentes niveles relevantes (individual, familiar, comunal, nacional), en relación con un sistema socioeconómico dado (contexto específico). Basado en estos lineamientos, el técnico estructuraría su análisis de modo tal que haga posible una representación integrada a distintas escalas de los diferentes compromisos

---

[54]Estamos aquí enfrentados con otro plano de clivaje oculto en la estructura argumentativa que se sigue en este ensayo. La participación de que hablamos necesita ser reconstruida desde un análisis crítico de "democracia" que escapa a los límites de la presente discusión.

sobre todas las dimensiones relevantes. Esto implica que el tradicional paradigma reduccionista no puede ser usado para organizar la información en un proceso de toma de decisiones.

Tomemos *Primavera silenciosa* de Carson una vez más. Si se elaborase una representación integrada del espacio de objetivos del sistema se obtendría, seguramente, una gran cantidad de distintos *perfiles de compromisos*[55] entre los distintos vectores de dicho espacio, todos igualmente satisfactorios, en relación con distintas topologías sociales operando en el mismo contexto o para la misma topología operando en contextos diferentes. En el caso de la industria automotriz, dice Giampietro, esto explica la existencia de distintos modelos de automóviles (equivalentes a distintas topologías sociales, en nuestro caso de sustentabilidad). De no existir un universo de observadores no equivalentes, es decir, con distintas percepciones del concepto de utilidad, expresando distintas elecciones racionales, existiría un único modelo de automóvil. Esto implica que ni el mejor equipo interdisciplinario de científicos puede, ni por aproximación, determinar desde una oficina el perfil del "sistema óptimo", aun conociendo lo suficiente acerca de las fronteras ecológicas y socioeconómicas del sistema. Para ponerlo en otros términos, el mismo sistema natural en el mundo exterior puede generar un gran número de topologías de dicho sistema, cuando se trata de percepción. Para mejorar su comportamiento, ese equipo debe recibir, primero, información de la comunidad sobre qué percibe la misma como "mejora" en ese preciso momento. Si bien este tipo de consideraciones parecen obvias, no queda muy claro por qué, aún en la actualidad, se definen sistemas de producción agropecuaria "óptimos" o "sustentables".

Cabría preguntarse óptimos para quién y por cuánto tiempo, según cuál o cuáles criterios de selección. La consecuencia de la coexistencia de

---

[55]Estos perfiles surgen de gráficos *tipo radar* llamados *telaraña* o *ameba* (Brink, 1992). Consisten en varios ejes o vectores que parten de un mismo centro. Cada eje representa un indicador de performance (el cual refleja una selección previamente realizada de criterios relevantes a tener en cuenta) que indica "mejoras" (una performance dada que se acerca cada vez más a las expectativas del agente), en relación con cambios percibidos en la calidad del sistema codificado por el gráfico. Por ejemplo, una posición más alejada del centro para un indicador determinado implica una disminución en la cualidad tenida en cuenta por ese indicador (en el caso del precio de un automóvil, indica uno más barato). Cada *ameba* representa un *perfil de compromiso* entre varios vectores.

numerosas topologías en el mundo real, reflejo de diferentes trayectorias en la evolución de las expectativas y la percepción del comportamiento del sistema, por parte de individuos que operan en contextos diferentes, es que no tiene demasiado sentido preocuparse por una definición sustantiva de un modelo base de sustentabilidad del sistema, aún si se dispusiese de una enorme cantidad de datos con tal objetivo.

El uso de la ciencia, en lo referente al análisis de las base de sustentabilidad de los sistemas, debe reorganizarse en función de una multidimensionalidad que incluya distintos dominios de descripción y distintos niveles de análisis y considere la escala, la *comparabilidad* y la conmensurabilidad. Empezando por los dominios de descripción y aceptando que el examen de nuestra relación con los recursos debe ser multidimensional, es necesario usar dominios descriptivos no equivalentes, es decir, modelos no reducibles basados en distintas representaciones de la realidad. Por ejemplo, la representación de los beneficios económicos no son reducibles a la de los beneficios ecológicos o los sociales. El uso de un único sistema de mapeo, por ejemplo, de un único indicador de performance basado en unidades monetarias (análisis de costo/beneficio) provoca, inexorablemente, un sesgo analítico. Por otro lado, al momento de decidir sobre una política en particular, en coordenadas temporo-espaciales particulares, una aproximación integrada de los relativamente inconmensurables "costos" y "beneficios" solo puede obtenerse en relación con un contexto y a una entidad social específicos.

En lo que a *comparabilidad* y conmensurabilidad se refiere, Martínez-Alier y O'Niel distinguen dos conceptos. Por un lado estaría la *comparabilidad* fuerte, es decir, la posibilidad de encontrar un término comparativo simple por medio del cual sea posible clasificar las diferentes acciones. Este concepto implica conmensurabilidad fuerte, es decir, la posibilidad de obtener una medida común de las diferentes consecuencias de una acción basada en una escala cardinal. A su vez, esto se traduce en el supuesto de que el "valor" de absolutamente "todo" puede ser comparado con el valor del "resto" de manera objetiva, usando una única variable numérica (unidades monetarias, por ejemplo). Por otro lado, los autores definen la *comparabilidad* débil como aquella en la cual hay un conflicto de valor al momento de decidir qué término debería usarse para clasificar jerárquicamente acciones alternativas. En otras palabras, los diferentes grupos interesados pueden presentar distintas elecciones racionales cuando están enfrentados a situaciones comunes específicas. La *comparabilidad* débil no implica que no pueda usarse la racionalidad al momento de decidir, sino que deberíamos salir de la *racionalidad sustantiva*, es decir una racionalidad objetiva que se aplica a todo, y pasar a una *racionalidad de procedimiento* basada en el reconocimiento de la ignorancia, la incertidumbre y la existencia de puntos de vista no equivalentes y legítimos de los distintos interesados.[56] El análisis del costo/beneficio cuadra dentro del marco de racionalidad sustantiva, ya que la idea básica de dicho análisis es la de colapsar la complejidad propia de los compromisos, y definir los pilares de sustentabilidad de los sistemas en un indicador único de *performance*, adoptando una herramienta analítica simple.

Otro aspecto importante para repasar en la relación ciencia-sustentabilidad-tecnología tiene que ver con cómo se percibe la política que se proponga para reforzar las bases de sustentabilidad del sistema. Dicha percepción no es igual en todos los niveles de análisis. Aún dentro de una misma disciplina (economía, ecología, sociología, etcétera), es necesario proponer y/o analizar dichas políticas con representaciones paralelas del impacto observado desde los distintos niveles (individuo, familia o economía internacional).

El acercamiento científico a la sustentabilidad plantea, también, el problema de la escala. Cuanto mayor es la escala de análisis, al ser más fácil identificar relaciones causales, la ciencia muestra el espejismo de soluciones permanentes y universales. Siempre es más fácil manejar proyectos específicos que intenten soluciones cuasi inmediatas pero transitorias.[57] Las causalidades más claras que conducen a soluciones rápidas, conllevan el riesgo de impactar en los síntomas más que en el problema real. Esto es, la adopción de una escala muy pequeña de análisis puede

---

[56]La racionalidad sustantiva implica poder decidir, en términos absolutos, qué se considera suficiente información científica como para definir posibles resultados futuros. Por otro lado, la racionalidad de procedimiento reconoce la imposibilidad de tomar esa decisión y recurre, en su lugar, a un proceso deliberativo, debido a la existencia de incertidumbres, información incompleta y distintas perspectivas legítimas.

[57]Lo que típicamente se define como *mejor que nada es...*

implicar el riesgo de trabar el sistema en la misma dinámica que generó el inconveniente en primer lugar. Solucionar un problema a escala grande, muy probablemente implique, tarde o temprano, caer en otro problema. Esto es otra forma de advertir sobre las enormes limitaciones de las soluciones tecnológicas, como alternativa hegemónica, a las complicaciones ambientales.

En cada caso que se clasifiquen opciones, se debe elegir una definición operacional de "valor" aplicada a nivel social, a pesar de que los involucrados, cada uno con distintas identidades culturales, intereses y objetivos, pueden entrar en el debate con distintas definiciones de "valor". Es decir, cuando se ordenan las diversas opciones se está decidiendo acerca de qué es lo importante para el interesado, así como también qué es relevante para la estabilidad del proceso descripto en el modelo. Consecuentemente, la validez de una aproximación determinada usada para ordenar posibles opciones, depende de su habilidad para incluir varias perspectivas legítimas (reconociendo las propiedades reflexivas del sistema)[58] y para constatar la viabilidad del sistema en relación con sus diferentes dimensiones (técnica, económica, ecológica y/o social).

La ciencia en el espejo: más fácil democratizar

Si bien Latour rechaza, proporcionalmente a lo que plantea Giampietro, las posturas mono-naturalistas, es decir aquellas para las cuales la naturaleza constituye la causa de que se pueda producir conocimiento y no la consecuencia de investigaciones, el sociólogo francés llega hasta el hueso. Sin embargo, los críticos de Latour, como Feenberg y Broncano, subrayan que su aproximación a la ciencia es puramente descriptiva y metodológica.

En Latour es notorio un re-direccionamiento, sobre todo en sus últimos escritos, con respecto a la posición adversa frente a la epistemología de sus primeros trabajos. El autor formula principios epistemológicos acordes con su concepción de la ontología, en función de los

---

[58] Ver nota 98.

cuales sea posible poder proporcionar un análisis explicativo y, sobre todo, normativo de la ciencia. Dicho planteamiento epistemológico opera *a posteriori*, estudiando empíricamente el proceder de la ciencia. El sociólogo francés, en sus presentaciones más recientes, desdeña las posturas esencialistas y reconoce que existen diversos modos de representar, valorar y relacionarse con el mundo, sin necesidad de caer en el relativismo. En este último Latour aparece una carga normativa, según la cual deben darse ciertas condiciones para que proliferen, dialoguen y negocien las diferentes interpretaciones de la naturaleza y la formulación de problemas científicos y sociales. Latour hace que la ciencia se mire a sí misma, y en esa reflexión aparece una imagen política del ecosistema, del gen o de la respiración que, indudablemente, hace mucho más fácil su democratización.

Latour ha sido interpretado como posmoderno. Según esta perspectiva, la credibilidad de la ciencia se basaría en una gran narración que se ha probado como falsa. Latour no es moderno, pero tampoco posmoderno. Si bien es muy crítico con las aproximaciones epistemológicas, se muestra más respetuoso con esta tradición que con el posmodernismo, al que llama *Múnich intelectual*.[59]

Sería comprensible cierta irritación del lector, frente al hecho de haber sido trasladado a este paisaje seco, polvoriento, inhóspito, ajeno a aparatos y medidas, pero es en estos intersticios del trabajo técnico, en estos fuscos rincones penumbrosos de los planes y proyectos, donde el Golem de Collins y Pinch se materializa o tiene la potencialidad de materializar sus torpezas. No podemos rehuir un debate que, como mínimo, pone a la ciencia moderna en el espacio de un cuestionamiento cuya onda expansiva impacta fuerte en el "desarrollo sustentable".

Más allá de que los planteos que presentamos de Lewontin y Levins, tengan que ver con la herencia, la evolución, la ontogenia y con entes clave para el "ambientalismo", el título de uno de sus libros, *La biología como ideología: la doctrina del* ADN, nos obliga a plantear su propuesta en

---

[59]Con esto, Latour se refiere al episodio que antecede la Segunda Guerra Mundial en el que el Primer Ministro Inglés Chamberlain acuerda con Hitler en Múnich, y prácticamente entrega la región de los Sudetes, en Checoslovaquia, sin pelear. Latour interpreta que el posmodernismo es, en sí mismo, una aceptación del clivaje moderno entre el ser humano, por un lado, y la naturaleza, por el otro.

el contexto de este ensayo. Que en algo tan potente en la biología actual como el darwinismo veamos pliegues teóricos tan indóciles, y no precisamente nuevos (tal vez solo oportunamente ocultados), es demasiado perturbador como para seguir adelante obviando las propuestas constructivistas, hasta las más osadas. Entonces, ¿el adaptacionismo panglossiano o la dialéctica de Lewontin y Levins…? La biología como ideología es, sin duda, una luz amarilla para nosotros y, de mínima, un problema para la ciencia moderna. El "desarrollo sostenible" se hace… cada vez más insostenible

En síntesis, el impulso de una nueva ciencia para la sustentabilidad requiere que se eviten las trabas académicas que mantienen una separación demasiado estructurada entre las disciplinas científicas tradicionales y entre los investigadores especializados y la sociedad. Los replanteos aquí expuestos diluyen la frontera moderna entre ciencia y tecnología y entre tecno-ciencia y sociedad, presentando propuestas de trabajo más conjugadas con la sustentabilidad. Lejos de ser un capricho, lo que queda de la sociedad moderna está comenzando a alertar a la sociedad que viene sobre la necesidad de hacerse cargo de lo que los "expertos" no pudieron cumplir.

Para un debate que no propicie simples *trans-formaciones*, circularidades y/o reciclados, es necesario recorrer ciertas periferias al tema central de este ensayo. Si bien lo que se propone a continuación puede significar rodeos y senderos difíciles, es ineludible ubicar la presente discusión en un espacio en el que pensar la totalidad de lo real provea de saludable profundidad, indispensable para trabajar cualquier argumentación. La densidad filosófica de una tecnología "que piensa" es, precisamente, la dirección hacia la que se dirige ahora el presente ensayo.

CAPÍTULO 4

Tecnología y *el* ambiente, ¿*n-1* ecuaciones con *n* incógnitas?

For people whose only tool is a hammer,
everything looks like a nail.

MARK TWAIN

When the concrete here and now dissolves into a
process it is no longer a continuous, intangible
moment, immediacy slipping away; it is the focus of
the deepest and most widely ramified mediation, the
focus of decision and the birth of the new.

LUKÁCS

¿Cuál es, entonces, nuestra relación con la tecnología en cuanto a recursos se refiere? Indudablemente, como quedó evidenciado en la construcción epistemológica que venimos analizando hasta aquí, el "agua de Tales" corre por nuestras venas[1] en una modernidad cuyos

---

[1] Esta metáfora hace referencia al despegue del materialismo y a la explicación no divina de

límites están siendo cada vez más explorados. El desmoronamiento de la creencia y práctica de separación de las ciencias es fáctico. En un esquema histórico braudeliano,[2] con el cartesianismo como estructural y la revolución industrial como coyuntural, la degradación de lo político, tal como se discutió antes, enmarca los fundamentalismos como acontecimientos. En una mirada retrospectiva, la ciencia no fue capaz, como ya se señaló, de desarrollar un relato tranquilizador en lo que a nuestra relación con la naturaleza se refiere, al cual recurrir con el objeto de ubicarnos cómodamente en el largo plazo.

Es probable que una situación malthusiana se oculte detrás de la creciente inequidad en la distribución de los recursos.[3] ¿Pueden los principios metafísicos que nos rigen desde hace siglos, corporizados en las ciencias, desviarnos de semejante destino? *Factor 4* y *Capitalismo natural*, son parte de ese eje articulador de sentido de nuestra situación actual, de la argamasa que sella la *cuestión tecnológica* con la *cuestión ecológica* en un bloque sólido que nos ancla a la modernidad.

Hoy por hoy, ¿en qué espacio nos estamos moviendo básicamente? Por un lado, se aíslan los problemas, se mutila la realidad (atomismo), y por el otro sabemos que podemos reducir dichos problemas a relaciones mecánicas y predecir el resultado de cualquier intervención en el sistema (mecanicismo). Hasta hoy, el ser humano fue muy efectivo en parcializar las distintas situaciones ambientales "incómodas" y, tratándolas de esa manera, las eliminó una a una. Por esa razón, las dificultades críticas que dominan la agenda actual son las que no se pueden compartimentar. Afluencia, "degradación" ambiental y problemas sanitarios de los países industrializados son parte de una organicidad analítica. El cambio

---

los fenómenos en la escuela milesia. Tales inaugura el pensamiento científico y comienza a preguntarse acerca del origen de las cosas al que responde el agua.

[2] El historiador europeo Fernand Braudel distinguió entre la corta, la media y la larga duración en la historia. La primera es el tiempo del acontecimiento, la segunda el de la coyuntura y la tercera se refiere a la estructura. Un ejemplo dentro de la historia argentina ubicaría al Cabildo Abierto del 22 de Mayo como acontecimiento, a la Revolución de Mayo como coyuntura y a la gestación del pensamiento socio-político y cultural de principios del siglo XIX como estructura.

[3] Con *situación maltusiana* se hace referencia a la dinámica poblacional en relación con la disponibilidad de recursos. La descompresión de instancias tensas entre números poblacionales y recursos, como la que se está viviendo hoy por hoy, puede estar relacionada con el capricho tecnológico y la inequidad distributiva, más allá de que los maltusianos se inclinan por el control, sobre todo, del índice de natalidad.

climático, la lluvia ácida y la acumulación de sustancias tóxicas, tratados en aislamiento e independencia del abuso energético y de materias primas, típico de la opulencia de algunas regiones, es una obstinación. De forma similar, intentar ver la pobreza y la "degradación" ambiental en los países periféricos como el mismo fenómeno y no como dos "problemas" conectados de la forma en que los articula el *Informe Brundtland* es una oportunidad. Todo el sistema debe ser abordado. Sin embargo, al ser el atomismo una pieza metafísica constitutiva y, prácticamente, estructural de nuestro sistema nervioso simpático, las posiciones que sugieren que arreglar las partes es suficiente, encuentran fácil legitimización, al igual que aquellas posiciones que afirman que el abordaje de las partes no ha sido efectivo en el pasado y que, por lo tanto, nada se puede hacer.[4]

Por otro lado, al acordar con el mecanicismo aceptamos la premisa básica de que es posible predecir cómo van a responder los sistemas frente a distintos estímulos y que, por lo tanto, podemos dirigir su funcionalidad para obtener un único resultado deseado. Sistemas con variables dinámicas, cuyos valores presentes, bien definidos, determinan la evolución futura de dicho sistema. "Dios" como hipótesis innecesaria. Esto es pura herencia moderna, lémures de una Europa asolada y confundida

---

[4] La física newtoniana es reduccionista, en tanto el pensamiento cuántico es holístico. El holismo es una concepción filosófica opuesta al atomismo. Mientras que los atomistas sostienen que "el todo" puede ser analizado en sus partes componentes por separado, el holismo sostiene que "el todo" es más que la suma de sus partes. El atomista divide las cosas para poder estudiarlas y conocerlas. La conservación de la diversidad es un ejemplo de ello. El holismo estudia "el todo" como tal. Mientras que el atomismo fue legitimizado por su avasallador éxito en la física clásica, el holismo no encontró eco en las ciencias duras. Permaneció como una mera mutación de énfasis, más que como una nueva posición filosófica. Hubo claros intentos de reposicionarlo en la idea de organismo en biología y en la del ecosistema como súper-organismo en ecología, pero ni organismo ni ecosistema pudieron escapar al bisturí epistemológico. Incluso la teoría de sistemas, a pesar de subrayar la complejidad de los agregados, lo hace en términos de retroalimentación causal, entre las distintas partes constituyentes "del todo", en una actitud claramente ana-*lítica*. Recién con la teoría cuántica, un nuevo y profundo holismo emerge para alimentar nuevas corrientes como el ambientalismo. La perspectiva cuántica no es nueva. Parménides representa una filosofía holística según la cual las diferencias y particiones de la realidad, son simples apariencias. Estas concepciones son posteriormente desarrolladas por Spinoza, de cuyas ideas panteísticas breva el ambientalismo de Naess. En la *laguna universal* de la física cuántica se reflejan las mismas ideas, siendo la realidad simples ondas en dicha laguna.

por los cambios y parcialidades que derretían cualquier piso o plataforma que se creía, y quería, conseguir. Se necesitaba un ancla, un *cogito*.

Metáforas mecánicas que no conducen a nuevas situaciones "de equilibrio" que nos sean favorables. ¿Los efectos preceden a las causas? No parece. Sabemos que los sistemas no son complicados, sino complejos y de comportamiento logístico. Por el contrario, a cada paso que damos, apoyados en esta concepción mecanicista, suelen surgir nuevos problemas con nuevas relaciones entre ellos. Somos perseverantes y seguimos, a pesar de la relatividad y de la nueva mecánica del siglo xx y sin tener en cuenta que, tal vez, lo que pasa con el átomo puede pasar, también, con un gato.[5] Conservar la biodiversidad, sí, pero sin la mariposa de Bradbury.[6]

Primavera silenciosa, con su argumentación sobre las consecuencias de las tecnologías construidas a partir de las ciencias separadas, podría llegar a representar un quiebre significativo con la modernidad, por lo menos en lo que a medioambiente se refiere. Uno de los méritos más sobresalientes del movimiento "ambientalista" fue el de comenzar a transitar un camino distinto. Sin amarras gnoseológicas, arrojado al mundo con una *praxis* concreta, subrayó en su discurso el efecto deletéreo de la fragmentación de las ciencias, tanto entre ellas como con la sociedad.

Feenberg propone una contextualización histórica interesante para el cuestionamiento tecnológico que aparece en el libro de Carson. Frente a la ansiedad distópica[7] que producía el rumbo planteado por de Gaulle, el Mayo Francés de 1968, dice Feenberg, articuló las demandas en un registro anti-tecnocrático[8] con fuertes quejas que iban dirigidas a ambos

---

[5] Para remarcar el determinismo de su mecánica ondulatoria, Schroedinger propuso un experimento imaginario que involucraba a un gato dentro de una caja en la que había un dispositivo con veneno. Dicho dispositivo se activaba con la desintegración de una partícula radioactiva con una probabilidad del 50% de ocurrir. Schroedinger intentaba probar lo absurdo del hecho de que, hasta no abrir la caja (intervención del observador o la medida) el gato estaba, simultáneamente, vivo y muerto. Micro-mundo y macro-mundo están vinculados.

[6] Hace referencia a la novela de Ray Bradbury *El ruido del trueno* que originó la metáfora del *efecto mariposa*.

[7] La utopía se refiere a un mundo ideal en el que todo es perfecto, mientras que la distopia se refiere a un mundo apocalíptico, a la creación de un mundo de pesadilla.

[8] La resistencia estudiantil, dicen Feenberg y Freedman en su libro *When Poetry ruled the streets: the French May Events of 1968*, estaba dirigida contra una articulación cada vez más tecnocrática entre la Universidad y la sociedad. En uno de los manifiestos más emblemáticos

lados de la cortina de hierro. El otro eje que atrajo la tecnología al terreno político, recuerda Feenbeg, fue el "medioambiente" a través del debate entre Commoner y Erhlich.

La insuficiencia científica que esgrimían los ambientalistas para evitar la depredación, fue igualmente adoptada, pero con signo contrario, por las corporaciones empresariales para denostar cualquier medida regulatoria que no le resultara funcional.[9] Paradójicamente, este debilitamiento científico, discutido en el capítulo anterior, revitalizó a la ciencia como argumento y la ubicó en un lugar privilegiado, siendo este hecho, tal vez, uno de los factores más importantes para tener en cuenta al momento de analizar los magros avances que nuestra sociedad manifiesta respecto de lo que percibe como erosión del sistema. Redunda aclarar que este abuso científico relegó a planos inferiores la aproximación más holística[10] del problema. Tildándola de cualitativa, idealista y de otra serie de epítetos, se intentó obliterar cualquier camino alternativo al tecnológico, impidiendo incluso cuestionarnos "magros avances"… ¿para qué erosión?… y, ¿de qué sistema?

---

de aquel levantamiento, *L'Amnistie des Yeux Crevé*, escrito durante la ocupación de la Sorbona el 13 de Mayo, los estudiantes se expresan en contra del manejo técnico-científico de los asuntos socioeconómicos. Los estudiantes que protagonizaron aquel Mayo Francés, veían a la Universidad como metáfora de una sociedad en la que el conocimiento socio-técnico jerarquizaba y era más un instrumento de poder y dominación que de transformación. La universidad contra la que se levantaron no era una universidad desatendida presupuestariamente, sino que se había metamorfoseado en el aparato reproductor de la tecnocracia. Feenberg se pregunta sobre las consecuencias del Mayo Francés. En principio, es inquietante que dicho sintagma haya logrado vida propia, identidad analítica, potencial heurístico. De todos modos, en lo que compete a este ensayo, Feenberg señala fuertes consecuencias: el Mayo Francés le dijo piedra libre a la tecnocracia oculta detrás de la sociedad ordenada. Como dijo Sartre: "amplió el campo de lo posible". Y es precisamente en esas nuevas tierras donde se desarrolla este ensayo.

[9] Los vikingos, en el siglo IX, luego de llegar al norte de Francia y en su proceso de devenir normandos, entendieron que para un definitivo establecimiento en tierras apropiadas debían conformar una suerte de Estado. Con tal fin aprendieron de los propios dominados a ejercer esa tarea, e incluso asimilaron sus costumbres y hasta su idioma. ¿Caprichosa analogía? ¿Por qué negarlo?

[10] Sin embargo, el holismo también es patrimonio de un espíritu lineal que, como se verá a continuación, no nos ayuda a colmar la insuficiencia del sujeto y del objeto. El holismo es, en realidad, una totalidad vacía que tiene todo y, a su vez, no tiene nada. Pretende una totalidad imposible, un pensamiento sin grietas y sin incertidumbre. El holismo excluye y simplifica ya que reduce las partes al todo. Es haber escapado de Escilia para caer en las garras de Caribdis.

La Paradoja de Jevons y una crítica
dura a las tecnologías "limpias"

La espesura del cuestionamiento a la tecnología escapa a los objetivos de este ensayo. Sin embargo, radiografiar filosóficamente a *Primavera silenciosa*, aquel primer intento dentro del ambientalismo moderno de ruptura epistemológica con la modernidad, permite incrementar las posibilidades de problematización del tema que nos ocupa, es decir, el preocupante impacto que percibimos en la aproximación tecnológica, como reorganizadora de nuestra relación con los recursos.

El primer planteo pertenece a un esquema de análisis enmarcado en el ámbito de las ciencias *duras* de la modernidad. Este esquema proyecta el debate, fundamentalmente, como una objeción técnica al proyecto de *Factor 4* y *Capitalismo natural*: ¿pueden la eco-eficiencia y la productividad de los recursos provocar algún "efecto rebote" que desande el camino ganado con ellos?

La Paradoja de Jevons[11] o *efecto rebote*, puede explicarse a través de un ejemplo con la energía; las tecnologías que apuntan a una mayor eficiencia alientan a un mayor consumo. Esto termina neutralizando y hasta tornando negativos los beneficios logrados con la nueva tecnología. Este fenómeno se puede analizar desde dos perspectivas distintas. Puede pensarse desde la modernidad reflexiva[12] de Giddens y Beck, como un problema netamente tecnológico. Aproximación que, indudablemente, circula por el terreno del cálculo, subida a la metafísica moderna que se discutiera anteriormente. Sin embargo, ¿qué sucedería si, en lugar de ver esta paradoja como un problema técnico se la delinea como producto de la poca fertilidad que le ofrece el terreno sociocultural actual? Es decir, como dice Owen,[13] ¿cómo pueden opciones como los biocombustibles,

---

[11] William Stanley Jevons (1835-1882) fue un economista británico, co-fundador de la escuela marginalista y pionero del neoclasicismo económico actual con su teoría subjetiva del valor originada en el concepto de utilidad marginal, que alcanzó notoriedad nacional al publicar en 1965 *La cuestión del carbón*, obra en la que desarrolla su famosa paradoja.

[12] Ver nota 98.

[13] Owen, G., 2000.

establecerse sin provocar retornos a las dinámicas impuestas por las tecnologías "tradicionales"?

La espesura filosófica de los planteos en torno a la relación ambiente-tecnología

Para ensayar una nueva relación con los recursos, lo visto hasta acá es necesario, pero no suficiente. Con la mirada histórica, intentamos una genealogía de la obstinación tecnológica con el ambiente. Ahora, *pensarnos en y desde la tecnología*, puede significar llegar a napas aún más profundas desde las que es posible extraer las razones ligadas a por qué nos movemos como nos movemos en el sistema, por qué llegamos a querer este tipo de dinámica, o de por qué nos olvidamos de qué necesitábamos como especie y, lo que es más preocupante, cómo llegamos a sentir la necesidad de la no necesidad de algún tipo de cambio.

El giro analítico planteado en este capítulo nos obliga a comenzar por Heidegger. Entrar en su filosofía significaría caminar una exuberancia intelectual descomunal, desproporcionada con respecto a las intenciones introductorias del presente trabajo. Sin embargo, esquivarlo sería vaciar de sentido todo lo que siguió después de él, más aún si se subraya su pensamiento fuertemente crítico e influyente con respecto a la tecnología.[14]

---

[14]Heidegger, más allá de su enorme impacto en la filosofía de la tecnología, tiene una fuerte influencia en la concepción ambientalista, sobre todo en Arne Naess y su *ecología profunda*, a la cual se hiciera referencia en el Capítulo 1. El pensamiento de Heidegger acuerda con los ecólogos profundos en que las reformas de la tecnología actual (por ejemplo, la legislación referente a la composición de los combustibles, la legislación sobre OGM, o los controles de la calidad del compost), no salen de la lógica de control del sistema por parte del sujeto. La ecología profunda recoge de Heidegger la idea de *giro* (*kehre*), es decir ese cambio radical del significado del "ser", de la comprensión del hombre de sí mismo, no como presencia sino anclado en la finitud. Para Heidegger, y por transitividad para la ecología profunda, la existencia auténtica no significa la acumulación de poder técnico sino, más bien, una existencia que permita que las cosas se manifiesten en formas que les sean adecuadas. Sin embargo, Heidegger rechaza de la ecología profunda su concepción del ser humano como resultado de un proceso evolutivo, es decir, cualquier reflexión del ser humano en ese sentido sigue, en la fenomenológica heideggeriana, a la idea de ser, posición que lo alejaría de estas posturas

Heidegger afirma que la esencia[15] de la tecnología no es tecnológica, es decir, que la tecnología no puede ser entendida desde su funcionalidad, sino a través de nuestro compromiso tecnológico con el mundo. El filósofo se pregunta si dicho compromiso es meramente una actitud o si forma parte del diseño mismo de los aparatos tecnológicos. Según Heidegger, de ser cierta la primera opción, podríamos reformular nuestra relación con lo técnico de una forma más independiente, sin alterar a la tecnología misma, alternativa esta poco atractiva para el activismo ambientalista. Sin embargo, los seguidores de Heidegger interpretan la crítica que él hace de la tecnología, no como actitud, sino como la forma en que el *ser* se manifiesta, es decir, el mundo moderno tiene un formato tecnológico, de la misma manera en que el mundo medieval tenía un formato religioso.[16]

La principal preocupación de Heidegger no son los efectos destructivos que pueda tener la tecnología sino, más bien, el impacto negativo de una comprensión tecnológica que se tenga del ser humano. Entender este cuestionamiento a la tecnología como la necesidad de una solución alternativa, significa alejarse de Heidegger. El planteo de este pensador no es óntico, es ontológico.[17] Georgescu-Roegen hace una analogía interesante que puede resultar útil para una mejor comprensión de la aproximación heideggeriana a la tecnología. Este economista intenta argumentar el origen de los desajustes socio-ambientales, a partir de una distribución

---

ambientalistas. Esto sería, dice Heidegger, tomar aspectos cruciales de la ciencia moderna en simultaneidad con su crítica. El concepto mismo de ecología, tan importante para los ecólogos profundos, surge de consideraciones científicas. La ecología describe a los ecosistemas en términos de complejos flujos de energía, hoy por hoy de caos, descripción que puede ser usada indistintamente tanto para comprenderlos como para explotarlos. Naess, a partir de la lectura de Heidegger y de Spinoza, considera a los entes no como objetos materiales sino, más bien, como fenómenos, es decir, manifestaciones temporarias. El ser humano es esa "apertura" en la cual los entes pueden manifestarse. Naess y Heidegger coinciden en asignarle un gran valor interpretativo a la ecología, pero también en reprocharle importantes omisiones.

[15] Entiéndase esencia no desde la perspectiva platónica de lo *perdurable,* lo que ubicaría a la esencia de la tecnología como una suerte de abstracción mitológica. En este caso, Heidegger usa "esencia" no como sustantivo sino como verbo: en qué forma los entes tecnológicos se nos presentan, cómo *ocurren.* "La esencia de la tecnología" se refiere a una forma histórica de revelarse las cosas. Según el filósofo alemán, simplemente como recursos a ser optimizados.

[16] Lo que no significa que Newton, Leibniz o Boyle, por ejemplo, hayan sido indiferentes a la divinidad.

[17] No está referida a un ente sino al ser como "siendo".

despareja de órganos exosomáticos (automóviles, aeroplanos, lavarropas, etcétera), comparada con la distribución pareja de órganos endosomáticos (corazón, pulmones, etcétera), metáfora que grafica interesantemente la visión preocupada de Heidegger acerca de un ser humano ontológicamente "mecánico". En particular, Georgescu-Roegen argumenta que la evolución podría describirse como un proceso adaptativo lento de órganos endosomáticos que funcionan en base a energía solar. Sin embargo en la actualidad, nuestra evolución, según el investigador, viró hacia un proceso de adaptación veloz de nuestros órganos exosomáticos, dependientes de la baja entropía terrestre.[18]

El impacto del pensamiento de Heidegger en la filosofía continental del siglo XX es poderosísimo. Ihde subraya que en Heidegger se encuentra una primera filosofía de la tecnología. Pensadores contemporáneos a él, como Marcuse, Adorno y Horkheimer, fundadores de la Teoría Crítica[19] de la cual, en cierta manera, se va a ser cargo Feenberg más adelante en ese trabajo, desarrollaron parte de sus ideas evidenciando un fuerte descrédito hacia la tecnología, dignas estas de una cirugía intelectual valiosa que en el presente ensayo demandaría un desvío, por el momento, innecesario. Baste mencionar una posición en la cual se piensa la tecnología no solo como herramienta para el desarrollo, sino también como instrumento legitimizador del actual esquema económico (el mismo esquema que vivieron los pensadores de la pre y post-guerra). El papel ideológico que juega el acto tecnológico en legitimar el orden actual, pasa por encausar cualquier problema, ya sea social, económico, militar, moral, en suma político, por el lado de la solución tecnológica. Entre otras cosas, Adorno y Horkheimer plantean que la legitimización de la estructura de producción/consumo del presente, se materializa por la racionalidad y universalidad de la tecnología, esta última como elemento rasante y eliminador de cualquier alternativa política. En pocas palabras, una auténtica tecnocracia.[20]

---

[18]Uso de combustibles fósiles.

[19]La Teoría Crítica engloba a varias generaciones de filósofos alemanes y teóricos sociales de la Europa Occidental conocida como la Escuela de Frankfurt. Una teoría crítica, dice Horkheimer, tiene como objetivo la emancipación del hombre, liberándolo de las circunstancias que lo atan a ciertas normativas.

[20]La aproximación crítica de Horkheimer y Adorno a la razón y a la tecnología, merece mucha

Estos filósofos merecerían, por su lúcida influencia en este tema, un capítulo particular que este trabajo no se puede dar el lujo de incluir. Horkheimer habla de una naturaleza rebelada que hace al ser humano esclavo de su propia dominación tecnológica. Por su parte, Adorno propone un trabajo creativo a través de las grietas de la actualidad. En un mundo "falso",[21] dice Adorno, no hay forma de realizar (o de saber que estamos llevando a cabo) actividades aparentemente inofensivas o

---

tinta de debate. Desde su carácter aporético y de *contradicción performativa*, según definición de Habernas, resulta complejo leer un riquísimo texto como *Dialéctica de la Ilustración (Dialektik der Aufklärung),* sin experimentar el desafío de criticar la razón desde la razón misma. Sin embargo, para los objetivos de ese trabajo, baste aclarar que Horkheimer y Adorno, tanto como co-autores de *Dialektik der Aufklärung,* como de sus propias y singulares aproximaciones al problema, realizan una crítica radical que queda circunscripta a un horizonte histórico y, consecuentemente, no pude ser considerada totalizante.

[21] Para entender el "mundo falso" en Adorno y su posterior duda de que muchas de las acciones humanas nos estén conduciendo, sin saberlo, a consecuencias catastróficas, es necesario presentar su concepto de "pensamiento identificador", cuya comprensión es fundamental para entender su obra. El concepto de "pensamiento identificador" está particularmente desarrollado en *La Dialéctica de la Ilustración* y en su libro *Dialéctica negativa.* Adorno dice, por un lado, que el pensamiento dialéctico busca hacer surgir lo diferente de lo idéntico, mientras que el "pensamiento identificador", por el otro, define aquello que algo identifica o representa, es decir, lo que en sí mismo no es (por ejemplo, la clasificación en categorías o clases de las burocracias en las cuales un ser humano se transforma en un ejemplar). El "pensamiento idéntico" objetiva por medio de la identidad lógica del concepto. El pensamiento idéntico encierra en un concepto la multiplicidad, la diversidad; la anula. Trabajamos, según Adorno, con conceptos que "falsifican" el mundo. Tenemos una imagen enteramente conceptual y, a la vez, falsa, ya que trabajamos con objetos que no son más que una objetividad propia, surgida de nuestra subjetividad. Esta manera de representar la realidad no solo puede facilitar la manipulación (dominación) del mundo material, dice Adorno, sino que lo hace pagando un costo: descuidar, o pasar por alto, la especificidad de una entidad fenomenológica determinada. Según esta forma de pensamiento, todo se reduce a un simple ejemplar. El concepto define y, por ende, excluye, niega. Entonces, la tecnociencia produce y opera con una falsedad. Un coleóptero o cualquier otro ente con el cual trabajamos no es una falsedad, pero su definición ecológica, su conceptualización ecológica, niega una diversidad que, tal vez, no podamos manejar (dominar). Sin embrago debemos, dice Adorno, *desmitologizar el concepto,* ya que las diferencias que se dan en el plano real dicen mucho más que lo que se niega en el plano gnoseológico, en un ANOVA o en un multivariado. En *La Dialéctica de la Ilustración* Adorno y Horkheimer desafían la visión común de la Ilustración como un periodo en la historia en el cual, luego de abandonar la mitología y de pasar por las religiones, se llega al razonamiento científico y secular. En la obra de estos pensadores conviven dos tesis con respecto al Iluminismo: por un lado sostienen que la mitología es parte de la ilustración y, por otro, que la Ilustración hace una reversión de la mitología. La mitología, dicen Adorno y Horkheimer, es una forma de representación de la realidad y, a su vez, la Ilustración se vuelve mitología al reducir toda interpretación de la realidad a hechos y cálculos en un esquema de "pensamiento identificatorio", volviendo a un estado irreflexivo de heteronomía.

valiosas, estando seguros de que no estén contribuyendo, de manera encubierta y a pesar de sus buenas intenciones, a un estado general de alineación y falta de libertad que la sociedad moderna sufre.

Ante todo, la filosofía negativa[22] de Adorno rompe el espacio gnoseológico. La falta de correlación entre lenguaje y realidad vigente, dice, no es solo producto de errores categoriales y de conocimientos sesgados, sino que existe un desequilibrio políticamente determinado que comprime el pensar en un molde de entendimiento finito, que entre otras cosas naturaliza ciertas instituciones (por ejemplo, el desarrollo sustentable). Solo a través de la crítica dialéctica, es posible sacar a la luz las contradicciones reales entre teoría y *praxis*, por ejemplo, las contradicciones enquistadas en la relación tecnología-progreso, relación orgánica dentro de la concepción brundtlandiana de ambiente (progreso como avance tecnológico y progreso como mejor calidad de vida para todos). El pensamiento de Adorno, en el contexto de este trabajo, echa luz teórica en la preservación de la pluralidad de lo real. Suprime la hegemonía de la identidad absoluta que se traduce, gnoseológicamente, en la disolución de la experiencia subjetiva y, políticamente, en la extinción de la disidencia, es decir, en la falsa pacificación del pensar y el actuar que supone el advenimiento de lo siempre igual.[23]

Es oportuno aquí llamar la atención sobre el reconocimiento en la filosofía de estos pensadores, del instrumental teórico empleado para la cirugía que se hizo en capítulo previo sobre el sintagma "desarrollo sustentable". Adorno dice, en síntesis, que la fracción de pensamiento clasificador de la razón proyecta su voluntad de domesticación de la realidad, y que cada concepto (identidad) nunca es total y mucho menos inocente, ya que acredita construcción política e historicidad.

Partimos de uno de los más influyentes pensadores de la tecnología y presentamos a los fundadores de la Teoría Crítica, quienes tuvieron

---

[22]Negación del sistema de pensamiento conceptual, cosificador (solidificado, "frenado" artificialmente en su devenir), que solo permite palpar apariencias… un mundo falso, sin su pluralidad.

[23]Esta negación de la individualidad, este aniquilamiento de lo plural, es lo que vuelve torpe al Golem (ver Capítulo 3), cuando el concepto totalizador abandona el plano gnoseológico y se transforma en la condición de posibilidad de la racionalidad técnica que reduce lo diverso a la funcionalidad de un mecanismo de producción.

como proyecto central cambiar el eje de la discusión social, de la lucha de clases a la relación del hombre con la naturaleza, en clave emancipatoria. La influencia y la vinculación intelectual de ellos con Heidegger es tema de una debate intenso que, dicho sea de paso, está muy opacado por el pasado político de Heidegger. Esto último hace que hasta se llegue a negar su herencia intelectual, a pesar de que la misma es innegable y fácilmente discernible en la obra de Adorno, Horkheimer, Marcuse y hasta de Feenberg, este último indispensable tarima conceptual del argumento del presente trabajo.

A esta altura es necesario mencionar a Marcuse, ya que su alumno, Feenberg, va a estructurar su constructivismo crítico atemperando el pensamiento radical de su maestro, natural en los tiempos que le tocó vivir. Marcuse escapa del ensayo totalitario de la Europa de la década de 1940 e interpreta su experiencia en los Estados Unidos como una nueva cara del totalitarismo: la tecnocracia. En clave heideggeriana y con fuerte compromiso social, Marcuse ve en la relación del ser humano con la máquina, una internalización de la obediencia como forma de conseguir los resultados deseados.

Para entender a Marcuse es pertinente mencionar que incursiona tardíamente en la crítica tecnológica y lo hace, en realidad, en el marco del análisis de una transformación social más amplia que se estaba llevando a cabo en aquellos años. El origen social de la obstinación con la técnica queda documentado en su libro *Eros y civilización*, donde si bien no elabora sus ideas en un marco de racionalidad tecnológica, evidencia su posición con respecto a la determinación social del acto tecnológico, incluso en sus aspectos más abstractos. Sin embargo, en ningún momento abandona su defensa del valor emancipatorio de la tecnología. Marcuse acompaña a Heidegger hasta esta instancia, es decir, hasta ese *a priori* tecnológico de toda experiencia humana, hasta ese contender la neutralidad de la tecnología. De aquí en más, Marcuse no solo abandona a su maestro, sino que también le critica su incapacidad de explicar por qué esta se hegemoniza en las sociedades modernas.

En toda esta parte del debate hay algo profundo, sin duda ontológico, que es visto por muchos de los pensadores que siguen en este análisis como un pesimismo insalvable. No es posible entender el origen de esta percepción oscura y preocupada, y su objetivo redentor más que difamador de la razón iluminista y *su* tecnología, si no se mira su circunstancia. Hay que entender el contexto histórico que le dio la Segunda Guerra Mundial y la post-guerra. En este período y hacia el final del mismo se recuperan, en un tratamiento dialéctico, ambas caras de la razón y la tecnología: por un lado, como motores de emancipación con respecto a las sociedades tradicionales y, por el otro, como ideología y variable de dominación.

La preocupación por el eventual abandono de estas posiciones por parte de pensadores como Habermas y Feenberg, no pasa tanto por las alternativas que estos propusieron sino por la forma en que reordenaron la discusión. Estos autores entendieron que las circunstancias que oficiaron de matriz para aquella primera crítica a la tecnología, habían cambiado. ¿Habían cambiado? Dice Archterhuis, con respecto a Feenberg:

> La transición desde una filosofía de la tecnología clásica, austera y monolítica, a una versión más empírica y 'matizada',[24] en ningún pensador es más evidente y aguda que en Andrew Feenberg. Feenberg, un profesor de la Universidad de San Diego, comenzó su carrera como discípulo fiel de la escuela neo-marxista de crítica a la tecnología, pero 'evolucionó'[25] hacia un pensador versátil y original, preocupado con las ambivalencias de la cultura tecnológica.

Dejamos al lector la deconstrucción de este texto. Sigue Archterhuis, en su análisis de Feenberg:

> Nunca negó sus orígenes. Por el contrario, se apropió de nuevos desarrollos en la filosofía de la tecnología, incluyendo al constructivismo social, de forma tal de poder concretizar su, más bien, naife y abstracta perspectiva neo-marxista.

Ihde menciona una diferencia entre la perspectiva de altura, trascendental de los padres de la crítica tecnológica, y la mirada desde el llano,

---

[24] Las comillas son nuestras.
[25] Las comillas son nuestras.

particular y pragmática de los filósofos de América del Norte. Es lo que Archterhuis llama un giro empírico. Ya no totalizan con "Tecnología" sino que hablan de "tecnologías". Las circunstancias, en realidad, siguen siendo las mismas, pero decoradas con festones de una fe casi ciega en nuestra supremacía como especie, en ese *nosotros y el control sobre el sistema*. Preocupa que sea la misma fe que se sintió cuando el Titanic zarpó de Inglaterra.

Los cambios que se fueron estructurando lentamente para fines de la década de 1960, a los que se hiciera mención al deconstruir el concepto de desarrollo sustentable, fueron preparando un espacio lo suficientemente templado como para instalar el análisis de la tecnología de Habermas, el representante más conspicuo de la segunda generación de la Escuela de Frankfurt. Toda una generación de pensadores de post-guerra, sumamente críticos con la razón iluminista y su vástago tecnológico, son catalogados como románticos y hasta distópicos por este pensador, quien intenta una ruta alternativa. Cuando Habermas habla de los anti-modernos de los '60 y los contrapone a su posición, a la cual define como una crítica a la incompletitud del proyecto de la modernidad. Sin duda, estamos frente a un análisis alternativo.

En *Tecnología y ciencia como ideologías*, Habermas manifiesta su preocupación en torno a la aproximación positivista de la razón y a la sociedad tecnocrática como su materialización. Mientras que Heidegger propone una aproximación cuasi histórica de la tecnología moderna, Habermas propone una teoría transhistórica del acto tecnológico en general. Si bien las formas históricas específicas de la ciencia y la tecnología dependen de arreglos institucionales propios de cada época, según el pensador alemán su lógica básica radica en la naturaleza objetivo-racional del acto tecnológico. El desarrollo tecnológico es un proyecto genérico que consiste en la sustitución de los brazos y piernas del ser humano por aparatos mecánicos. En el pensamiento habermasiano, esto es trabajo, mientras que lo que él llama interacción involucra la comunicación entre sujetos en la búsqueda de un entendimiento común. Concluye el filósofo que la tendencia tecnología de las sociedades modernas es resultado, simplemente, de un desequilibrio entre trabajo e interacción.

Habermas mantiene una posición claramente funcionalista, en la cual existe una diferencia entre el espacio técnico objetivo y racional y el espacio de valores, significados y fines. Habermas enfrenta la posición de Heidegger, Adorno y Horkheimer. Él no cree que el potencial de la razón moderna sea la semilla de la destrucción, y hace una clara distinción entre *racionalidad instrumental* y *racionalidad comunicacional*. Comparte con los representantes de la Teoría Crítica que, si bien la expansión de la razón instrumental y su colonización en aspectos de la sociedad, en los cuales no debería incursionar, son deletéreos, la razón no es inherentemente perniciosa.

Habermas critica a Weber y a Heidegger,[26] por la identificación que hacen del proceso de racionalización con el control tecnológico. Argumenta sobre la existencia de una *racionalización de la comunicación* que contribuye a la libertad del ser humano, pero que se encuentra parcialmente bloqueada por el desarrollo moderno. En la medida en que la tecnología quede limitada a facilitar las complejas interacciones y arreglos institucionales requeridos por una sociedad moderna, no existiría problema alguno. Es decir, no propone un replanteo del acto tecnológico sino, más bien, que se lo circunscriba de forma tal que la racionalidad comunicativa tenga oportunidad de desarrollarse en plenitud. Habermas, de esta forma, saca a la tecnología de la esfera social y *la pone en manos* que aprovechan y abusan de ella.

Habermas reconoce la posibilidad de un desarrollo tecnológico más acorde con necesidades, por ejemplo, ambientales, pero insiste en el carácter socialmente neutro y formal del mismo. En pocas palabras, para el filósofo alemán la tecnología siempre va a estar fuera de la esfera social, manteniendo una relación objetiva con la naturaleza, nítidamente orientada hacia el éxito y el control.

Feenberg, por su parte, combina los puntos de vista de Marcuse y de Habermas para llegar a estructurar su propia teoría crítica de la

---

[26]Max Weber mantuvo una concepción distópica de la razón, refiriéndose a la "jaula de hierro" de la racionalización. Según esta idea, la modernidad se caracteriza por una peculiar y distintiva forma de pensamiento técnico que amenaza esferas no tecnológicas, penetrando profundamente en la vida social. Feenberg sostiene que, tanto Heidegger como Habermas, se apoyaron en la hipótesis weberiana según la cual, la sociedad tradicional se distingue de la moderna por el grado de diferenciación que experimentan tecnología y arte.

tecnología. En principio, concuerda con ambos. Toma de ellos su oposición al determinismo y al instrumentalismo, pero intenta superar la imposibilidad de la reforma de la situación moderna del ser humano. No cree en la visión totalizadora de ninguno de los dos. Como la tecnocracia no es totalizante, dice Feenberg, no es necesaria la utopía radical del cambio total del sistema.

Marcuse siempre insistió en el carácter dialéctico de la tecnología en la sociedad moderna. Solía enfatizar no solo sus efectos represivos y destructivos, sino también su potencial emancipador. A pesar del carácter fundamentalmente histórico, más que antropológico u ontológico de su análisis, Feenberg ve un problema en su maestro. Según él no logra advertir la contingencia en la sociedad tecnológicamente dominada. Para Marcuse, dice el pensador canadiense, es dominación o emancipación y, como él veía a la sociedad absolutamente colonizada por el pensamiento tecnológico, no podía darse un cambio *desde adentro*.

Feenberg comienza a ensayar cierto tipo de hibridación sutil: poner a Heidegger y a Marcuse en el contexto habermasiano de reforma, y no de cambio de sistema. Archterhuis explica claramente las razones de dicho re-direccionamiento. Según el investigador holandés, Feenberg está en lo cierto cuando afirma que la batalla intelectual entre Marcuse y Habermas representa una victoria para este último. Dice que esto se puede deber en parte a lo poco "convincente" de las propuestas de Marcuse:

> [...] la 'liberadora transformación' de la naturaleza en 'jardines, parques y reservas', es apropiada para una ingeniería agronómica sin el peso de las fuertes demandas en mano de obra, espacio y producción, pero no es realista en cuanto a las necesidades actuales de producción de alimentos.

Lo que resulta poco atractivo es el argumento de Archterhuis para explicar el corrimiento de Marcuse por parte de Habermas. Tal vez, y si se nos permite otra lectura, probablemente Marcuse… fue demasiado convincente. Feenberg es más claro y atribuye el destierro académico de su maestro al contexto histórico que le tocó vivir: el espíritu transformador de los '60 se disipaba a pasos agigantados e iban ganando espacio aproximaciones más sobrias, concretas y pragmáticas. Según lo discutido en el capítulo en el que se analizó al desarrollo sustentable, no podemos menos que coincidir con Feenberg.

Feenberg reconoce la empresa de su profesor Marcuse, a su vez alumno de Heidegger, de reinstalar valor en la tecnología. De hecho, considera la predominancia habermasiana un retroceso mayúsculo, un regreso al instrumentalismo. Dice coincidir con su mentor en cuanto a que es posible una nueva tecnología que incorpore valores sociales, pero cree en la inmanencia de dicha posibilidad ya que, afirma, fue el éxito de la masificación y de la especialización laboral que terminó por transformar a los trabajadores en objetos de la técnica, de la misma manera que las materias primas y las máquinas. Feenberg replica, de esta forma, al argumento ontológico de Heidegger, señalando a la estructura económica como responsable de su *esencialización* de la tecnología.[27]

Habermas deja un espacio para la tecnología en la medida en que permita el diálogo y la comunicación entre los seres humanos en pos de un consenso. Feenberg comparte los cuestionamientos de Honneth a Habermas en cuanto a que este último, en su teoría de la comunicación, deja fuera de consideración las relaciones de poder que existen en las sociedades actuales. Sin embargo, Feenberg mismo, por la matriz habermasiana de su teoría crítica, es cuestionado por no justipreciar el problema de las hegemonías, es decir, el de la tecnología como posible factor de dominación.[28]

Otro punto importante para la argumentación del presente ensayo es la noción de indeterminación, la cual es central en la aproximación de Feenberg: de existir varias soluciones puramente tecnológicas para un problema, con efectos en la distribución del poder y la riqueza, la elección entre ellas no es tecnología, sino política. La tecnología ya no es vista como una fuerza externa actuando epistemológica o metafísicamente en la sociedad, sino que se percibe como una dimensión más de la misma.

---

[27]Feenberg propone tener presente las circunstancias históricas que llevaron a Heidegger a transformar a la tecnología en el "ser" del hombre. Un momento muy particular del capitalismo que fácilmente podría causar la ilusión de que ese ser del hombre es fundamentalmente tecnológico.

[28] Si bien es cierto que Feenberg, a diferencia de Habernas, propone un proceso de transformación tecnológica dentro de la esfera social, Feenberg toma de este último su modelo de democracia dialógica y *consesualista* para encarar la democratización del acto tecnológico.

Dado que la hegemonía tecnológica se basa en la extensión del control técnico, más allá de los límites tradicionales, para incorporar a la fuerza laboral, el esquema económico actual tiende a identificar la tecnología como un todo con la instrumentalización, a través de la cual ese control se asegura. No hay duda de que un revigorizado determinismo tecnológico recorre las venas del neoliberalismo, pregonándolo como un fenómeno neutro que ocurre más allá de toda política, historia o cultura. La biotecnología, la nanotecnología, la informatización, las energías alternativas y la mecanización de los procesos ecosistémicos (como por ejemplo la digestión anaeróbica de los desechos orgánicos), deben ser aceptados pasivamente, con la historia en la espalda.

Mientras tanto, otros aspectos de la tecnología se olvidan o se tratan como no técnicos. Es esta racionalidad tecnológica del esquema actual del uso de recursos, la que se refleja en el sustantivismo[29] de Heidegger y Habermas. Como su caracterización de la tecnología se limita a una particular instrumentalización privilegiada por el modernismo económico, no logran desarrollar, dice Feenberg, una concepción social e histórica concreta de su desarrollo y potencial. En su crítica a estos dos pensadores, dice que la abstracción que hacen al eliminar la dimensión socio-histórica del acto tecnológico, es considerada como evidencia de la naturaleza no social de la tecnología.

---

[29]Mientras que para el instrumentalismo la tecnología es simplemente una herramienta cuya evolución el ser humano puede manejar a su antojo y que utiliza para satisfacer sus necesidades, para el determinismo el avance tecnológico es el motor de la historia y su desarrollo no está bajo nuestro control. Ambas aproximaciones consideran a la tecnología como algo neutro, sin ningún tipo de carga valorativa. Por otro lado, el sustantivismo le atribuye valores sustantivos a la tecnología. La tesis de neutralidad del instrumentalismo y el determinismo conlleva un juicio de valor, pero es un valor formal (eficiencia), que no está amarrado a ningún tipo particular de elección de vida. Para el sustantivismo, la tecnología implica elegir una forma de vivir. Feenberg define a Heidegger como el mayor representante de esta posición, asociándolo a una visión fatalista de la tecnología. Entender en toda su dimensión la posición ontología de Heidegger y la crítica de Feenberg exige un capítulo en sí mismo. Valga decir simplemente que Feenberg ve como muy problemáticas las consecuencias políticas del supuesto sustantivismo de Heidegger, ya que entiende que conceptualizar al ser humano tecnológicamente quita toda posibilidad de disputar cualquier acto tecnológico en el terreno sociopolítico. Thomson, Kellner y Scharff, entre otros, hacen una lectura distinta del filósofo alemán, llevando la controversia hacia la caracterización más radical de Heidegger, comparada con la posición más reformista de Feenberg.

El sustantivismo, como una de las formas del esencialismo tecnológico, sigue Feenberg, identifica técnica en general con las tecnologías específicas que se han desarrollado en occidente en el último siglo, tecnologías de conquista que se adjudican una autonomía sin precedentes. El empresario es, básicamente, una plataforma de acción descontextualizada y sin las responsabilidades típicas de las personas y lugares asociados al poder tecnológico en las sociedades tradicionales. La estructura económica actual, entonces, tiene la libertad de extender el control tecnológico a la fuerza laboral, a la organización del trabajo y al subsistema natural, espacios que estaban libres de esa interferencia en el pasado. Definir tecnología desde el sustantivismo, para Feenberg es, entonces, netamente etnocéntrico, resultado de una visión encerrada en la dinámica histórica europea de la revolución industrial y sus consecuencias.

Entre la perspectiva filosófica y la social, el pensador canadiense intenta construir un concepto de esencia de la tecnología que provea de un territorio en el cual puedan tener cabida las variables socio-culturales que diversifican la realización histórica. Es decir, el término esencia de la tecnología no representa simplemente aquellas pocas características compartidas por todo tipo de práctica tecnológica, que se ve en los análisis de Heidegger y Habermas. Estas propiedades no constituyen una esencia *pre*-histórica, sino más bien, meras abstracciones de varios estados históricos concretos, dentro de un proceso de desarrollo. Las más sobresalientes, como la reducción de los objetos a simples materias primas, el uso de planos y medidas precisas, el manejo de algunos seres humanos por otros y operaciones a gran escala, no son novedades de nuestro tiempo. Más bien es la exorbitancia, la hipertrofia de esas características lo novedoso y, por supuesto, también lo son las complicadas consecuencias de dicha hipertrofia.

Las dimensiones de la tecnología moderna, dice Feenberg, deben ser visualizadas en un contexto más grande, que incluya muchas prácticas marginalizadas en la actualidad que fueron de gran importancia en otros tiempos y que podrían retornar al centro de la escena. Por ejemplo, hasta la generalización del taylorismo,[30] la experiencia tecnológica era

---

[30]La *organización científica del trabajo* (taylorismo), del estadounidense Frederick Winslow Taylor, consiste en un sistema de organización racional del trabajo, ampliamente expuesto en la

esencialmente acerca de una elección vocacional. La tecnología estaba asociada a un modo de vida, con formas específicas de desarrollo personal.

El planteo de Feenberg, entonces, promedia la crítica especulativa y socialmente contextualizada a la tecnología de los pensadores de postguerra, con la aproximación habermasiana, en la cual la tecnología tiene un impacto neutro en la medida en que no invada esferas de la vida cotidiana que no le correspondan. Sin embargo, hay algo en la propuesta de Habermas que incomoda a Feenberg, consecuencia directa del instrumentalismo del primero: el hecho de que no considera la estructura interna del acto tecnológico, es decir, de su diseño o, lo que Feenberg llama instrumentalización. Para referirse a esta objeción Freenberg habla de instrumentalización primaria y secundaria. La instrumentalización primaria establece las relaciones básicas del acto tecnológico con nosotros. La total integración de dicho acto con la esfera natural, social y tecnológica, es lo que se define como instrumentalización secundaria.

La *racionalidad social* de Feenberg rescata la racionalización weberiana (la idea de "jaula de hierro"), por la cual toda organización social está dominada por el cálculo y el control y, a partir de allí, comienza a gestar este concepto de dos instrumentalizaciones en cada acto tecnológico. Para eso, toma la definición de Beniger[31] de racionalización y propone que durante el proceso de instrumentalización secundaria, el

---

obra *Principles of Scientific Management* publicada en 1912. Se basa en la aplicación de métodos científicos de orientación positivista y mecanicista al estudio de la relación entre el obrero y las técnicas modernas de producción. Corresponde a la división de las distintas tareas del proceso de producción. Este fue un nuevo método de organización industrial, cuyo fin era aumentar la productividad y evitar el control que el obrero podía tener en los tiempos de producción. El sistema de Taylor bajó los costos de producción porque había que pagar menos salarios, las empresas incluso llegaron a pagar menos dinero por cada pieza para que los obreros se diesen más prisa. Para que este sistema funcionase correctamente era imprescindible que los trabajadores estuvieran supervisados y así surgió un grupo especial de empleados, que se encargaba de la supervisión, organización y dirección del trabajo. Este proceso se enmarcó en una época (fines del siglo xix) de expansión acelerada de los mercados que llevó al proceso de colonialismo, que terminó su cruzada frenética en tragedia a través de las guerras mundiales. Su obsesión por el tiempo productivo lo llevó a trabajar el concepto de cronómetro en el proceso productivo, idea que superaría a la de taller, propia de la primera fase de la Revolución Industrial.
[31]La racionalización puede ser definida como la destrucción de información para facilitar el procesamiento (Beniger, James, 1986), aplicable tanto a una "materia prima" como a un ser humano en un esquema burocrático.

acto tecnológico recupere parte de la dimensionalidad relacional y de autodesarrollo, perdidas en el proceso de abstracción que originó la tecnología en primer lugar, durante el proceso de instrumentalización primaria. El carácter indeterminado del desarrollo tecnológico deja lugar para que distintos intereses sociales y valores intervengan en el proceso de realización. En la medida en que los elementos descontextualizados se combinan, dichos intereses y valores asignan funciones, orientan elecciones y aseguran que exista congruencia entre tecnología y sociedad. Feenberg argumenta su aproximación, fundamentalmente social e histórica a la tecnología, sobre la base de este concepto de integración o *concretización*, al cual se volverá más adelante. La re-conceptualización de esencia tecnológica incluye tanto la instrumentalización primaria como a la secundaria, la que opera con dimensiones de la realidad enajenadas en el primer nivel de instrumentalización.

Volviendo a las consecuencias del desarrollo hipertrófico del que habla Feenberg, estas incluyen obstáculos para una instrumentalización secundaria, orquestados en los casos en los cuales un cambio técnico integral pudiese amenazar el lucro con el ser humano y con los recursos naturales. Estos obstáculos no son simplemente ideológicos, sino que están plenamente incorporados en los diseños tecnológicos. En nuestras "sociedades" actuales, las grandes organizaciones socio-técnicas ejercen una influencia considerable en las fuerzas sociales y políticas que, supuestamente, deberían ejercer control sobre ellas. Las necesidades humanas y las instituciones políticas son ampliamente manipuladas por dichas organizaciones.

Las técnicas psicológicamente sofisticadas de propaganda se cuentan entre las herramientas más importantes de las organizaciones que detentan la autoridad de manipulación de los recursos, para alterar los objetivos de las personas y fundir esos diseños tecnológicos a la humanidad. No es casual que los medios sean un instrumento más que importante para detentar dicho poder. Recordemos la característica de indeterminación, mencionada más arriba, que tiene la tecnología. Feenberg no plantea tanto una hegemonía tecnológica sino más bien la hegemonía de ciertos diseños. Nosotros, si bien somos técnicos, también formamos parte de la humanidad, por lo que cabe preguntarse hasta qué punto no somos una pieza de cierta construcción hegemónica o sus intelectuales orgánicos,[32] y reproducimos sus pautas tecnológicas.

Langdon Winner hace una caracterización del determinismo tecnológico que acompaña conceptualmente la crítica a Heidegger y Habermas de Feenberg. En su libro *Autonomous Technology,* de 1977, muestra una clara inclinación hacia los deterministas/sustantivistas, en particular Ellul. En el libro habla de:

[...] sistemas técnicos apartados totalmente de la posibilidad de influencia por medio de una dirección exterior, que sólo responden a los requerimientos de sus propias operaciones internas.

Sin embargo, este autor fue mutando su pensamiento y convirtiéndose en un promotor del:

[...] cambio tecnológico disciplinado por la sabiduría política de la democracia.

Lo que puede conducir a resultados:

[...] muy diferentes de los recomendados por las reglas de la eficiencia técnica y económica.

En su segundo trabajo, *The Whale and the Reactor,* de 1986, el autor sigue pensando que la tecnología actual está fuera de control social, pero presenta esto más como una contingencia que como una característica ontológica.

Winner habla de *sonambulismo voluntario* para describir una actitud pasiva que permite que la tecnología fluya sin control social, vigilada por una minoría comprometida con el sistema tecnológico.[33] Para los deterministas como Ellul, la tecnología crece según una lógica interna,

---

[32]El concepto de intelectual orgánico le pertenece a Gramsci y quiere significar a aquel grupo de pensadores que, surgidos del *bloque histórico* hegemónico, contribuyen a amalgamarlo y articularlo.

[33]Cuando Winner habla de *sonambulismo* hace referencia a la actitud de los constructivistas y de Latour por la falta de compromiso normativo que muestran estas aproximaciones analíticas.

más allá de cualquier posibilidad de manipulación. Resulta que el mismo sistema observado por Winner, muestra a la tecnología extirpada por acción y/o omisión de la esfera pública y manejada por *expertos*.

A propósito de Winner y de su alusión al *control,* es pertinente mencionar este interesante comentario de Dreyfus:

> [...] el impulso a controlar todo es, precisamente, lo que está fuera de control.

Un comentario que resulta conceptualmente riquísimo. Queda para el lector escarbar en él y encontrar mucho de lo expuesto hasta aquí.

Tecnofilia y tecnofobia: amor, odio o los grises de la política

No es infrecuente, en lo que a tecnología se refiere, debatir en un espacio bidimensional. De esta manera, o se acepta ciegamente a las tecnologías desarrolladas bajo las relaciones sociales predominantes hoy en día, o se rechaza su poder distópico. Entonces, la formalización de la relación entre la tecnología y el sistema plantearía una suerte de ecuación con dos incógnitas.

Según Giddens, Beck y Lash, estamos transcurriendo una nueva fase de la modernidad (alta modernidad o modernidad tardía), caracterizada, por un lado, por reformas automáticas que no resultan de lo político y, por el otro, por una profunda fe en el progreso que sigue su marcha con su chaleco tecnológico. Sin embargo, si aceptamos la existencia de algún tipo de lógica reflexiva[34] del capitalismo de la información del siglo XXI, como sugieren entre otros Beck y Giddens, la alta modernidad, dice White, se encuentra con la dificultad de tener que redefinir progreso tecnológico. Aquí surge un dilema que lleva a los intelectuales a preguntarse progreso para qué, para quién y con qué consecuencias.[35]

---

[34] Ver nota 98.

[35] La eficiencia, ya se dijo, no es el único factor a tener en cuenta al momento de diseñar

Por otro lado, para los que pretenden rescatar a la sociedad de la modernidad sugiriendo un retorno a las fuentes naturales pre-neolíticas, la situación no es tampoco fácil. Dice Horkheimer en su *Crítica a la razón instrumental*:

En otras palabras, para bien o para mal, somos herederos de la Ilustración y del progreso técnico. Oponerse a ellos, mediante una regresión a etapas primitivas, no constituye un paliativo para la crisis permanente que ha provocado.

Una desmedida búsqueda del momento originario, para relocalizar al ser humano en un "equilibrio armónico con la naturaleza", es un argumento cuestionado, también, por aproximaciones como la ecología evolutiva. Ecólogos como Botkin, Margulis, Gould y otros, al hablar de caos y cambio, en lugar de la ordenada y sistémica ecología de Odum, embisten desde la ciencia contra el trascendentalismo decimonónico de Emerson y Thoureau. Pero, esta crítica se hace desde la ciencia, desde una ecología, como ya vimos, fuertemente cuestionada en su calidad de tasadora de rumbos. Sin embargo, más allá de toda ciencia, Feenberg sugiere, a propósito del "equilibrio ecológico" y a pesar de su poco crédito científico, que este se revitalice como regulador de la arbitrariedad del acto tecnológico. De esta forma, constituirá en la nueva *technē* un nuevo *peras*, un límite para nuestro abuso sobre los recursos que surge, no del *eidos* de la materia, de la revelación de su esencia, como ocurría con los griegos, sino de la misma incertidumbre de la cual no se puede huir.[36]

---

una tecnología. Más arriba se mencionó el concepto de indeterminación, el cual estipula que no existe una única solución racional a un problema tecnológico, sino que este se abre a una esfera de múltiples influencias. El desarrollo tecnológico no es una flecha que busca su objetivo. Si los criterios que definen el progreso están en flujo constante, la sociedad no puede localizarse en el simple *continuum* de menos a más avanzada. El constructivismo complejiza el criterio de progreso hasta llegar, incluso, a disolverlo completamente.

[36]La *technē* griega que Heidegger pretendía recuperar, implicaba límites en la transformación de la materia, en la realización de un *eidos* o esencia de la misma. Por el contrario la tecnología moderna, sostenía Heidegger, implica desbordar esa esencia y concebir la materia y los objetos como recursos para concretizar un plan determinado. Heidegger hace referencia a un "arrancar del mundo" (*de-worlding*), ajeno a la *technē* griega. Feenberg afirma que esos límites se recuperan, no desde la esencia de la materia sino con el "equilibrio con la naturaleza", y más allá de la ecología, desde el temor a las consecuencias de la tecnología, es decir, desde la incertidumbre ontológica.

Varios estudios sobre tecnología aportan a estos planteos binarios. Por ejemplo, aun si se lograra sortear, como dice Darier,[37] todos los obstáculos que suponen la estructura de la política económica actual, de no mediar ninguna fuerza que cambiara el estado presente de las cosas, la clase de eco-tecnologías y reorganizaciones eco-industriales que pueden llegar a imponerse podrían simplemente servir y reforzar los intereses de los grupos dominantes. La revolución industrial verde podría originar eco-tecnologías y modelos de producción industrial compatibles con la extensión del control social y otras formas de manejo de la oferta de recursos, por parte de aquellos grupos. Hasta qué punto podemos estar seguros, sigue Darier, de que las eco-tecnologías del Norte pueden traducirse en calidad de vida para el Sur y no en una simple expresión de los intereses del Norte,[38] es decir, que refuercen relaciones de dependencia más que autonomía y autogestión. Estos autores proponen la posibilidad de que la revolución industrial verde del Norte signifique, en realidad, una nueva forma de *gobernabilidad verde.*

La segunda aproximación que se desprende de los estudios sobre tecnología es de otro tenor y se refiere a la refutación a los tecnófobos. Dice White que no existe razón alguna para creer que el desarrollo tecnológico debe dar lugar a la tecnocracia. Penley y Ross ofrecen algunos ejemplos según los cuales, en la historia y sociología de la tecnología hay situaciones coyunturales que pueden dar lugar a oportunidades de cambiar de rumbo. Se puede aducir en contra de este argumento que esas ventanas son pequeñas y escasas y, sobre todo, que en momentos de caos ganan la pulseada los grupos de poder establecidos. Esta argumentación debe leerse como un llamado de atención a lo poco democráticos que son la mayoría de los diseños tecnológicos. La exclusión del debate público de los procesos de innovación tecnológica tiene efectos masivos en la sociedad, por lo cual se impone que toda la cuestión referida al cambio tecnológico deba trasladarse desde la sala de directorio a la esfera pública.

---

[37]Darier, E. *et al.,* 1999.
[38]Es cierto que en las inmediaciones temporales de la caída del Muro de Berlín, los grupos hegemónicos, en lo que a apropiación de recursos se refiere, empezaron a carecer de geografías, siendo en la actualidad claramente a-territoriales. Sin embargo, la utilización de la jerga típica de la guerra fría aún guarda cierta vigencia.

Es interesante mencionar que la crítica a posiciones como las de von Weizsäcker, Hawken y los Lovins viene, también, del extremo más refractario a los "cuestionamientos ambientales". Gilliot sostiene, por ejemplo, que proyectos como los de *Factor 4* y *Capitalismo natural*, que elaboran la idea de incrementar la productividad de los recursos, presuponen una falsa idea de límite. Asumen a *Factor 4* como un proyecto que impide el progreso y solo apunta a disminuir la escala de la producción actual.

White no comparte con la *ecología profunda*[39] su crítica a *Factor 4* y *Capitalismo natural,* que gira en torno a la posibilidad de un minimalismo tecnológico que, en realidad, distrae nuestra atención de las raíces sociopolíticas de los planteos ecológicos y sociales. Por otro lado, recuerda el discurso de organismos multilaterales como el Banco Mundial y la OECD,[40] así como el de las corporaciones multinacionales que definen desarrollo sustentable como una suerte de simple intercambio de capital. En esta narrativa, como la que se transluce en los libros de von Weizsäcker, Hawken y los Lovins, *la* "naturaleza" se reduce a un recurso a ser manejado como capital natural, mientras que el ser humano se transforma en capital humano.

Molloy reflexiona sobre las consecuencias de esta última aproximación: genes, cuerpos y especies se transfiguran, dice, en instrumentos de explotación, apropiación y acumulación. En una actitud utópica estática y a-histórica, dice White, se pretende reemplazar política por *management* en su expresión más abarcativa y cosificante. No es muy difícil apreciar en autores como White y Molloy un cierto aire hiedeggeriano.

White opina que ambas posiciones (tecnofilia y tecnofobia) simplifican el proceso de elección al que nos enfrentamos. Un factor común, fatalista, agrupa estas dos visiones: una resistencia total o un apoyo ciego a los arreglos existentes. Ambas son posiciones extremas firmes y ninguna deja lugar para grises ni para que terceras perspectivas surjan del cuerpo social.

Las dos posiciones analíticas, alta modernidad y romanticismo, dice White, no solo quitan al fenómeno tecnológico de su contexto social e histórico sino que le cierran las puertas a la posibilidad de que, por

---

[39]Ver nota 25.
[40]Organización Económica de Cooperación y Desarrollo.

medio de la reapropiación y democratización, pueda trascender la dinámica que la producción neoliberal actual encierra.[41] La pregunta obligada: ¿es posible un desvío desde el planteamiento inicial de los dos marcos argumentativos?

White y Feenberg proponen conducir la discusión por otra avenida. Mientras que la tradición frankfurtiana nos coloca en un escenario complejo para salir de la cárcava que provocó en nuestra especie la modernidad con su enorme carga de *razón instrumental*, Feenberg y White, más allá del determinismo, el instrumentalismo y el sustantivismo, proponen un borde por donde retomar otro rumbo, de considerarlo necesario, sin retornos a tiempos paleolíticos. Su aproximación es reformista, inmanente (diría Adorno). La obstinación tecnológica para resolver la correspondencia del ser humano con los recursos, estaría o, debería estar, según ellos, sujeta a una fiscalización más amplia. Al mismo tiempo, no cuestionan dicha obstinación en cuanto a su vinculación con la problematización de la "sociedad" ni, mucho menos, en su capacidad para recorrer dicha problematización en sus múltiples planos.

Feenberg acepta el amplio significado que el sustantivismo de Heidegger y Habermas le da al acto tecnológico en la sociedad moderna, pero propone desafiarlo encarando la investigación hacia el problema de cómo demostrar que las diferencias culturales son fundamentales y no simples accidentes que pueden diluirse en el curso del progreso. Afirma que las particularidades culturales aparecen en la estructura misma de la tecnología moderna.[42] Su teoría crítica reconoce las consecuencias catastróficas del desarrollo tecnológico que subraya el sustantivismo. Sin embargo, al analizar la indiscutible consecuencia distópica de la tecnología dentro de la matriz analítica del constructivismo, ve la posibilidad de agregar una segunda ecuación al sistema para poder resolverlo. Se trata de lo que él llama la *racionalización democrática*, *subversiva* o *instrumentalización*

---

[41] Podría pensarse algún otro verbo en lugar de encerrar. "Superar" haría estallar todo el texto. "Proponer" implicaría una explicitación que no se condice con la realidad de esta concepción socioeconómica. "Encerrar" parece el más adecuado, ya que es necesario entrar con mucho cuidado en cada una de las propuestas neoliberales para reconocer esa dinámica. Todo esto siempre y cuando se considere oportuno, necesario y/o deseable trascender dicha dinámica.

[42] Es inevitable ver en esta posición de Feenberg una lectura de Latour que, sin duda, el canadiense hizo y en profundidad.

secundaria. El problema, dice Feenberg, no está en la tecnología, sino en la ausencia de instituciones apropiadas que puedan ejercer control sobre ella. La tecnología debe regresar a la comunidad. El desarrollo de los diseños tecnológicos debe ser un proceso democrático. Hay que revertir, dice Lucien Seve, la *tendencia de alienación* del proceso tecnológico.

Existen distintas propuestas dentro de esta nueva aproximación, en la cual factores socioculturales y políticos exhiben músculo como para encarar la construcción de sistemas alternativos, que se despeguen de las ambigüedades creadas en los últimos veinte años desde la publicación del *Informe Brundtland*. Pasando de largo una línea continuista, como por ejemplo la de Costanza, para quien el marco cultural es ajeno a la tecnología y es solo factor de *eficientización*, para White y Feenberg los factores culturales son plataforma de partida de una reconsideración de la conducta económica del ser humano. Feenberg, por ejemplo, sugiere una base de edificación distinta; una propuesta más a largo plazo que reposicione a la tecnología, sacándole el peso de tener que representar ella misma, *a priori* de cualquier consideración social, a la sustentabilidad.

El proyecto de Feenberg consiste, precisamente, en ofrecer una crítica distópica dentro de una analítica constructivista. Recordemos que Feenberg cuestiona a los pensadores de las primeras generaciones de la Escuela de Frankfurt, por una visión distópica y pesimista de la razón moderna y la tecnología y, por el otro, por atribuirle una esencia *a*-histórica a esta última.[43] Él postula que la amenaza de la tecnología, es consecuencia de la particular realización de su potencial. Feenberg toma, de lo que se conoce como *Construcción social de la tecnología*,[44] por un lado,

---

[43] El *a*-historicismo que Feenberg le atribuye al pensamiento tecnológico de Heidegger es, cuanto menos, debatible. En principio, es necesario tener muy presente qué entiende el filósofo alemán por esencia (ver nota 120 en este capítulo). Por otra parte, si bien Heidegger entiende la tecnología ontológicamente, también es cierto que su aproximación a la ontología es histórica. La concepción ontoteológica de la esencia de la tecnología que hace Heidegger nos ubica, dice Iain Thompson, en algún punto intermedio entre constructivistas y esencialistas.

[44] La Construcción Social de la Tecnología (SCOT, según sus siglas en inglés), desarrollada originalmente por Pinch and Bijker (1987), se inscribe dentro de lo que se conoce como constructivismo social fuerte. Sostiene el *principio de simetría*, evitando en el análisis cualquier referencia a las características reales (propias) de la tecnología en cuestión. El cambio tecnológico se explica haciendo referencia a las prácticas sociales, particularmente, en relación con los procesos interpretativos, negociaciones y *cerraduras* (acabado el diseño del acto

el supuesto de que hay espacio para la elección social en la innovación tecnológica y, por otro, que el acto tecnológico tiene flexibilidad interpretativa. Caso por caso, el estudio empírico lo aleja del determinismo y esencialismo frankfurtiano pero, según él, el excesivo anti-esencialismo constructivista, tampoco deja espacio para una estrategia emancipatoria, es decir, para el resurgimiento de una *agencialidad* tardo-moderna que permita la visualización de los conflictos sociales mediados por la ciencia y la tecnología. Este último es, precisamente, el costado frankfurtiano de la propuesta de Feenberg.

De la misma manera, White sugiere una crítica que explore los factores políticos, económicos, culturales y sociales responsables de estar impidiendo el despegue de proyectos de cambio que no signifiquen una vuelta al pasado. Es decir, un proyecto que apueste a la capacidad de la sociedad moderna de pasar a otro espacio de desarrollo, si se piensa como técnicamente posible y si es visto como deseable. Con esto queda claro que esta posición requiere de cambios tecnológicos para llevar a cabo su proyecto.

Recordemos que nuestro punto de partida fueron Von Weizsäcker, Hawken y los Lovins, quienes tratan la innovación tecnológica, su desarrollo y su difusión de manera independiente y autónoma de sus relaciones políticas, culturales y sociales. De sus obras emana inexorabilidad y puro determinismo. Ahora bien, cultura, política y sociedad se van asomando en los últimos párrafos desde detrás de este determinismo y de los sustativismos de Heiddegger y Habermas, cualquiera sea el signo que ostenten para, de la mano de una corriente diferente en la tecnología, darle a esta última una oportunidad nueva y diferente.

Un pequeño y breve excurso dentro de este punto. En el capítulo anterior, ya se vio que entre la ciencia, por un lado, y la cultura, la política y la sociedad, por el otro, hay cierto aire de familia. Aquí acabamos de desembocar en algo semejante para tecnología. Entonces, ¿estamos

---

tecnológico), que llevan a cabo los diferentes actores y grupos sociales. La tecnología es, según esta aproximación, una genuina construcción social, lo que es lo mismo que decir que una tecnología *estabilizada* (cerrada) puede solo ser explicada en referencia a elementos sociales (incluyendo otras entidades sociales construidas) que han producido dicha estabilización, no siendo posible atribuirle propiedades, relaciones de poder y/o efectos propios a dicha tecnología.

realmente frente a entidades diferentes? Creyéndose áulica, lo que se presentaba como ciencia relegó a los confines de su reino a aquello que llamamos tecnología, discusión que nos es familiar como investigadores en institutos técnicos. No obstante, aquí comienzan a borrarse las identidades, aunque más no sea como posibilidad heurística. Ihde, basándose en Heidegger, nos recuerda que la tecnología es, ontológica e históricamente, anterior a la ciencia. Este proceso de *inversión ontológica* transforma a la ciencia en una herramienta de la tecnología, es decir, en *tecno*-ciencia. De hecho, Latour entra en el laboratorio y descubre la misma cosa: sociedad y política con guardapolvo o mameluco.

Feenberg y White, ambos elegidos por sus pergaminos en el tema, representan, en nuestro argumento, una suerte de paso intermedio hacia un espacio más abierto, ciertamente más inestable, menos pacífico y, fenomenológicamente distinto de aquel en el que ellos debaten, el cual descomprime a la imaginación del técnico, hasta ahora, encerrada y condenada al laboratorio. Esa compresión histórica impuso la centralidad de la que, hoy por hoy, goza la tecnología con la que logra empantanar el debate entre el amor y el odio. De hecho, dentro de ese espacio distinto, atrevido y por muchos resistido, tecnófobos y/o tecnófilos no encuentran ninguna posibilidad de formar parte de la discusión.

Feenberg se niega a desertar de la modernidad y abandona, en cambio, a sus maestros. Va en busca de un pensamiento *aggiornado* y, como ya se dijo, intenta una transgénesis de la Teoría Crítica con parte del genoma del constructivismo. Por lo tanto, derivar en *praxis* su reconsideración de la esencia tecnológica, no es complicado y se puede ensayar una tangente, entre su visión filosófica y la visión científica moderna del área de la economía ecológica, a través del análisis de conceptos que en ella se manejan como co-evolución, incertidumbre, innovación y eficiencia.

De la Teoría Crítica de Feenberg a la economía ecológica y a la economía ambiental: innovación, variabilidad, eficiencia e incertidumbre

En el capítulo en el que se interpeló históricamente el desarrollo sustentable, se propuso re-significar la sustentabilidad para emplearla como una interpretación diferente de las posibilidades de interacción termodinámica que tenemos con el sistema, como una de sus especies. Esa re-significación está atravesada, dijimos, por dos propiedades: flexibilidad y adaptación. El mantenimiento de la sustentabilidad exigiría, entonces, que la capacidad misma de resolución de problemas mantenga una dinámica paralela a la de la aparición de los mismos. Esto significa que el proceso que conduzca hacia ella, debería considerar las condiciones bajo las cuales la identificación de problemas y no solo la búsqueda de sus posibles soluciones tengan lugar. Más que apuntar a innovaciones específicas, cuya caracterización de "sustentables" puede ser solo temporaria (solucionar una complicación y, simultáneamente, causar otra en una sucesión sin fin), se propone asumir la sustentabilidad como una propiedad del sistema, determinada en relación con la capacidad del mismo de generar una variedad de potenciales innovaciones útiles y, de ser necesario, permitir que haya una rápida implementación de la alternativa más promisoria.

Puesto que la tecno-ciencia vertebra el desarrollo sustentable y, en términos más generales, el "ambiente" y todo proyecto disciplinario que lo contenga como concepto, en el capítulo anterior se le cuestionó a la ciencia, en primer lugar, la acreditación que dice tener para arbitrar cualquier decisión. En este capítulo la tecnología "piensa", y proponemos conjugar la instancia feenbergiana que se trató hasta aquí con las ciencias de la escasez, a saber, la economía ecológica y la economía ambiental.

Para Feenberg la tecnología es un espacio, un campo de batalla ambivalente, factible de ser organizado,[45] según un esquema tecnocrático o democrático. En este punto llegamos, por lo tanto, hasta las fronteras

---

[45] Hegemónicamente.

de dicho espacio y con la potencialidad inmanente de una tecnología distinta, emanada de la participación.

La economía ambiental y la ecológica discuten sostenidamente, como técnicas, a las distintas tecnologías que organizan el "desarrollo sustentable". Existen, tanto en neoclásicos como en economistas ecológicos, un encofrado teórico estructurado, entre otras cosas, por conceptos como innovación, co-evolución, incertidumbre, eficiencia, etcétera. Sin embargo, la lectura del fenómeno tecnológico que hacen ambos, sugiere distintos grados de convergencia hacia la propuesta de Feenberg. Los neoclásicos, por ejemplo, construyen muros infranqueables para dicha propuesta, ya que mantienen una visión geográfica y esencialista de su ciencia, por la cual consideran que los espacios en los que ellos se mueven y aquellos en los que lo hacen las ciencias sociales son distintos. Profesan las "dos culturas"[46] y no permiten que, ni valores ni intereses, corrompan la racionalidad del *homo economicus*.

Los economistas ecológicos, en cambio, reconocen que una de las consecuencias más evidentes en toda esta línea analítica, es el papel central que juega en ella lo político. Se abren a otras disciplinas y permiten que inmigren a sus investigaciones y proyectos. Por ejemplo, dice Sartorius:

> Los funcionarios que toman decisiones, normalmente, no rehúyen el apoyo a cambios tecnológicos, salvo que las fuerzas del 'establishment' sean demasiado fuertes. Muchos de dichos cambios tecno-económicos requieren un nivel de apertura importante y/o una preparación especial para el cambio, lo que se podría denominar como una 'fase de inestabilidad del sistema político'. Por estas razones, el desarrollo tecnológico deberá suplementarse con factores socio-políticos.

Queda clara la propuesta por parte de estos economistas, que plantean una relación distinta de la tecnología con la sociedad, y es precisamente el mantenimiento de ambas como esferas separadas lo que posibilita una lectura feenbergiana de frases como la que se transcribió arriba. Es factible, por ejemplo, reconstruir dicha frase y recomponer la misma idea con términos como instrumentalización secundaria. Por otro lado, de la

---

[46] Snow, P., 1959.

misma manera que no queda nítidamente establecida la relación entre la tecnología y la *fase de inestabilidad* de la que habla Sartorius, tampoco queda claro el planteo respecto de las hegemonías en Feenberg.

Recordemos la importancia que se le asignan a las variables socio-culturales en el marco de historicidad que propone Feenberg. Berkes y Folke sugieren posicionar lo que llaman capital cultural en la interfase entre capital natural y artificial,[47] asignándole una función mediadora y de control de la interacción entre el sistema y la tecnología. Estos investigadores hablan de co-evolución entre estos tres tipos de capital, es decir, que el capital tecnológico no es neutro con respecto al valor, sino que es producto de la evolución de las normas y valores culturales.[48]

Sartorius, en un intento más por atravesar su concepto de sustentabilidad, planteado desde la economía ecológica, por variables socio-políticas, las maneja desde la co-evolución. El actual estilo de vida, dice, coherente con las instituciones prevalecientes, genera transgresiones tecnológicas de los límites de sustentabilidad que, a su vez, sustentan ese estilo de vida. Por lo tanto, cambios e innovaciones pueden ser alcanzados más fácilmente desde una aproximación integrada, utilizando, aparte de las innovaciones tecnológicas, también institucionales y sociales. Desde nuevos productos y estructuras organizacionales novedosas, hasta cambios en regulaciones ambientales contraproducentes, o en el comportamiento de los consumidores y/o en el estilo de vida en general, son aspectos que pueden confluir en un proceso innovador.

Sartorius, sin embargo, deja varias preguntas sin respuestas. Por ejemplo: ¿cuáles son los "límites" de la sustentabilidad de los que habla?, y, ¿cómo se interpreta una trasgresión tecnológica? Acerca de lo que él llama los "límites" de la sustentabilidad, en cierta manera, se deduce de

---

[47]Artefactos tecnológicos.

[48]Berkes y Folke, al igual que Feenberg, si bien implican un intento de mirarnos de otra manera que no sea la tecnológica, mantienen una distancia epistemológica entre "lo natural" y "lo artificial", entre "ecosistema" y "cultura". Por otro lado, el lenguaje que utilizan recuerda mucho al *Gestell* heideggeriano, es decir, la forma histórica de "revelación del ser" en la cual todo aparece como recurso. Indudablemente, la *modernidad líquida* inquieta. Horkheimer diría: "siguen conservando a 'Dios', a pesar de haberse alejado de la gracia". Latour, introducido en el capítulo anterior, propone en el capítulo siguiente, una ontología que traslada la mirada interpretativa hacia un ángulo que impide ver fronteras discernibles entre ecosistema y cultura, entre artificial y natural.

su trabajo lo que se explicita en este ensayo en el capítulo sobre desarrollo sustentable, es decir: serían aquellos que excluyen su problematización. Y son, también, aquellos que conceptualizan[49] la sustentabilidad. De esta manera, "trasgresión tecnológica" queda automáticamente definida como planteos tecnológicos que adelgazan las opciones por medio de la eficiencia.

Innovación

El énfasis en la esfera social adquiere una relevancia particular, dice Sartorius, considerando que, muy frecuentemente, los procesos tecnológicos sobrepasan los cambios sociales, produciendo estructuras de desarrollo insostenibles. Sin embargo, ¿qué significa "innovar" en lo social?, y, ¿cómo se piensa una "aproximación *integrada*"? ¿Cómo se piensa el "*y*" en "innovaciones tecnológicas, institucionales y sociales"? Por el momento, podemos "integrar" desde la instrumentalización secundaria de Feenberg, ya que todos los aspectos que sugiere Sartorius en el párrafo anterior, son *democratizables*. En el capítulo siguiente se trabajan en un giro interpretativo "a-moderno".

En economía ecológica se habla de innovación, lo que implica variabilidad y ambas se manejan en un marco de eficiencia. Entonces, relacionando la re-significación de sustentabilidad con la aproximación al acto tecnológico que hasta aquí hicimos culminar en Feenberg, y con la economía ecológica y la ambiental, encontramos en todos ellos esos elementos comunes. Es interesante ver si los mismos pueden ser reinterpretados a la luz de la teoría crítica feenbergiana, de forma tal que ayude a repensar al ambiente, objetivo nuclear del presente trabajo.

La variabilidad, como precondición, implica la existencia de una amplia gama de alternativas potenciales, sobre las cuales la selección puede actuar.[50] Teniendo en cuenta que en los sistemas económicos actuales, los efectos selectivos de los mercados son relativamente fuertes,

---

[49] La nota 128 podría ayudar a entender qué sentido tiene este significante aquí.

[50] Una vez más, no podemos dejar de traer a colación a Lewontin y Levins. Cuando se habla de acción de la selección, no hablamos de la más apta sino de la que amasa los pliegues empíricos de lo político.

156

no se puede presuponer un mantenimiento auto-sostenido de la diversidad, necesaria para que se lleve a cabo el proceso de cambio. Podría llegar a ser necesario un trabajo activo para mantener la competencia en un estado más primitivo que, por supuesto, irá en contra de las ventajas productivas de la especialización. Entonces, para los inventos de más fuerte impacto, puede llegar a ser necesaria la intervención estatal (a través de incentivos y/o la creación de nichos), antes de que dicha innovación alcance definitivamente amplia difusión y comercialización en el mercado. Por lo tanto, la prioridad muda del objetivo de expandir un modelo dado de organización social, basado en parámetros de eficiencia (rápido crecimiento económico), a un objetivo de diversificación de modelos sociales para nutrir la adaptabilidad. Haciendo un paralelismo agrícola, Shiva[51] dice que, en virtud de la lamentable experiencia con el monocultivo de granos, el ser humano debería evitar el monocultivo de ideas. ¿Es, lo que se acaba de expresar en nítida clave moderna, instrumentalización secundaria en lenguaje económico? Para responder a esta pregunta, recordemos que en Feenberg la eficiencia lleva a la tecnología al plano de la instrumentalización primaria.

Es evidente que esta diversidad (o variabilidad) es costosa ya que: 1) para poder proveer de tecnologías promisorias la sociedad tiene que promover el aprendizaje, es decir, invertir en capital humano,[52] más específicamente, se deben proporcionar incentivos para que las firmas se comprometan con programas de investigación y desarrollo; 2) antes de que una tecnología alcance al mercado y sea exitosamente comercializada, en particular las innovaciones más audaces, necesitan de fondos públicos para subvencionarlas; y 3) la suspensión parcial de fuerzas del mercado, necesaria para mantener la estructura competitiva en un estado más

---

[51] Shiva, V., 1993.

[52] Este sintagma debe ser considerado a la luz de la filosofía de la tecnología de Heidegger. El hecho de hablar de *recursos humanos* o de *capital humano*, evidencia según este filósofo la situación del ser humano como una *standing reserve*, es decir, un objeto absolutamente "tecnificado". Una vez más, el pensamiento heideggeriano no es llano y, a veces, su fascinante cavernosidad exige tiempo de recorrido. Sirva como introducción para aquellos más inquietos, decir que entender la crítica a este sintagma, desde Heidegger, implica terminar de acompañarlo en cómo entiende él la esencia tecnológica, es decir, la forma tecnológica de manifestación del ser. Según esta fenomenología, hablar de capital humano es mencionarnos como recursos a ser mejorados y, hasta cierto punto, descartados llegado el caso.

primitivo para promover la diversidad, no solo conduce a adecuaciones menos eficientes de la tecnología a sus usos habituales, sino que permite se pierda el potencial de ahorro de las economías de escala.[53] En síntesis, la solución de compromiso que se busca en este planteo es entre la sustentabilidad económica a corto plazo o la del sistema que se elija, a largo.

Cuando se habla de variabilidad se habla de innovación. Desde la perspectiva del modelo de cambio tecnológico al que adscribe Feenberg, cualquier innovación no sigue una trayectoria lineal desde el desarrollo teórico hasta su introducción en la sociedad, ya que sufre una fuerte influencia de las distintas elecciones sociales. Es decir, en modelos como el del sociólogo canadiense, las distintas tecnologías llevan la impronta de los procesos sociales que oficiaron de matriz en su desarrollo. Este enfoque constructivista aborda al acto tecnológico tanto en su etapa de desarrollo como en su impacto social. Esa impronta social o *libreto*[54] que toda innovación tiene, provee de sólidas bases para un análisis normativo y filosófico de su impacto.

Eficiencia

Se puede utilizar la definición de innovación que da la OECD, para comprender que está muy ligada a eficiencia. Esta organización distingue entre: 1) innovación de procesos que permiten producir una dada cantidad de producto (bienes o servicios), con menos materias primas; 2) innovación de producto caracterizada por las mejoras que se puedan instrumentar sobre bienes y/o servicios existentes o el desarrollo de nuevos bienes o servicios; y 3) innovaciones organizacionales, las cuales incluyen nuevas modalidades de gestión.

La definición de innovación de la OECD, en lo que a proceso se refiere, asocia la misma a eficiencia y a sustentabilidad económica o empresarial. Sin embargo, para el ámbito del producto y/o servicio, la situación se torna un poco más compleja. En círculos económicos, se distingue entre

---

[53]Discutir el concepto de *economía de escala* como un auténtico "ahorro", merecería un espacio que sobrepasa los objetivos de presente ensayo.
[54] Latour, B., 1992.

innovación e invento en explícita referencia a la facilidad de colocación de la innovación en la comunidad de consumidores, lo cual sitúa la definición de innovación de producto en el espacio de la eficiencia. Esto es así, ya que dicha innovación provee más beneficios (el consumidor elige el producto), al mismo costo o con el mismo beneficio (el consumidor no lo prefiere frente al producto tradicional), o a un menor costo. Esto significa que dentro de la concepción neoclásica de la completa monetización de los costos (en las materias primas) y precios (en los productos), es relativamente sencillo identificar una innovación como un determinado conjunto de nuevos procesos o productos. Por el contrario, mantener esa conmensurabilidad monetaria es esencialmente imposible si se pretende conservar esta concepción de innovación, más allá de la esfera de las preferencias humanas, por ejemplo, dentro del espacio de debate de la sustentabilidad.

Cuando se sugieren nuevas tecnologías para superar el estado actual de cosas aparecen, visto desde la economía ecológica y ambiental, rozamientos relacionados con los altos costos de esas innovaciones. Esos altos costos suelen asociarse con la internalización de "externalidades" que no acarrean beneficio alguno para el empresario o industrial.[55] Porter y Van der Linde, intentando proponer una nueva relación entre medioambiente y competitividad, sostienen que dichos costos pueden ser sustancialmente reducidos si, en lugar de modificar la tecnología pre-existente, se la substituye por otra que directamente evite la externalidad que se intenta superar. De esta forma, los costos pueden ser transformados en beneficios si, debido a su carácter más fundamental, tanto los externos como los internos son evitados.

Sin menoscabar lo atractivo de la hipótesis empresarial de Porter, la tecnología que él propone dista de satisfacer las inquietudes del sistema. Cualquier acto tecnológico que se presente en su nacimiento como más condescendiente con los límites físicos que impone el medio, en algún momento muestra un inesperado goteo o efecto secundario dañino para

---

[55]Desde el punto de vista económico-financiero, no implica beneficio alguno. Sin embargo, desde el punto de vista a partir del cual se discutió este concepto en el capítulo anterior, el beneficio es, efectivamente, conceptualizar hegemónicamente ciertos efectos del acto tecnológico como externalidad.

la idiosincrática conceptualización de ambiente que se haga o tenga. De esta forma, de requerirse algún nuevo substituto tecnológico, no es difícil adelantar que va a correr la misma suerte una y otra vez. Entonces, de la mano del empresariado, la competencia va a limar "ineficiencias" y a dejar de pie las tecnologías que "mejor" usen los recursos. No es prácticamente debatible que lo que precede define nuestro presente.

Ese presente no es el que Feenberg, por ejemplo, ve como el mejor futuro, más aún si se basa en el concepto rector de nuestra sociedad tecnológica actual: la eficiencia. Pero, ¿qué es la eficiencia? Eficiencia se define formalmente como la razón entre insumo y producto. Esta definición técnica es aplicable en cualquier situación política, en un parlamento democrático, una monarquía europea o una amazónica. Sin embargo, al momento de su aplicación concreta, hay que decidir qué se define como insumo y qué se define como producto, quién puede ofrecerlos y quién puede adquirirlos, qué cuenta como desecho, etcétera, todas definiciones socialmente específicas. Es claro que plantear la problematización de los recursos como eficiencias o ineficiencias, satisface una posición como la de Habermas, la cual aísla a la tecnología de la esfera social. Por otro lado, los principios técnicos pueden ser formulaciones, como dice Marcuse, *en abstracción de cualquier interés y/o ideología*, pero una vez insertadas en la realidad, adquieren contenidos sociales e históricos específicos.

Se podría aceptar, como lo hace Feenberg, que Heidegger diga que la tecnología actual es más nociva que la de cualquier otro período de la historia. O que los medios tecnológicos no son neutrales sino que su contenido sustantivo afecta a la sociedad, independientemente de los objetivos que se persigan. Sin embargo, Feenberg advierte que *el escandaloso costo de la modernidad*, del cual pocos acusan recibo, es producto también y, fundamentalmente, de juzgar el progreso con la métrica de la eficiencia, métrica que forma parte estructural de esa modernidad. La opción tecnológica implica mucho más que una relación medio-finalidad, arrastra toda una pléyade de elecciones sobre aspectos aparentemente inconexos con nuestro objetivo central.

La posición de Feenberg con respecto a la eficiencia implica cierto esencialismo que él mantiene para asegurar algún grado de normatividad. Recordemos que una de sus más fuertes críticas a los constructivistas, y a Latour, está en el anti-esencialismo que impide la constitución de un yunque sobre el cual quebrar asimetrías de poder, atrincheradas en la sociedad. Por ejemplo, cambios técnicos en un sistema de producción determinada pueden ser introducidos aduciendo mejoras en la eficiencia, lo que puede incrementar el retorno al capital invertido, aun si esa "mejora" técnica implica un trabajo más dificultoso o incluso problemas de contaminación. Lo que preocupaba a Marcuse en su momento, y a Feenberg ahora, es que, aduciendo eficiencia técnica, se pueda estar excluyendo ciertos temas de cualquier juicio normativo y/o discusión pública.

Entonces, hay dos fuerzas en conflicto en este tipo de procesos. Por un lado, la capacidad selectiva de la competencia, que identifica e impone en las tecnologías que más acompañan al sistema, una mejora gradual, o un mejor acomodamiento a la contingencia socio-técnica. Por otro lado, la competencia debería ser momentáneamente suspendida para crear la diversidad necesaria. Esta aparente contradicción se resuelve por medio de la aplicación de una disyunción temporal de las dos funciones. Mientras que dicho desacople se puede lograr con una simple alteración de las fases de variación y selección, la disyunción espacial y temporal, respectivamente, implican la implementación y testeo de nuevas tecnologías a nivel local o en aplicaciones específicas. Esto es lo que Kemp llama *manejo estratégico de nicho*.

El hecho de enfatizar la naturaleza procesal de la sustentabilidad, no transforma las innovaciones que apuntan a situaciones particulares y parciales en dispensables. Sin embargo, por su efecto circunstancial y temporal, representa condiciones para la sustentabilidad más necesarias que suficientes. Por otro lado, los contextos evolutivos favorables a la prueba y al error se constituyen en condiciones necesarias pero no suficientes.

El espacio social, cultural y político fértil para la creación de la diversidad estructural de la sustentabilidad del sistema, implica, como se mencionara más arriba, costos de oportunidad significativos. Sin embargo, la carencia de este espacio, producto de no querer o no estar dispuesto a afrontar esos costos, conduce a trayectorias termodinámicamente difíciles, ya que se elimina variabilidad y, consecuentemente, obliga a re-acomodamientos que no sería arriesgado catalogar de violentos para nuestros espacios socioculturales. En otros términos, esto es lo que la economía ecológica definiría como altos costos de reparación posteriores. Lo que debe admitirse es que no es sencillo definir el grado adecuado de diversidad *ex-ante*. Hay incertidumbre.

Esa incertidumbre representa un desafío teórico difícil para la eficiencia, dentro del contexto disciplinario de la economía ecológica. Recordemos que el tipo y cantidad de interacciones que se dan entre los distintos integrantes de nuestra especie, y entre esta y el sistema, hace que la economía y sus efectos ambientales representen un problema complejo, que viene de la mano de la incertidumbre que venimos subrayando. Sin embargo, lo más acuciante es aceptar que dicha incertidumbre no se puede manejar por medio de una distribución de probabilidad, sino que es estructural (o como fue llamada en el Capítulo 3, ontológica). Esta última no es producto de la ignorancia sino de la aleatoriedad de los resultados que se generan a partir de una nueva interacción con el sistema (por ejemplo, una nueva tecnología). En definitiva, el *homo economicus* neoclásico recibe un golpe casi fatal, ya que, si no podemos poseer el conocimiento de todo el conjunto de situaciones alternativas que pueden acontecer, no podemos maximizar ninguna función, es decir, las famosas decisiones racionales de la economía neoclásica, no pueden ser efectuadas.

La importancia de la incertidumbre estructural y su influencia en las soluciones que se propongan para la sustentabilidad, resulta, a esta altura, evidente. Según el concepto actual de ambiente, la actividad humana genera efectos "colaterales", necesariamente adversos al sistema que, debido a la complejidad de las interacciones involucradas, generalmente no son predecibles. Esto desvaloriza cualquier medida que concentre su atención en las causas y en la solución a un problema ambiental específico, ya que el resultado está sujeto a una gran variabilidad temporal.

De más está decir que la complejidad funcional del ecosistema es, decididamente, responsable de la dificultad para la inserción de la tecnología o, lo que es lo mismo, de la incertidumbre. Tomemos el ejemplo de la purificación del agua. Se sabe que los deltas y estuarios son los riñones del sistema. Si su capacidad de carga se transgrede pueden darse, y generalmente ocurren, respuestas no lineares que implican cambios súbitos de signo negativo (lo que se conoce como desastres ecológicos). Regresar al estado anterior no solo implica la reducción de las sustancias nocivas en el sistema, sino reestructurar los niveles de carga crítica que se vieron fuertemente disminuidos por el impacto. Este comportamiento no lineal de los sistemas, es una fuente más que considerable de incertidumbre para los aportes tecnológicos y las innovaciones. Sin embargo, es oportuno recordar que la incertidumbre no solo afecta el resultado final de la aplicación tecnológica utilizada sino que, los efectos de dicho resultado, también implican un grado importante de incertidumbre, ya que la respuesta del sistema tampoco será lineal.

Desde que la razón moderna sedujo al ser humano, este siente con la tecnología la seguridad de poder controlar el curso de los acontecimientos o, como expresa Bauman:

> [...] identificar a tiempo el caballo ganador y controlar, de esa manera las consecuencias de los propios actos.

A esta altura, la urgencia de un debate como el que acá se propone radica en que, como afirma el sociólogo húngaro:

> [...] la confusión no es resultado del descuido subjetivo o del error, algo rectificable por medio del esfuerzo y la aplicación de la lógica...

Ya que:

> [...] cuanto más sabias tienden a ser las acciones, tanto más contribuyen al caos general.

Hoy se ha llegado al punto en el que cada vez que se pretende reparar los resultados de la tecnología, los que antes de su aplicación eran inciertos, se descubre más incertidumbre y en mayores cantidades. Nuestra incertidumbre es *fabricada*, dice Giddens. En realidad, la incertidumbre no aumenta, pero tampoco está fuera de control, es sencillamente incontrolable. Dice González:[56]

> A la realidad nunca se la nombra fácil: se quiebra en sí misma por obra de su misma propensión al azar.

Resistencias

> *La realidad es resistencia.*
>
> Bruno Latour, *Irreductions*

La forma en la que la economía ecológica se vincula con la tecnología, como acabamos de ver, está hendida por la eficiencia y asolada por dificultades que pueden ser repensadas, en principio, desde una lectura constructivista feenbergiana. Por otro lado, hay un problema de resistencias que es interesante analizar ya que, dentro de la misma disciplina económica, acorrala a la eficiencia en cuanto variable explicativa del desarrollo tecnológico, problema que el constructivismo está en condiciones teóricas de enfrentar.

La economía ecológica dice que, aún en presencia de una variedad de soluciones alternativas, la elección y ulterior desarrollo de la tecnología más adecuada, según las fuerzas del mercado (motorizadas por la eficiencia), seguirá siendo poco efectiva en la medida en que las ya establecidas, estén sujetas a una *fuerza estabilizadora* importante que les permita soportar el desplazamiento, por opciones que la sociedad considere superiores para su circunstancia.

La sustentabilidad se ve particularmente afectada por este *lock-in,* por el cual las innovaciones más radicales, probablemente pertenecientes a un nuevo ensamblado social, enfrentan una oposición mayor que tecnologías incrementales, menos efectivas en esa nueva sociedad. En los textos, tanto de economía ambiental como de economía ecológica, es frecuente encontrar discusiones sobre como:

---

[56] González, H., 2012.

[...] el avance (progreso potencial) hacia una mayor sustentabilidad por medio de la innovación tecnológica, puede verse obstruido por la complejidad y la incertidumbre fundamental, propias de dicho sistema y por el afianzamiento de tecnologías y procesos tradicionales (path dependency).

Esta perspectiva, ciertamente hegeliana, a pesar de hablar de una *incertidumbre fundamental*, confía "laplacianamente" en la existencia de la ignorancia y abriga esperanzas de desatar los nudos sociales que impiden la ejecución de planes tecnológicos a los que se les imputa innegable capacidad resolutiva. A diferencia de la economía ambiental, la economía ecológica considera que el escenario de las *dos culturas*[57] representa, hoy por hoy, un enclave de análisis incómodo. Sin embargo, y a pesar de eso, no hay bizarría exploratoria (según atestigua el mismo nombre de las disciplinas) que pueda llevar hacia una manera distinta de pensar "la naturaleza" o, lo que aquí proponemos como lo mismo, de pensarnos. Esta característica disciplinaria es la que autoriza su lectura feenbergiana, ya que ni uno ni otro aceptan morder la manzana de la a-modernidad latouriana.

Dicen, también, estos textos:

En este sentido, se puede demostrar que las condiciones para que las innovaciones respondan efectivamente a los desafíos ecológicos, a los cuales nos enfrentamos, son francamente demandantes.

Y agregan que:

[...] muchos de los cambios que, aisladamente pueden ser ventajosos, pueden que no lo sean dentro de esquemas más complejos, siendo necesarias precondiciones muy estrictas para que la mutación tecnológica en cuestión se produzca.[58] Por ahora, los cambios en las estructuras tecnológicas son incrementales, acotándose dentro del mismo sistema de ideas y solamente reacomodan piezas, creando la ilusión de cambio.

---

[57]Ver nota 152.

[58]Esto se inscribe en la crítica al adaptacionismo darwinista que restringe la aleatoriedad de los sucesos evolutivos.

Sartorius, autor de estas líneas, se aproxima al aspecto dialéctico de la biología evolutiva de Lewontin, Levins y Gould,[59] con el cual se supera el paradigma adaptacionista darwiniano, reduccionista y funcionalista, para definir una resistencia a la innovación tecnológica, mencionada más arriba como *path dependency (o dependencia de camino)*. Esto muestra una predisposición exploratoria por parte de la economía ecológica, que percibe una insuficiencia hermenéutica en la forma en que está estructurada la disciplina. ¿Cómo se entiende esto, dentro del análisis tecnológico que hace Feenberg?

El constructivismo crítico de Feenberg apunta al mismo hiper-funcionalismo al que apuntaron Lewontin, Levins y Gould y propone, como se viene diciendo, una crítica re-contextualizadora de la tecnología, es decir, resaltar lo coyuntural de cada una de las "verdades técnicas".

Dice Feenberg que la tecnología tiene una racionalidad funcional por un lado y, por otro, un significado social, *inextricablemente entrecruzados*,[60] a lo que agrega otra dimensión hermenéutica: el horizonte cultural. Este último, se vuelve invisible bajo la elección hegemónica de una de las tantas "verdades técnicas". Mientras ese horizonte cultural permanezca oculto, la imagen determinística de cierto orden social tecnológicamente definido (aquel que, por ejemplo, responde educacionalmente al ahorro energético, o al reciclado de botellas de plástico, o al de la separación de la basura, etcétera) es el que va a especificar nuestro trabajo como técnicos.

Existe una dificultad en el planteo de Feenberg. Él define la hegemonía como una forma de dominación tan construida en la vida social que parece natural para aquellos que son dominados.[61] Ciertas tecnologías se

---

[59]Por ejemplo Gould, en su libro *The Structure of Evolutionary Theory*, dice que los organismos no somos un barro que es moldeado y esculpido filogenéticamente por el ambiente. Nuestra integridad estructural acota los canales de variación sobre la cual la selección puede actuar.

[60]Es importante detenerse en este aspecto de la crítica tecnológica de Feenberg. Ávido lector de Latour, sin embargo, al hablar de esa bi-dimensionalidad de la tecnología, mantiene la idea de su construcción *social*, de la cual Latour reniega.

[61]Hegemonía es un término que ha sufrido, desde su origen griego, un proceso evolutivo en su significado. El más cotidiano es el que, originalmente, tenía en Grecia, es decir, el poder de una ciudad-estado sobre otra, dominación que puede ser ejercida por la fuerza o culturalmente. Sin duda es Gramsci quien, dentro de la tradición marxista, instala el concepto con un giro propio en sus *Cuadernos de la Prisión*. Para el pensador italiano, hegemonía constituye una situación sociopolítica, en la cual filosofía y praxis están en equilibrio en la sociedad. Hay un

instalan hegemónicamente, dice Feenberg y, al hacerlo, ofician de validación material del horizonte cultural al que ayudan a reproducir. Ahora bien, la separación que mantiene entre esfera tecnológica y esfera social, a las cuales intenta combinar por medio de un proceso de democratización un tanto precario, también forma parte de un horizonte cultural que la respuesta tecnológica, incluso democratizada, logra reproducir. Es más, "innovación sustentable", "desafíos ecológicos" y "procesos tradicionales", sintagmas que los economistas ecológicos usan para analizar a las tecnologías "sustentables" y las dificultades para incorporarlas, forman parte del horizonte cultural, racionalista y moderno, del que habla Feenberg.

Mayntz y Hughes hacen una lectura interesante de la autonomía tecnológica en un contexto de democratización feenbergiana, que es fácilmente relacionable con la resistencia (o *path-dependency*) que venimos analizando. Ellos hablan de "sistemas tecnológicos" y dejan claramente establecido que la tecnología da forma a la sociedad, de la misma manera que la sociedad le da forma a la tecnología. Un sistema tecnológico, tal cual lo piensan Mayntz y Hughes,[62] por ejemplo, es un número determinado de componentes, tanto tecnológicos como institucionales, que interactúan sin un objetivo definido. Estos sistemas emblemáticos de la racionalidad moderna, dicen, son infranqueables porque son más grandes y más fuertes que los mecanismos sociales que pueden llegar a influir en ellos. Hay, para Mayntz y Hughes, una tecnología que no es independiente de la sociedad, y hay sistemas tecnológicos autónomos, incontrolables e insuperables.

A comienzos de la década de 1980, Mankur Olson, economista de la Universidad de Maryland, publica *The rise and decline of Nations*,

---

orden en el cual cierto pensamiento y estilo de vida son dominantes y un concepto de realidad se cuela en cada rincón moral, religioso, relacional y estético de la sociedad. Se puede ver en la definición que da Feenberg, con respecto a su aplicación a nuestra situación tecnológica, la visión oscura que Gramsci, luego de ser condenado a prisión por el fascismo italiano, elabora sobre hegemonía, percibiendo en los castigados y explotados por el régimen, a sus más apasionados partidarios, en un movimiento de consentimiento espontáneo. Más férrica que la fuerza bruta, la cual deja espacio suficiente para pensamientos rebeldes, la hegemonía impregna la cotidianidad e intimidad de la sociedad, transformando cultura en naturaleza. En la nota al pie 175 se vuelve, desde otros autores, a analizar este concepto.

[62] Mayntz, R.; Hughes T.P., 1988.

donde desarrolla ciertos conceptos teóricos interesantes que acompañan el análisis de Nayntz y Hughes. Olson afirma que las naciones exitosas y/o períodos de estabilidad crean y sostienen a ciertos grupos de interés que van ganando, paulatinamente, más poder e influencia, impidiendo el re-direccionamiento del sistema o, lo que es lo mismo, un reacomodamiento a situaciones cambiantes. En otras palabras, y si se paraleliza la tecnología a un texto, según Olson sería necesario un período de inestabilidad, para dar cabida a cambios de *lectura*. La *lectura* que se haga del acto tecnológico estará determinada por los discursos dominantes que rodean a dicho acto y que determinan cómo el mismo debe ser interpretado por el resto de la sociedad. El espacio ocupado por la tecnología, entonces, no estaría definido por la tecnología misma sino, más bien, por los discursos simbólicos que intiman a una determinada lectura de la misma.

Consecuentemente, dice Hughes, no es la tecno-ciencia la que goza de autonomía sino, más bien, los sistemas tecnológicos establecidos, atrincherados en un esquema social que los formó y que, a su vez, fue reformado. Hughes define cuatro estadios en el desarrollo de estos sistemas: la investigación y el desarrollo, la transferencia, el crecimiento y el clímax o *momentum* del sistema. Este último es, precisamente, la estabilidad (hegemonía, según Feenberg) que Olson reconoce que hay que quebrar para proponer una nueva lectura del acto tecnológico. En este marco analítico es donde la resistencia o *path-dependency*, como la definen los economistas, se "sociabiliza" diluyendo responsabilidades, ya que pasa a ser un producto colectivo.

¿Tecnología hegemónica o hegemonía tecnológica?

En esta instancia, el sistema tecnológico comienza a moldear una nueva sociedad, y es por lo menos plausible intentar una nueva mirada ontológica que proponga una alternativa a la dualidad tecnología y sociedad. Latour y la Teoría del Actor-red ofrecen un espacio analítico en el que las transformaciones, deseables y deseadas, no pivotan en la tecnología sino en una "sociedad re-ensamblada".

Entonces, ¿cómo definimos el problema?, ¿como una tecnología hegemónica o como una hegemonía tecnológica? Esta relectura que se acaba de hacer con Feenberg del análisis tecnológico desde la economía es posible, dijimos, porque este último no logra atravesar los límites de la modernidad. Para Feenberg hay esquemas tecnológicos hegemónicos. Desde (y no *para*) Latour, podemos exponer contra la hegemonía de la solución tecnológica en su totalidad, como única salida a lo que cada comunidad defina como problema.

El capítulo que sigue trata este tema desde la discusión de la digestión anaeróbica de desechos orgánicos, ya que la Teoría del Actor-red latouriana, reviste una complejidad cuyas asperezas quedan sustancialmente limadas, analizándola desde lo conocido. No en vano, Latour llama a su metafísica, empírica.

Capítulo 5

El digestor para residuos orgánicos...
de moderno a actante latouriano

*Los progresos técnicos del siglo XIX no son sino medios
mejorados al servicio de un fin sin mejorar.*

Henry David Thoreau

*El mayor peligro es que, la marea tecnológica que se
aproxima en la era atómica, pueda cautivar de tal manera,
pueda embrujar, pueda seducirnos a tal punto que el
pensamiento formal, el cálculo, algún día, sea aceptado y
practicado como la única manera de pensar.*

Martin Heidegger

El presente capítulo tiene dos objetivos. Por un lado, ejemplificar en el tratamiento de los residuos orgánicos empleando la tecnología de transformación anaeróbica, lo que hasta aquí se viene reflexionando. Es decir, expandir, en un ejemplo, lo que se discutió sobre tecnología y ciencia en los capítulos previos. Algunas ideas se repiten a modo de repaso y síntesis, lo cual es conveniente teniendo en cuenta la comunidad de lectores a la que, mayoritariamente, está dirigido este trabajo. Es provechoso que dichas ideas sean revisitadas a fin de consolidar el tipo de pensamiento que propone este ensayo. Por último, se desarrolla la Teoría del Actor-red, presentada en el Capítulo 3, sobre ciencia, como conceptualización alternativa a la tecno-ciencia, que contiende provechosamente con las introducidas en el Capítulo 4, sobre tecnología.

Los análisis realizados en los capítulos anteriores permiten una lectura diferente de una problemática como la de los residuos. Nuevamente, para aquellos cuya área no se vincula con este tema en particular, no va a ser difícil cambiar algunos términos, rellenar la estructura con las particularidades de cada campo y reconocerse en el desarrollo que sigue.

La digestión anaeróbica de los residuos orgánicos

La descripción del proceso de digestión que se hace en el Anexo II, implica la existencia de ciertas características técnicas definitorias. Estas propiedades, como se verá a continuación, según una perspectiva moderna, le imprimen potencialidades y limitaciones que se constituyen en el centro de preocupación del técnico, quien se ocupa de trabajarlas partiendo de cierto concepto de eficiencia. Esto implica situaciones de incertidumbre que, acompañadas por mayores o menores presiones de tipo institucional y política, automáticamente hacen, por un lado, de la ciencia normal kuhniana una herramienta inadecuada para tomar decisiones y, por el otro, de la trasgresión fronteriza entre política y ciencia, una necesidad y casi un alivio. Y es desde esta distensión que el principio de simetría[1] sostiene que siempre existen alternativas técnicas viables, que podrían haber sido desarrolladas en lugar de la que fue concretada.

---

[1]Dentro del constructivismo social, este principio señala, en su enunciación más simple, que el analista debe permanecer imparcial con respecto a las propiedades reales de su objeto de análisis, en este caso, la tecnología. Esto implica que no se debe evaluar ningún argumento epistemológico que emita alguno de los grupos sociales involucrados, acerca de las propiedades "reales" de la tecnología involucrada. Según este principio, tanto los resultados "falsos" como "verdaderos" son explicados en referencia a los mismos factores sociales.

Feenberg, Latour, los constructivismos y el digestor

A pesar de la tinta sociológica con la que se escriben algunos párrafos introductorios y/o de impacto en los proyectos de investigación tecno-científica, el tratamiento del tema de los residuos, al igual que cualquier otro que se quiera elegir (biotecnología, biocombustibles, etcétera) es puramente centrífugo, es decir, se desparrama desde el laboratorio hacia la sociedad. De esta forma, se definen a puertas cerradas cuáles son los problemas y, obviamente, sus soluciones. En el caso de los residuos, se los plantea como *incrementos exponenciales del volumen de* RSD *(residuos sólidos domiciliarios), producto del crecimiento progresivo de la población y de la generación de residuos per cápita,* y como *una inadecuada o inexistente gestión en los tratamientos y/o disposición final de los mismos.* Agrega este diagnóstico la existencia de acciones de políticas cortoplacistas que proponen soluciones "incorrectas", como la creación de basurales a cielo abierto (BCA) o la incineración de los desechos, con la consecuente generación de furanos y dioxinas que no solo no conlleva una "solución definitiva", sino que repercute en el ambiente generando una importante contaminación, desperdicio de recursos y la necesidad *in crescendo* de la utilización de espacios para su disposición. Se suele agregar, dentro de esta construcción *de probeta* de la realidad, una insuficiente concientización ciudadana en la materia, que dificulta, con frecuencia, la adopción de la "mejor" solución posible para determinados residuos.

Es decir que un grupo pequeños de personas, por su envestidura, define los problemas y consecuentes soluciones para otras decenas de millones, las cuales reciben, al finalizar el proyecto de investigación (generalmente, en forma arbitraria),[2] un paquete tecnológico que deben aprender a usar. Tal vez, esta manera de expresar los hechos, ciertamente alejada de la visión epistemológica y racionalista que considera al digestor como "verdad" de una ciencia nítidamente separada de lo político, no resulte muy agradable a los oídos de los investigadores, pero permite, sin embargo, una reflexión sobre las relaciones de poder que encierra un acto tecnológico, como el reactor anaeróbico.

---

[2] La "clausura" de un proyecto (i.e., tecnología) se discute más adelante en ese capítulo.

Esta estructura de poder es analizada de formas diferentes. Descartamos los constructivismos sociales, como los de la Escuela de Edimburgo y de Bath, que no las tienen en cuenta en sus estudios micro-sociológicos. Por lo tanto, nos concentraremos en Feenberg y Latour, desarrollando lo que de ellos se introdujo en capítulos previos.

Podríamos plantear dos situaciones analíticas distintas:

1) el digestor como resultante de un esquema social determinado preexistente.

2) el digestor como causa y como efecto de un entramado social.

La primera de ellas involucra a la filosofía de la tecnología y, la segunda, al constructivismo latouriano, que se aparta, en su desarrollo histórico, de aquellos que buscan una explicación de la ciencia en lo social. Estas dos aproximaciones analíticas elegidas, expresan diferencias pero están históricamente comunicadas. Mientras que Feenberg se vale del constructivismo latouriano para sus consideraciones valorativas, hay en Latour una evolución hacia cierta normatividad. En ambos, hay distintas maneras de analizar al poder.

Feenberg y la teorización política del reactor anaeróbico

A partir de la primera situación analítica surgen tres preguntas claves que, por un lado, sobrepasan las posibilidades de la ciencia y la tecnología y que, por el otro, pueden reposicionar a estas últimas en una situación mucho más cómoda y privilegiada. Una pregunta se refiere al tipo de esquema socioeconómico en el que se quiere vivir. La otra hace alusión a si es posible o no sustentar ese sistema y, la tercera, se refiere a cómo, de ser posible, se sustenta ese sistema elegido. Si estas preguntas se instalan en un contexto social fértil, la ciencia y la tecnología pueden llegar a recuperarse de su *golpe de posguerra*. De lo contrario, es simple arrastre de la revolución industrial, de la tecnología como elemento de conquista, de supervivencia de la modernidad como horizonte cultural.

Feenberg propone una nueva "esencia" tecnológica,[3] con la cual esta puede reestructurarse para satisfacer las necesidades humanas y, a su vez, jugar un papel importante en la organización democrática de la sociedad. Argumenta que no puede haber un auténtico progresismo, en lo que a transformación política y democrática se refiere, sin una reconstrucción tecnológica, ni tampoco una reestructuración tecnológica sin una genuina transformación política y democrática. En otras palabras, aceptando, en principio, la oferta de Feenberg, el trabajo del investigador, por un lado, debería dejar de ser estrictamente técnico (según se entiende este, en una concepción del espacio del acto tecnológico compuesto por esferas de actividad, independientes y "purificadas")[4] y pasar a ser un quehacer comprometido. Este compromiso implica intentar lecturas del universo tecno-científico más amplias, realmente insertas en el *corpus* social al que el profesional pertenece. Como se verá después, Latour nos propone pensarlo no como metamorfosis sino como reconocimiento por parte del técnico, de su participación en una red, en la cual transforma y es transformado socialmente.

Ahora, ¿qué significa para Feenberg "democratizar la tecnología"? En realidad, no se trata de reciclar derechos legales sino que Feenberg piensa en iniciativa y participación. Las estructuras legales, simplemente reorganizadas, pueden llegar a transformar los reclamos en meras rutinas. Dichas rutinas implican discursos huecos que permanecen y se solidifican en su oquedad, a menos que no surjan de la experiencia y necesidad de los mismos individuos de resistir una hegemonía tecnológica específica.[5]

---

[3] Ver Capítulo 4 de tecnología.

[4] Esa separación tan nítida que Habermas hace del mundo de la tecnología y el *mundo de vida* (*lifeworld*) es, en cierta forma, la purificación de la que habla Latour.

[5] En el Capítulo 4 (página 114), vimos que Feenberg define hegemonía como una forma de dominación, tan profundamente enraizada en la vida social, que a los dominados les parece algo natural. Todo orden social, dice Mouffe, es de naturaleza hegemónica y toda sociedad es el resultado de un conjunto de prácticas que se proponen establecer un orden en un contexto de contingencia, es decir, un orden que carece de un fundamento último y está dominado por la dimensión de la indecibilidad. Es interesante remarcar que Feenberg dice que el orden social moderno está atravesado por una hegemonía basada en la mediación técnica de una gran variedad de actividades sociales. Laclau, por su parte, dice: "los dos rasgos centrales de una intervención hegemónica son, el carácter contingente de dichas articulaciones y su carácter constitutivo", ya que instituyen relaciones sociales en un sentido primario, sin

Dominar, dice Feenberg, consiste en trocar al individuo por lo "universal", por el "concepto". Pero su crítica no va dirigida a la conceptualización en general. Es una crítica social al "concepto institucionalizado", establecido históricamente por una hegemonía determinada. Esto es, continúa Feenberg, lo que hace a esa dominación resistible.[6] La resistencia puede materializarse de diversas formas, no siendo este el espacio más adecuado para discutirlas. Particularmente, Feenberg elabora un esquema social paralelo al de sub-políticas (feminismo, ambientalismos, orientación sexual, etcétera) de la modernidad reflexiva de Beck.[7] Estos movimientos alertan sobre la necesidad de considerar los efectos colaterales de la tecnología y de demandar, consecuentemente, cambios en los diseños que se acomoden a dichas demandas.[8]

Feenberg toma aspectos del constructivismo social para reformular nuestra relación con la tecnología, tratando de no caer demasiado en la neutralidad[9] que muchos profesan con respecto al acto tecnológico y, de esa manera, dejando espacios para la participación social en los diseños (teoría de la instrumentalización). Recordemos que Feenberg inicia su análisis con una crítica al determinismo y al esencialismo. Elabora su propuesta constructivista a partir de la conjugación de las aproximaciones de Marcuse y Habermas, con críticas severas, por ejemplo, a Heidegger y Ellul.[10] Él ve en la tecnología un elemento de construcción contemporáneo

---

depender de una racionalidad social *a priori*. Entonces, analizando la propuesta de Feenberg sobre una articulación hegemónica de tipo tecnológico, en el contexto de Laclau, es esa hegemonía tecnológica la que constituye relaciones sociales sin depender de una racionalidad social apriorística. Por otro lado, cuando Feenberg dice *profundamente enraizada en la vida social*, es porque ve a una sociedad constituida por esa hegemonía, pero desde otro ángulo. Esto último, como se comenzó ya a ver en el capítulo de tecnología y se profundiza más abajo en el presente, nos lleva, sin escalas, a Latour y la sociología de la traducción.

[6]Resistible, modificable, en la medida que se acuerde que cualquier hegemonía es contingente (Mouffe, 2007).

[7]Ver Capítulo 4.

[8]Es ineludible referir al lector a los cuestionamientos a la modernidad reflexiva de Beck que hacen, por ejemplo, Mouffe (2007) o Bauman (2011), ya que resultan útiles para considerar y analizar alternativas a las propuestas por Feenberg.

[9]Cuando se habla de neutralidad, se hace referencia al anti-esencialismo del constructivismo que, dice Feenberg, impide, por un lado, lograr cierta normatividad y, por el otro, construir espacios de transformación.

[10]Jacques Elull es sumamente crítico con respecto a la tecnología pero, con trazos distintos a los de Heidegger.

de la agencia,[11] por lo que percibe la casuística[12] de ciertos constructivismos, como una dificultad para su proyecto. En general, dice el sociólogo canadiense, ellos ponen entre paréntesis imperativos macro-sociales que escinden el costado marcusiano[13] a su teoría política de la tecnología. Este mismo ejercicio dialéctico se va a ensayar entre Feenberg y Bruno Latour, este último introducido en capítulos anteriores, como uno de los principales artífices de la Teoría del Actor-red.

La Teoría Crítica de Feenberg no considera a la tecnología como algo estrictamente material, sino que, más bien, la analiza como un proceso ambivalente suspendido entre diferentes posibilidades. Esta ambivalencia surge del papel que juegan los atributos sociales, no solo en el uso de los sistemas técnicos sino también en el diseño de los mismos. La tecnología moderna encierra, dice el autor, valores políticos que promueven jerarquías y dominación. La tecnología no es para él un destino sino un campo de batalla social, un "parlamento de las cosas",[14] en el cual se disputan alternativas civilizatorias. Existe la posibilidad de alternativas en la medida en que más grupos sociales sean incluidos en el proceso de diseño. Feenberg, al igual que Winner, trasciende la metodología simétrica de los constructivismos sociales, haciendo evaluaciones de los procesos tecnológicos. Es esta ruptura con el principio de simetría la que descomprime la neutralidad aducida por Feenberg, con respecto a

---

[11]Recordemos que la agencia es la capacidad de acción. Según Feenberg, el principal problema de la democracia hoy en día es: "...la supervivencia de la agencia en un universo tecnocrático". La unidimensionalidad marcusiana (es muy recomendable el libro de Marcuse *El hombre unidimensional*) o la tecnificación de la esfera social (*lifeworld*) habermasiana, son manifestaciones de esta preocupación. Feenberg, en *Modernity Theory and Technology Studies Reflections on Bridging the Gap*, paraleliza lo que él llama *racionalización subversiva*, con la sub-política de Ulrich Beck. Feenberg, como se dijo, estructura su *racionalización subversiva* con el mismo tipo de grupos o movimientos, teorizando sobre la nueva agencia desde la aglutinación de dichos grupos por reclamos compartidos hacia la tecnocracia. La racionalización subversiva es una conceptualización que Feenberg hace de la transformación tecnológica basada, precisamente, en subvertir la razón instrumental *desde adentro* (sin abandonar el sistema).

[12] La dimensión micro-descriptiva y empírica.

[13]Recordemos que la posición de Feenberg con respecto a la tecnología, surge, en cierta medida, de la dilución de la posición marcusiana, típicamente de posguerra, es decir, distópica, dolida por una tecnología que trajo muerte y destrucción, enmarcada en una matriz de poder que requiere cambio o transformación.

[14]Este concepto que aparece en el texto de Feenberg *Transforming technology. A critical Theory Revisited* (2002), es tomado del libro de Latour *We have never been modern* (1991).

los constructivismos, dejando espacio para algún tipo de normatividad, incluso de emancipación de la tecnocracia.

El arte, lo estético, ejemplifica el pensador canadiense, no es en la actualidad parte intrínseca del acto tecnológico. Nosotros, hoy en día, armamos una estructura en su funcionalidad técnica, como puede ser el digestor de desechos orgánicos y, secuencialmente, lo "adornamos" estéticamente. El digestor anaeróbico genera efluentes semilíquidos que deben ser tratados para poder incorporarlos nuevamente al sistema. Para el tratamiento se podrían utilizar diversas alternativas,[15] una de ellas son los humedales.[16] Los humedales artificiales son una tecnología "cálida" para depuración de aguas, sobre todo para pequeñas o medianas comunidades, con bajo costo de construcción y mantenimiento. Son aplicables a gran diversidad de efluentes y pueden contribuir a la protección de humedales naturales y zonas sensibles, especialmente en espacios naturales protegidos, con hábitats para la fauna y buena integración paisajística. De este modo, la estética es "exterior" al digestor.[17]

Los humedales, metodología socialmente *aceptable* para el tratamiento de los efluentes semilíquidos del digestor, no encajan en la instrumentalización secundaria de Feenberg por su origen: salen del laboratorio,[18] no de *la calle,*[19] como producto de lo que ya surgió a "espaldas" del resto de los actores sociales, de los actores sociales no-expertos.[20] Esa estética,

---

[15]Seoanez Calvo M., 1995.

[16]Existen otros procesos de depuración aerobia empleados principalmente en escalas menores: sistemas de lagunas de estabilización, filtros verdes, lechos de turba o contractores biológicos rotativos. Son las llamadas tecnologías blandas o limpias.

[17]En el Partenón, dice Feenberg, las columnas decoradas no adornan, sino que son parte y sostienen la estructura.

[18]A pesar de que existe una extensa bibliografía que hace referencia a la utilización del efluente semilíquido de la digestión anaeróbica de la RSD como fertilizante orgánico, los técnicos lidian con efluentes de digestión anaeróbica de la RSD, cuyos valores sobrepasan los límites de vuelco o cuyas características en la composición, no superan los contenidos mínimos necesarios para ser un fertilizante (ICA, 2003). Por tanto, su aplicación está restringida como un acondicionador de suelos orgánicos, lo cual los lleva a plantear algún otro tipo de "solución".

[19]Es aceptado, no propuesto. Podría aducirse que la comunidad tecno-científica logra "leer" al resto de la sociedad y "la traduce" en una estética particular del acto tecnológico, e incluso logra este objetivo porque los técnicos vienen de esa sociedad. Llegamos, de este modo, a un desvío analítico que nos aleja del presente trabajo, es decir, definir quién es la voz y quién es el eco.

[20]Es útil recordar este ejemplo cuando se discuta el concepto de "enrolamiento" en la Teoría

como dice Lahora,[21] muy bien *aceptada* socialmente, es más producto de la tecnocracia que de la técnica (tiene que resultarle atractivo al "usuario"), ya que surge como decisión de un cónclave de "expertos" y no desde una construcción social, por más que a esa sociedad le resulte atractivo el paisaje. Los valores estéticos sociales regulan desde afuera, desde la ley, no son constitutivos del diseño del artefacto.

Dentro de esta misma argumentación, pretender que la sociedad "entienda" la "verdadera naturaleza" de lo que representa un problema para un investigador, tampoco parecería adecuarse a la nueva forma de pensar "el ambiente" que se ensaya aquí. Según Latour, el tema de la verdad ha servido, hasta ahora, únicamente a dos proyectos. Por un lado, para sostener la imagen de la ciencia racionalista, la creación de un discurso que la eleva a una nueva religión en el que se depositan todas las esperanzas y la fe de la humanidad. Por el otro, para legitimación, en forma indirecta, de un espíritu etnocéntrico, por el cual aquellas sociedades, o grupos dentro de la sociedad, que sean poseedoras, de alguna manera u otra, de una fuerte investigación científica, serán las dueñas de la verdad, comparadas con grupos o sociedades "menos ilustrados".

Lo que usualmente se plantea como co-enzima indispensable de toda tecnología que pretenda "limpiar" al planeta, es decir, la educación ambiental, queda, de esta manera, automáticamente problematizada. Conocer y entender una "verdad", como concepto, nos aleja del pleonasmo que es la sustentabilidad democrática. Entonces, si se acuerda abandonar al "desarrollo sustentable" (más allá de lo retórico) es posible, sin ataduras, cuestionar ese criterio de "verdad limpia" de una tecnología, como puede ser la de los reactores para desechos orgánicos, y entrar en el volumen de pluralidad propio del concepto de sustentabilidad.

Incluso, hacer gestión ambiental implicaría asumir, como actor social (o actante, según se verá con Latour) un papel de representación: se puede gestionar el ambiente, pero desde lo que la sociedad decida en cuanto a qué y cómo hay que gestionar, lo cual implica mucho más que algún tipo de convocatoria o foro minúsculo y simbólico de participación. Si en el

---

del Actor-red, ya que con los humedales, los técnicos intentan enrolar no solo a los usuarios sino también al mismo digestor.

[21]Lahora, A., 2005.

presente de una comunidad la basura no aparece como barrera cotidiana, difícilmente pueda haber en su futuro, un digestor que funcione como un adminículo tecnológico más, dentro de nuestro esquema de acumulación, destinado a herrumbrarse por los aires burocráticos. Recordemos que es desde la incomodidad de la sociedad que se construyen las bases de sustentabilidad del sistema.

Afirmar en soledad que el digestor representa un *"manejo sustentable de los desechos orgánicos"* implica que, cualquiera sea la manera de cómo se "cierre" el acto tecnológico en cuestión, será posible sostener su participación en el proceso de transformación de ese tipo de residuos. Ahora, que eso signifique que el reactor anaeróbico puede ser responsable o, parcialmente responsable, de sostener el funcionamiento del sistema físico-social en el cual interactuamos es, a la luz de los resultados actuales, poco probable. Los parámetros biológicos y físicos del proceso demuestran que el digestor no puede ser responsable de esa sustentabilidad extranjera, inmigrada en nosotros desde la historia que fue delineada en el Capítulo 2. Por ende, tampoco lo pueden ser los técnicos a cargo.

La elevada conductividad[22] de los efluentes que surgen del proceso de digestión de los desechos orgánicos, las altas concentraciones de amonio (NH_4^+)[23] y las trazas significativas de sulfhídrico (SH_2) en el biogás, no son problemas *del* digestor, ni son un problema *para* los técnicos, ni siquiera *para* la sociedad, sino que son asunto[24] *de* la sociedad. Esta debe debatir si quiere ampliar el horizonte de recursos aprovechables para su supervivencia, redistribuir los recursos o algún tipo de combinación de ambas cosas. Es de acuerdo con las definiciones que se den al respecto que debería materializarse, según Feenberg, la instrumentalización secundaria.

---

[22]Alta concentración de sales disueltas.

[23]Los efluentes contienen altas concentraciones NH_4^+ producto de la degradación de las proteínas de los alimentos.

[24]No usar aquí la palabra "problema" es una decisión conceptual y no lingüística. La sociedad, si decide escarbar en las "tecnologías limpias" y descubrir en el fondo de ellas el horizonte cultural que las legitimiza, re-estructurará la sustentabilidad y, entonces, catalogará estos parámetros físico-químicos como problemas, o no.

Feenberg afirma, desde su tradición crítica en cuanto a la tecnología, que el diseño y la configuración del digestor, no solo cumplen una funcionalidad en el tratamiento de los desechos de nuestro consumo, sino que también organizan la sociedad y la subordinan a un esquema tecnocrático, es decir, un esquema administrativo cuya legitimación surge del "experto" y no de la tradición, la ley o la voluntad de sus miembros. Ya fue analizado con los humedales. El digestor, como concepto moderno, vuelve a dar prueba de lo que Feenberg propone. Pensemos qué significa, sino, que:

> [...] para el buen desarrollo de las bacterias mesofílicas, la temperatura se debe mantener constante.[25]

O que:

> [...] la concentración de la carga del digestor para obtener los mejores resultados, se da en mezclas que contengan entre un 7% y 9% de fracción sólida.[26]

Afirmar que:

> [...] la relación ácidos volátiles-alcalinidad debe mantenerse entre 0 y 0.1 y que... para el crecimiento óptimo de las metanogénicas es necesario la presencia de cuatro micronutrientes.[27]

Esto define algo que llamamos "buen funcionamiento", que apunta a la obtención de objetivos, de por sí, no emergentes de la dinámica

---

[25]La mayoría de los digestores convencionales funcionan entre 10 y 38 ℃.
[26]Gropelli y Giampaoli, 2001.
[27]Fe, Co, Ni y Mo.

social,[28] que se logran en virtud de un protocolo de gestión emanado, obviamente, de un laboratorio, atendido por sus dueños.[29]

Un punto importante en el ejemplo que está siendo analizado, deconstruido, *descajanegrizado*, es la velocidad del proceso. Dicen los "expertos" que el mezclado en forma más o menos continua ha demostrado ser un factor muy importante. Con el mismo, al lograr una distribución uniforme, homogeneidad térmica, evitar la estratificación y lograr la rotura, o no formación de la capa de espuma, se consigue reducir notablemente el tiempo de digestión, debido a que los microorganismos tienen mayor superficie de contacto con el sustrato.[30] Basu y Leclec demuestran que al pasar de 60 r.p.m.,[31] aumenta la eficiencia, llegando a no existir formación de espumas a 90 r.p.m.[32] Si lo vemos desde Feenberg, hay una sociedad que no participa, el digestor es pieza de una hegemonía que atraviesa, incluso, a los mismos técnicos como miembros de la sociedad. Nuevamente, el digestor, tal cual se concibe en la actualidad, es la materialización de la angustia de una sociedad, cuyos miembros oscilan entre la seducción de la modernidad[33] y la posibilidad de lanzarse hacia la autonomía, desprendiéndose de una tecnocracia que trae tranquilidad y delegación de una responsabilidad que, por ahora, no se está dispuesto a asumir.

Esto último nos obliga a transitar por un espacio complejo, en el cual empezamos a enfrentar la construcción tecnológica como abstraída, enajenada de la sociedad, y una sociedad desalojada del mundo técnico, con un acto tecnológico que, en su misma génesis, comienza a configurar un esquema social determinado. Se habló de *corpus social* y de

---

[28]Feenberg diría esto en términos de instrumentalización secundaria ausente.

[29]Antes de que el lector técnico quiera averiguar los correos electrónicos de Torquemada o de Bernardo Gui, lo invitamos a preguntarse por qué lo querría hacer en primer lugar. Acto seguido pregúntese, cuánto tiempo puede *permanecer* en el laboratorio y cuál es el origen de su fobia a la multitud. Por último, proponemos pensar lo que Sábato dice con respecto a la ejecución de Giordano Bruno:

> La muerte de Bruno pertenece a la Historia de las Persecuciones y hasta a la Historia de la Ciencia, jamás a la ciencia misma.

[30]Hernández Muñoz, A., 2001.

[31]Revoluciones por minuto.

[32]Montes Carmona, E., 2008.

[33]Bauman, Z., 2011.

"problemas" de la sociedad, no del digestor. Esto señala una interesante proximidad con la antropología simétrica de Latour, quien intenta sacar al acto tecnológico de la alienación cartesiana. Entonces, ¿sociedad que participa en el diseño?, ¿sociedad que se materializa en el diseño?, ¿o sociedad que se constituye con el diseño del acto tecnológico?

El digestor-red: Latour y la Teoría del Actor-red

En el Capítulo 3 se desarrollaron los ejes principales de esta teoría, mientras que en este se intentará una ampliación que orbitará en torno al digestor.

La sociología de Latour no es fácil de entender. En su libro *La esperanza de Pandora. Ensayos sobre la realidad de la ciencia,* se refiere al determinismo tecnológico como enfoque materialista y al constructivismo social como enfoque sociológico. Según Latour, en la aproximación materialista, la tecnología es capaz de determinar nuestros objetivos[34] y acciones (por ejemplo, la eficiencia), y en cambio la aproximación sociológica imprime neutralidad al artefacto en cuestión.[35] Sin embargo, dice, no es en esta dicotomía donde se dirime la cuestión tecnológica. Tanto Heidegger[36] como Latour entienden que no se puede encarar este tema con argumentos sociológicos o deterministas. Su núcleo es esencialmente ontológico: es necesario re-examinar la distinción cartesiana moderna entre sujeto y objeto.

La Teoría del Actor-red representa para Feenberg una base interesante para su propuesta de democratización de la esfera tecnológica aunque, posteriormente, critique ciertas ausencias de carácter normativo que aquella, según él, tiene. Latour propone estudiar al acto tecnológico como la *corporización* de programas, es decir, como estructuras

---

[34]Latour utiliza las armas como un ejemplo tecnológico y dice que, en este caso, es el arma la que mata.

[35]La tecnología es un *carrier* neutral de la voluntad del operador, sin agregar nada a la acción en cuestión. El arma no puede cambiar el curso de acción del agente involucrado, cuyo accionar se correlaciona únicamente con factores sociales (los motivos para realizar el crimen).

[36]Ver Capítulo 4.

intencionales. Los objetos técnicos son nodos en una red en los cuales, cosas y humanos, se encuentran fundidos en una misma entidad, es decir, son analizados en una aproximación simétrica, tal cual se explicara en párrafos anteriores. Recordemos que una gran diferencia de las propuestas de Latour, Law o Callon, con respecto al Programa Fuerte de Bloor es que este último toma a la sociedad como referente para analizar la ciencia, y en cambio la Teoría del Actor-red intenta analizar a la ciencia con los mismos criterios que a la sociedad.

Estas propuestas constructivistas, en general y en particular la antropología latouriana, generan un sustancial rechazo desde las ciencias naturales. Más allá del problema del realismo, el racionalismo de la filosofía de la ciencia considera que la biología, la química, etcétera, investigan, es decir, explican, describen y predicen el comportamiento del mundo físico. Esta defensa de "la naturaleza" como referente de la realidad exterior, no tiene en cuenta que lo disputable es la elaboración del conocimiento. De hecho, Latour se interesa por un constructivismo ontológico, no cognoscitivo. La Teoría del Actor-red es un análisis simétrico de la construcción de los hechos científicos, no del conocimiento.

La Teoría del Actor-red no es una teoría homogénea, sino más bien un sistema de metodologías que se basa en una *heurística*[37] *relacional* más que en una *heurística de sustancia*. Latour habla de esta teoría, efectivamente, como una *sociología de asociación*. En forma irónica, Latour y Callon se refieren a la sociología de lo social como a una disciplina adecuada para estudiar comunidades de gorilas, en las cuales las estructuras de poder se desprenden de interacciones *cara a cara*. En el caso del ser humano, por el contrario, hay que analizar cómo construye potentes *macro-actores*, inscribiendo relaciones en materiales durables.[38] Dice Latour: "la tecnología es sociedad hecha durable".[39]

En la ontología latouriana, los grupos sociales no preceden a la tecnología constituyéndola, sino que emergen de ella.[40] De la misma manera que escritor y lector se encuentran en un texto, los diseñadores y usua-

---

[37]Arte o técnica de la búsqueda o investigación.
[38]Callon, M. and Latour, B., 1981.
[39]Latour, B., 1991.
[40]Es decir, un trabajo de ingeniería que es, al mismo tiempo, sobre lo material como sobre lo social (Law, John, 1987a).

rios de un acto tecnológico confluyen en un artefacto. Cada proyecto tecnológico supone un programa que define los usos del diseño, con respecto a: 1) los destinatarios, 2) las posibilidades que inicia la tecnología en cuestión, 3) las conductas que se requieren para que el artefacto funcione, y 4) la cascada de cambios que todo este paquete produce.

En este contexto metodológico, Law y Callon[41] definen un nuevo actor: el *ingeniero social*. Durante el proceso de innovación científico-técnica, esos actores no solo le dan forma a un paquete tecnológico, sino que también interpretan y al mismo tiempo moldean el mundo social. Esto subraya la gran diferencia entre los constructivismos sociales, para quienes los factores sociales son la base de comprensión de las construcciones tecnológicas y la Teoría de Actor-red de Latour, Law y Callon, en la que la tecnología es la base de los estudios sociales actuales.

Para Latour y Callon, el principio de individuación es la noción de Actor-red. Según Callon, un Actor-red se define por su capacidad de entrelazar distintos elementos heterogéneos en un programa común. Callon[42] dice:

> El Actor-red es, simultáneamente, un actor cuya actividad consiste en entrelazar elementos heterogéneos y una red que es capaz de redefinir y transformar aquello de lo que está hecha. Esta dinámica particular puede ser explicada por dos mecanismos: la simplificación y la yuxtaposición.

La simplificación debe entenderse como el mecanismo de traducción de los intereses de los actores que se vinculan con los intereses del Actor-red del que pasan a formar parte. La yuxtaposición se refiere a la creación de nuevos vínculos entre actores dentro de una red.[43] El actor denota a humanos y no humanos y es todo aquello que pueda inducir una modificación en un estado de cosas, introduciendo alguna diferencia. Si ese actor no dispone de figuración concreta, se denomina actante.[44] La

---

[41]Callon, M., 1987.

[42]Callon, M.; Latour, B., 1992.

[43] Para comprender que se entiende por red en el contexto de esta teoría se puede ver el Anexo I.

[44]Este concepto es tomado de la tradición semiótica francesa, por ejemplo, de Greimas. En esa área, un actante es cualquier ente que interviene en una determinada situación y al cual no le fue asignada condición figurativa. Esto es, según un principio semiótico por el cual cualquier

Teoría del Actor-red asume que los actantes "toman la forma" que tienen, en virtud de sus relaciones con los otros. Nada diferencia, ontológicamente, a tecnología, humanos, animales o a cualquier otro actor no-humano. La estabilidad del Actor-red depende de la efectividad con que se crean los vínculos entre sus elementos constituyentes. En este sentido, Latour equipara innovación tecnológica a un actor:[45]

> Afortunadamente, para nosotros, un actante se define exactamente como una innovación, crea nuevos vínculos y un nuevo orden social.

La discusión sobre la colaboración e involucramiento de la ciencia en el concepto actual de ambiente (Capítulo 3), se justifica en el presente capítulo. De acuerdo con lo dicho hasta aquí, la purificación del mundo científico, exento de contaminantes sociales, no es un escenario proporcionado a las inquietudes tecnológicas actuales. Según Callon, durante el proceso de desarrollo tecnológico, los técnicos son partícipes del debate sobre las distintas interpretaciones de la circunstancia social. Law bautizó este proceso como *ingeniería heterogénea*.[46] La tecno-ciencia es el producto final de un arduo trabajo, en el cual diferentes piezas (tubos de ensayo, computadora, cromatógrafo, microscopios, PCR, otros investigadores, moscas, bacterias, plantas, etcétera) que "pugnan" por mantener su independencia, son yuxtapuestas en una red que lucha contra la resistencia a pertenecer. En síntesis, un acto tecnológico no es solo algo material sino, también, organización y ordenamiento de todas las piezas que fueron convocadas para su constitución. Tanto lo técnico como lo social, lo conceptual y lo textual se encastran y convierten (se traducen) en productos tecno-científicos, a su vez, heterogéneos.

La introducción de este concepto de ingeniería heterogénea, diferencia la Teoría del Actor-red de otras aproximaciones constructivistas (como la de Feenberg) en las cuales se recurre a grupos sociales medianamente estables (realismo social) para explicar las estructuras científico-técnicas

---

cosa que modifica el estado de cosas e introduce algún tipo de diferencia es un actor. Latour aclara que la intervención de este concepto en la Teoría de Actor-red surge de la dificultad de asignarle agencia a un no-humano.

[45]Latour, B, 1991.

[46] Ver nota 208.

que van apareciendo. La aproximación simétrica de Latour, Law y Callon, busca explicaciones para dichas estructuras, tanto en los participantes humanos como no-humanos, sin privilegiar lo social sobre lo técnico, o viceversa. Lo social es una construcción circunstancial, caracterizada por la manera en que los actores son agrupados en nuevas formas, en las que lo social no explica nada (como en el constructivismo social), sino que debe ser permanentemente explicado. Efectivamente, Latour emplea la palabra social desde su pura raíz etimológica: *socius*, es decir, alguien que sigue a algún otro. Sociedad como un conjunto de asociaciones heterogéneas. En términos latourianos, un *colectivo*.

Para lograr comprender este tipo de análisis, la Teoría del Actor-red recurre al concepto de *traducción*. Según lo que se viene desarrollando en este ensayo, la tecnología no puede ser entendida como algo autónomo, desarticulado del mundo social. Traducción, entonces, es un concepto que intenta superar la división arbitraria entre estas dos esferas de la realidad, la epistemológica (conocimiento), por un lado, y la ontológica por el otro, que la Teoría de Actor-red reúne en una nueva ontología.[47]

La traducción aparece como el proceso que realiza conexiones, puentes entre dos dominios. Es:

> [...] el acto de invención llevado a cabo por medio de la combinación de varios elementos.[48]

A través de la traducción se crean convergencias y homologías entre aspectos que se consideraban diferentes y separados. Se relacionan en una red socio-técnica las entidades y significados inmersos en el acto tecnológico. En pocas palabras, la traducción determina cómo planes y proyectos se convierten (se traducen) en laboratorios equipados y con personal, cómo se lleva a otros actores (usuarios) e instituciones a creer lo mismo que los ingenieros y técnicos creen, cómo los usuarios pueden transformar el acto tecnológico para que se adecue mejor a sus objetivos, etcétera. Dice Callon:

---

[47]Es decir, no hay un artefacto que es "conocido" por un sujeto, sino que artefacto y sujeto interactúan creando una innovación: el *digestor-sujeto*. Por eso traducción es innovación.
[48]Brown, S. D., 2002.

La traducción es el proceso por medio del cual se negocian y delimitan la identidad de los distintos actores, los márgenes de maniobra y las posibilidades de interacción.[49]

Callon agrega que la traducción es la manera en la que cada actor define a otro en la red. Traducción es, entonces, todas las negociaciones, intrigas, cálculos, actos de persuasión e incluso de violencia, gracias a los cuales un actor o fuerza adquiere o hace que le sea concedida autoridad para hablar o actuar en nombre de otro u otros actores.[50] De aquí, el concepto de delegación que se mencionara más arriba, el cual es una interpretación particular que Latour hace de la traducción. Para el sociólogo francés, la delegación describe las relaciones recíprocas entre lo social y lo técnico. En cada caso en que se usa tecnología, dice Latour, se usa para delegar (o traducir) un esfuerzo mayor a uno menor. Se delega en la tecnología el trabajo de varios humanos.

El digestor recibe desechos con altas proporciones de proteínas y sales, lo cual, como se dijo, genera efluentes con propiedades fisicoquímicas que condicionan su funcionamiento (biogás con altos niveles de SH_2, altas relaciones DBO/DQO en el efluente semilíquido, juntamente con aumentos de la CE[51] que no permiten su vuelco en suelos o reinyectarlo en forma continua en el propio digestor). Por otro lado, la relación carbono:nitrógeno (C:N) representa lo que los técnicos definen como un "inconveniente" ya que, al ser alta, es responsable de una magra producción de gas. Si se ve esto desde la perspectiva de la Teoría del Actor-red, no estaríamos frente a una tecnología con ineficiencias sino más bien ante un esquema social que aún no resuelve el equilibrio entre preservación de recursos, estilo de vida (necesidades energéticas) y el problema de la exclusión social (redistribución cuantitativa de los recursos). La dirección de resolución de esos conflictos presiona sobre la elaboración del paquete tecnológico, ya que impacta en la trayectoria de los proyectos de investigación.

---

[49]Callon, Michel., 1986.
[50]Callon, M. y Latour, B., 1981.
[51]Conductividad eléctrica o concentración de sales disueltas.

El concepto de delegación es especialmente significativo para nuestro análisis, ya que muestra una tangente indiscreta entre los espacios que Feenberg y Latour exploran. El sociólogo canadiense, hasta su libro *Transforming Technology*, en el que subraya lo que para él son carencias políticas emancipadoras del constructivismo de Latour, cita y trabaja las ideas del francés con bastante frecuencia. Feenberg, como ya se dijo, propone su teoría sobre la instrumentalización primaria y secundaria, produciéndose, en este segundo caso, lo que Simondon bautizó como *concretización*.[52]

La concretización descubre sinergias entre las distintas funciones tecnológicas y entre la tecnología y el "ambiente".[53] La instrumentalización secundaria reconcilia el objeto con un contexto[54] mucho más amplio que el de la mera funcionalidad. Pero cuando la concretización es social, dice Feenberg, estamos frente a un caso especial de lo que Latour, precisamente, llama delegación de una regla social al acto tecnológico, es decir, hay una demanda social internalizada en el diseño tecnológico.

El objetivo de Latour es, como se dijo, dispensar al acto tecnológico de su condición de objeto alienado. Si bien la aproximación es también ontológica, lo que separa a Latour de Heidegger es la radicalidad que este último representa, por lo menos en cualquier espacio fuertemente

---

[52]Concretización (Simondon, 1958) se refiere a la condensación de varias funciones en una simple estructura técnica, orientada hacia la "eficiencia". Las casas energéticamente eficientes, tienen un diseño por el cual se internaliza el contexto ambiental. Por ejemplo, factores que, usualmente, se relacionan desde el exterior como la dirección del sol y la distribución de las superficies vidriadas, se combinan para lograr una casa más cálida en invierno y más fresca en verano. Hay una internalización del ambiente, por la cual, la casa opera en un nicho que ella misma se crea a través de su ángulo con respecto a la salida y la puesta del sol.

[53]La idea de "tecnología concreta", la cual incluye en su estructura, a humanos y naturaleza (no-humano), dice Feenberg, contradice la noción de que la técnica conquista a su objeto. Primera pregunta: ¿y si la naturaleza incorporada en el acto tecnológico es una "naturaleza domesticada"? En la teoría de Simondon las formas más avanzadas de progreso, consisten en la creación de sinergias complejas de fuerzas técnicas con fuerzas naturales, por medio de avances que incorporan un contexto de necesidades humanas y ambientales más amplio. Segunda pregunta: ¿quién y cómo define dichas necesidades?

[54] Cabe aclarar, sin entrar en demasiado detalle, que el significante "contexto" es ajeno a la ontología latouriana. Latour remarca que la necesidad de postular un contexto, señala un trabajo incompleto de la teoría del Actor-red, es decir, aún no se ha llegado a describir a la red en su totalidad. Como se puede observar, aquí tenemos otra diferencia con el constructivismo crítico de Feenberg.

dominado por la tecnología.[55] Sin minimizar nuestra relación con esta última, Latour propone reconsiderarla, aceptando la existencia de un amplio espectro de posibilidades en las cuales se puede coexistir con ella. La idea no es extender la subjetividad a las cosas, o tratar a los seres humanos como objetos, o hacer de las máquinas actores sociales, sino evitar la distinción objeto-sujeto en un tratamiento absolutamente simétrico de ambos componentes del nodo de la red. La relación tecnológica, en realidad, según Latour, nos configura como humanos, *ergo*, no puede "deshumanizar", porque los actos tecnológicos, dice el sociólogo francés, están compuestos de tanta humanidad como la moral, la política o la sociedad.

Un muy buen modelo de la antropología simétrica[56] es el análisis que hace Latour del *lomo de burro* como reductor de velocidad. Este elemento tecnológico es, en la sociología de Latour, un actante, ya que actúa como un híbrido entre un ingeniero, un legislador, un policía, etcétera. El lomo de burro es algo más que un bloque de material en el medio de la calle, ya que posee una clase de agencia robusta que se manifiesta en su capacidad de manipular, "enrolar" y movilizar a humanos y otros no-humanos, comportándose, en esencia, de la misma manera que un humano. El lomo de burro es más que un objeto, de hecho, tiene propiedades delegadas[57] que, en otros esquemas sociológicos, solo están reservadas para nosotros.

A esta altura del examen de la aproximación latouriana al digestor, es interesante hacer confluir este análisis con algunos conceptos presentados en el capítulo sobre tecnología, específicamente con respecto a Heidegger. Si bien existe alguna semejanza entre ambos pensadores, en cuanto a la manera en que las personas se relacionan con la tecnología,

---

[55] La posición anti-moderna de Heidegger que quedó explicitada en el Capítulo 4, en el cual se debatió la tecnología en relación con el "ambiente", se diferencia de la de Latour. Evidentemente, las agendas políticas de ambos pensadores son distintas, porque sus contingencias históricas difieren, pero también ofrecen un contraste interesante: mientras que la solución para Heidegger es minimizar nuestra dependencia con los actos tecnológicos, Latour propone aceptar la pluralidad de maneras en que nos vinculamos con ellos.

[56] Otra forma de denominar a la Teoría de Actor-red.

[57] Un ejemplo interesante al respecto, es el adminículo tecnológico que se adjunta a una puerta para que cierre sola. El imperativo de cerrar la puerta pasa del humano a una nota en la puerta y, por último a un artefacto tecnológico (del dominio de la ética al dominio tecnológico).

190

para Latour, las tecnologías no son fuente de dominación del ser, sino que coproducen con nosotros el carácter de la humanidad misma. Ni determinados por ella, ni sometidos a la inhumanidad tecnológica.[58]

La Teoría del Actor-red, entonces, estudia "cajas negras" tecnológicas, conceptualizando la emergencia de las mismas, que sería resultado de un proceso de *ingeniería heterogénea* llevado a cabo por *ingenieros-sociólogos*. Desde la perspectiva que se intenta mostrar en el presente ensayo, el reactor representa lo que Feenberg llama una *ilusión determinística*, producto de lo que se conoce como "cierre", el cual produce la "caja negra", es decir, un artefacto que prácticamente no se cuestiona más y que se acepta en sus aspectos más básicos.

Al percibir en el digestor una caja negra, es importante ser conscientes de que sus orígenes sociales quedan automáticamente olvidados, apareciendo como algo exclusivamente técnico. Esto facilita la consideración de alternativas, ya que desbarata su inexorabilidad, es decir, la idea determinista de que *tarde o temprano, algo como el digestor se va a hacer*. En este sentido, es interesante como Feenberg conceptualiza la tecnocracia, no como el esquema que puede evitar todos los males de la humanidad, sino como un planteamiento hegemónico, frecuentemente responsable de obstruir el reconocimiento de los problemas estructurales de una sociedad, usualmente necesitados de más imaginación que de técnica.

Impacto, medios, fines y más eficiencia: transformar residuos con una venda en los ojos

Si se mira la fabricación de tecnología como un proceso dinámico, de composición heterogénea y dependiente de lazos sociales que deben entablarse para que sea factible, cada acto tecnológico transforma la matriz social en la que se inserta y comienza a estructurar una nueva cultura, una nueva sociedad y un complejo nuevo de actores sociales.

---

[58]Las raíces heideggerianas de Latour son innegables, a tal punto que en su libro *Irreducciones*, queda claro que es no heideggeriano y no anti-heideggeriano. Sin embargo, no son pocas las cuestiones que los separan.

Cuando se tejen estas asociaciones y los proyectos tecnológicos vencen los obstáculos que interfieren en su desarrollo, las tecnologías introducen nuevas formas de existencia.

Entender al digestor como instrumento para lograr determinados objetivos propuestos por el ser humano, en definitiva, complica y enreda superlativamente la interpretación que los técnicos deben hacer de algunos de los aspectos conflictivos de su trabajo con el reactor anaeróbico. Por ejemplo, al enfrentarse con su multifuncionalidad, su eficiencia y su impacto en el medio, la concepción instrumentalista, reduce las explicaciones de los fenómenos técnicos a un esquema en el que deben concebirse como medios para alcanzar fines y en el que cada innovación se define como una herramienta cada vez más eficaz y *performativa*.

Por lo hasta aquí examinado, se puede considerar que el reactor para residuos orgánicos, no solo responde a una lógica tecnológica sino también a una argumentación social. Woolgar[59] y Collins,[60] desde posiciones *contextualistas* y relativistas, sostienen que los actos tecnológicos son contingentes: *todo podría haber sido de otra manera*, dicen. En el caso del constructivismo latouriano, vimos que los factores sociales no son interpretados como necesidades, sino como la materia prima de los diseños de los artefactos. Nada es universal, según la Teoría del Actor-red, sino que se hace universal. *Lo posible no existe*, dice Latour. Los hechos científicos tienen emergencia contingente y una vez fabricados deben ser considerados como la única dable. No son posibles distintas articulaciones de la realidad.

Esto puede leerse como que las potencialidades y limitaciones del digestor de las que se habla a continuación, no son estrictamente tecno-científicas sino resultado del entramado social con el cual se gesta el reactor, el que a su vez se gesta desde el reactor de desechos orgánicos.

---

[59]Woolgar, S., 1991.
[60]Collins, H., 1997.

Multifuncionalidad del digestor

La digestión anaeróbica genera serios problemas de competencia técnica en virtud de la variada gama de prestaciones que puede ofrecer. Con esta tecnológica se pueden procesar desechos orgánicos, generar enmiendas para los suelos y producir energía. Luego de degradada la basura (de 20 a 45 días), se producen dos corrientes de efluentes: los fangos anaeróbicos semilíquidos y una segunda, gaseosa, el biogás. Los primeros, pueden usarse crudos como enmienda, si cumplen con determinados límites químicos, físicos, micro y eco-toxicológicos, según legislación.[61]

El biogás, como se señala en el Anexo II, es una mezcla de distintos gases, en la que el metano tiene posibilidades para su uso energético. En este sentido, la Agencia de Energía Danesa (Danish Energy Agency, 1995), por ejemplo, señala que una planta es económicamente factible cuando se obtiene un rendimiento de 30 m^3/t de material tratado.

Cabe recordar aquí algunos datos previamente insinuados, relacionados con el biogás como objetivo. Uno de los "inconvenientes" encontrados con más frecuencia durante el tratamiento biológico de la fracción orgánica de los RSD, es la alta proporción de C:N, hecho que trae aparejado una baja producción de biogás e inestabilidad del efluente. Este factor puede controlarse mediante la incorporación de macronutrientes bien balanceados, de manera de satisfacer los requerimientos de los microorganismos, a fin de obtener una buena proporción de metano.[62] En cualquier trabajo de digestión de residuos se aconseja observar la estrategia de selección de los residuos a digerir, ya que una selección "adecuada" de la fracción orgánica, en origen, da mayor rendimiento en producción de metano.

En principio, conviene ubicar la multifuncionalidad en el contexto analítico del presente ensayo. ¿Qué sucede si se adopta una perspectiva más *intrasistémica* o, si se quiere, cartesiana, como la de Sarewitz? ¿Cómo

---

[61]Existen en Argentina normativas en algunas provincias como, por ejemplo, el decreto Ley 5837 en Entre Ríos, para la Pampa el 2793/06, para Buenos Aires la Resolución 336/03 y para Córdoba, la Resolución 4157/99

[62] Gropelli y Giampaoli, 2001.

se examinaría esta problemática desde la óptica latouriana o desde la instrumentalización secundaria de Feenberg? ¿Cómo se relaciona un medio con un fin? ¿Hacia dónde nos lleva eliminar a ambos?

Digestor con función clara y definida

Sarewitz propone como clave, en un mundo de escasos recursos, definir bien cuáles son los problemas factibles de recibir solución tecnológica y cuáles no. Una solución tecnológica, dice Sarewitz, debería contener en su diseño una relación de causa-efecto bien clara y definida. Si aceptamos esta normatividad, el digestor, como se lo concibe en la actualidad, carece de esa cualidad debido a su multifuncionalidad.

Ahora, pensemos el contexto que propone Sarewitz, desde la sociedad de riesgo de Beck. Dice el sociólogo alemán:

> En una lógica de clases, ser, determina la conciencia, mientras que en una lógica de riesgo, la conciencia (conocimiento) determina el ser.

Entonces, todo depende de definir el riesgo (energético, acumulación de basura, etcétera) del cual se tiene conciencia. Por otro lado, Bauman nos recuerda que es la ciencia la que crea y distribuye el conocimiento del riesgo, lo cual coloca a la tecno-ciencia como responsable de la estructuración de la movilización política contra ese riesgo. Entonces, cabría preguntarse si esa clara relación causa-efecto de la que Sarewitz habla, en realidad no es una construcción política en sí misma[63] que debilita, o intenta debilitar, la participación política de los "no-iluminados". Como nota la pie, dejamos para el lector descubrir en este contrapunto entre Sarewitz, Beck y Bauman, una radiografía de lo que, normalmente, aducimos como "educación ambiental".

---

[63] Esto, dentro del espacio de discusión en el que, tal cual manifiesta Latour, se propone a la tecno-ciencia como política en otros términos.

La función del digestor… más que una función

La crítica al instrumentalismo que hace el sustantivismo es útil para repensar la tecnología en general, y esta tecnología en particular, como algo más que herramientas neutras. El control que podemos hacer de la tecnología no es un mero control instrumental. Desde la perspectiva de la Teoría Crítica de Feenberg, el digestor no es una herramienta sino el marco de una elección de vida. Nosotros podemos elegir, por medio de diversos canales, distintos al de la tecnología, en qué tipo de mundo queremos vivir. Es decir, la elección que se debe hacer con respecto al digestor se posiciona a un nivel superior al instrumental, es una *meta-elección*, una elección sobre qué tipos de valores van a ser enmarcados por la digestión como acto tecnológico. El digestor posnormal se ubica dentro de este contexto, en el cual podemos pensar sobre estas elecciones y, fundamentalmente, democratizarlas.[64]

La digestión como generadora de energía, como tratamiento de los desechos orgánicos, como productora de enmiendas o, incluso en su costado economicista, tal cual lo plantea entre otras la Agencia de Energía Danesa, se relaciona con modelos sociales distintos. Estos modelos se posicionan dentro de un concierto tecnológico en el cual aparecen otras elecciones similares que la sociedad haya hecho en cuanto a, por ejemplo, la energía y los alimentos. Bijker habla del *marco tecnológico*, es decir, un marco cognoscitivo común que define a un grupo social relevante, en cuanto a la interpretación de un acto tecnológico. Este tipo de marcos pueden incluir objetivos, reglas de aproximación, teorías, principales problemas y protocolos de investigación, los cuales, de alguna manera, formatean la estructura de pensamiento del grupo en

---

[64]No es casual que resurja en este capítulo y, justamente, con Feenberg, la posnormalidad de Funtowicz y Ravetz, de la cual se hablara en el Capítulo 3. Evitar la dispersión temática y del debate, impide profundizar en la filosofía de Latour. Sin embargo, baste como punto de partida para un análisis, que se deja al lector interesado, indicar que aparece en el pensador francés una etapa tardía, ya mencionada, que se suele calificar como *política II*. En esta última, surge cierta normatividad, por la cual *se fuerza a los científicos a tomar en serio el exterior de su ciencia y las condiciones en las cuales sus resultados pueden ser compatibles o incompatibles con el resto del colectivo*. No es un salto demasiado largo llegar desde aquí hasta la *ampliación de la comunidad de referentes* de la ciencia posnormal.

cuestión. Los marcos tecnológicos pueden alentar cierto tipo de acciones y desalentar otras.

Feenberg afirma que la función como algo atribuible al objeto como parte de su realidad, al igual que el precio de una tecnología, representa una forma fetichista de objetividad. Por el contrario, la función de una tecnología es relativa a la organización que la crea, controla y le asigna un propósito. Al reinstalar la multifuncionalidad de la digestión anaeróbica fuera de la realidad del digestor, podemos dejar en claro que la investigación que se dedique a cada función, realizará un proceso de instrumentalización secundaria distinto, hasta por momentos incompatibles.

La multifuncionalidad como discurso

Pfaffenberger utiliza la metáfora de la tecnología como texto para sustanciar su pensamiento de que los artefactos "no tienen *una* política", ni siquiera relativizándolos a un determinado contexto social. El efecto político de un acto tecnológico, dice este autor, es consecuencia de un determinado discurso, producto de rodearlo de un medio simbólico que constituya el objetivo político. Es decir, como texto, una tecnología no implica una lectura en particular. Dicha lectura está determinada por los discursos dominantes que la rodean y que prescriben cómo debe ser leída. La funcionalidad de una nueva tecnología debe atribuirse, no al artefacto en sí, sino al discurso simbólico que obliga a una interpretación y uso específico del mismo.

Tratar de cambiar la funcionalidad o el encastre político del digestor, no requiere que se cambie por otra tecnología (por ejemplo, tratar de llegar a un reactor que satisfaga al grupo social, tanto en el tratamiento de los desechos, en la generación de energía, como en la consecución de enmiendas de calidad) o, en términos de Pfaffenberger, que se escriba otro texto. Simplemente, objetar y contender el discurso simbólico que rodea a dicha tecnología, puede ser suficiente. Sin embargo, una lectura distinta del digestor implica, ante todo, tener en claro primero cuál es ese discurso que se intenta cambiar.[65]

---

[65]Esto implica explorar contornos que se nos presentan como escasamente relacionados con

La dialéctica de la función

Dentro de este esquema de análisis, en el cual medios y fines simplemente persisten como clara semblanza de una ontología moderna, Jonas plantea una relación circular, o dialéctica, entre ellos.[66] Muchos objetivos logran satisfacerse con el desarrollo de nuevas tecnologías, inspiradas por dichos objetivos. Por otro lado, tecnologías nuevas pueden sugerir, crear y aún imponer nuevos fines. Jonas menciona, por ejemplo, la inseminación artificial, los bebés "de probeta" o, incluso, la clonación.

Bauman sugiere una dialéctica similar y dice: *el medio justifica el fin*. La solución tecnológica es la declaración de independencia de los medios con respecto a los fines. Tener un automóvil me permite viajar, en lugar de necesitar viajar y tratar de buscar *algo* que me permita afrontar este problema. La solución podría estar, tranquilamente, en no viajar. Este ejemplo en particular es potente ya que, la historia del automóvil está fuertemente asociada a bien definidos objetivos comerciales de Henry Ford. ¿Qué sucede con un digestor anaeróbico? Podríamos seguir la misma argumentación: tenemos el digestor, ahora podemos deshacernos de la basura, en lugar de partir de la basura y ver qué se puede hacer con ella. Si bien parece, de la manera en que está planteado que, efectivamente, lo que se hizo es esto último, el devenir histórico de esta metodología de transformación no señala en esa dirección. Si así hubiese sido, el espacio de soluciones al problema de la sobreacumulación de desechos orgánicos disruptivos de una dinámica que no nos satisface, habría sido mucho más amplio y, probablemente, el rango de impactos "negativos" que se ven a continuación, serían mucho menos preocupantes.

---

el tema tecnológico, pero que gravitan sobre el destino que se le vaya a dar al artefacto. En *New Think: The Use of Lateral Thinking* (1987), Edward de Bono propone el *pensamiento lateral*, es decir, discurrir por los parajes aledaños al problema central para incrementar los recursos resolutivos a problemas particulares. Cambiar algún discurso en particular que rodea a una concepción del reactor anaeróbico, traspasa la frontera física del acto tecnológico, mostrando el costado socio-político que, a veces, se intenta ocultar.

[66]Hans Jonas escribe *Towards a Philosophy of Technology*, en 1979. Latour empieza sus desarrollos con la Teoría del Actor-red entrada la década de 1980.

El digestor ya no tiene funcionalidad...

Latour radicaliza más el problema y directamente habla del *fin de los medios*,[67] por lo cual, las tecnologías dejan de ser instrumentos para transformarse en mediadoras. De esta forma, nuestra realidad es una en la que hay mediaciones entre no-humanos y humanos, que permite a estos últimos llegar a ser de otro modo por las posibilidades que los actos tecnológicos ofrecen, por las transformaciones que inducen y por la manera en que podemos llegar a redefinirnos en esa relación de mediación.

Latour, entonces, nos deriva a la siguiente reflexión. Si aceptamos la desaparición del pensamiento instrumental (desaparece la funcionalidad), hay que tener en cuenta que, con él, desaparece el pensamiento finalista, con lo cual, según la Teoría del Actor-red, también se decolora cualquier posible planteo moral de los objetivos.[68] Desde la propuesta latouriana, la moral no se responsabilizaría en definir fines, ya que los humanos no pueden entablar ninguna relación sin la mediación de los no-humanos. De esta forma, esta filosofía comienza a gravitar, fabulosamente, en la temática de los recursos y nuestra relación con ellos, ya que este planteo colisiona violentamente con el esquema del "desarrollo sustentable", por lo menos en lo que a su costado retórico se refiere. Dice Latour en *La esperanza de Pandora*:

> Si no empezamos a redefinir parte de la filosofía de la tecnología y parte del mito del progreso, nunca seremos capaces de sacudirnos de encima el lastre moral y político que la solución moderna hace gravitar sobre los hombros de los no-humanos. Los no-humanos han nacido libres y en todas partes están encadenados.

---

[67]Latour publica en 2002 un artículo intitulado "Morality and technology. The end of means", en el cual propone trascender el paradigma instrumental para dar razón a la tecnología, y reconsidera la moral en tanto realidad que se centra en los fines de las acciones de los humanos.

[68]En planteos como este los descendientes de la Teoría Crítica (Feenberg, por ejemplo) empiezan a ver un problema con la aproximación latouriana.

En síntesis, Latour redefine la realidad moral y tecnológica en un espacio en el cual no hay fines (funciones) morales ni tecnológicos, sino mediaciones y delegaciones de poderes entre humanos y no-humanos. En el proyecto de ecología política latouriana,[69] el cual reconoce dignidad ontológica a los no-humanos, estos se convierten, por vía de la delegación de poderes que les hacen los humanos, en representantes de las prescripciones morales.

Tomemos, para ejemplificar esta visión latouriana de la multifuncionalidad del digestor, el tratamiento del efluente semisólido (barro) del mismo y su uso como enmienda, como función elegida. Este tratamiento depende de la composición y del tipo de proceso del que proviene dicho barro. Las fases más usuales en un proceso de tratamiento y evacuación de fangos son: concentración o espesamiento, digestión,[70] secado, incineración y/o eliminación. Se suele escoger el tratamiento de estos fangos en función de las disponibilidades económicas, del destino final previsto, de la existencia de espacio, etcétera.

Por ejemplo, la misión del espesamiento,[71] dicen los técnicos, es concentrar los barros para hacerlos más densos, reduciendo el volumen global, y facilitar el manejo de los mismos, *abaratando los costos de las instalaciones posteriores*. Del mismo modo, el objetivo del secado es

---

[69]Recordemos que Latour abandona el monismo naturalista por una concepción de los "pluriversos". Esto quiere decir que se opone a toda filosofía política de la naturaleza que la considere como una instancia única, por lo cual propone la *ecología política*. Dice Latour: "Si denominamos naturaleza al término que permite recapitular en una sola serie ordenada la jerarquía de los seres, la ecología política se manifiesta siempre en la práctica, destruyendo la idea de naturaleza".

[70]El proceso de digestión de fangos puede llevarse a cabo por vía anaerobia (la principal) o por vía aerobia. Ambas soluciones tienen sus ventajas e inconvenientes, si bien puede decirse que en instalaciones importantes resulta más conveniente la primera, reservándose la vía aerobia para estaciones de menor importancia.

[71]Existen varios tratamientos posibles:

a) Concentración en espesadores: un espesador es un depósito cilíndrico terminado en forma cónica. Normalmente, el fango que llega a estos espesadores es de tipo mixto. Suelen tener un cono de descarga de gran pendiente. La concentración que cabe esperar es de hasta un 5-10 %.

b) Flotación: es una alternativa al espesamiento propiamente dicho. Consiste en inyectar aire a presión al fango a tratar formando un manto en la superficie que, mediante una rasqueta superficial, es barrido hacia una arqueta. Este tipo de espesamiento se utiliza para fangos muy ligeros con gran cantidad de bacterias filamentosas.

c) Centrifugación: se utiliza tanto para concentración como para deshidratación.

eliminar agua del fango para convertirlo en una pasta sólida *fácilmente manejable y transportable*. El sistema depende de la cantidad de fango y del terreno disponible. En el caso de problemas de grandes espacios, existen otros mecanismos de secado, como los filtros de banda, los filtros prensa y/o la centrifugación. El fango, una vez seco, puede ser transportado a un vertedero e incinerado o utilizado como corrector de suelos.

En este ejemplo, el digestor, tal cual está planteado aquí, representa complejas relaciones sociales y de poder, y no tanto algún esquema moral brundtlandiano sobre generaciones futuras, perjudicadas por nuestra actual "irresponsabilidad". Es decir, el digestor traduce los intereses de ciertos actores (por ejemplo, de productores avícolas generadores de desechos) y a su vez enrola con sus resultados, en asociación con el equipo técnico, a una comunidad de consumidores.[72] Este nuevo entramado social de humanos (técnicos, productores, autoridades de la institución, consumidores, etcétera) y no-humanos (digestor, por ejemplo) logra alejar amenazas, tanto en el tiempo como en el espacio.

Los efluentes producto de la digestión no es lo que, en realidad, preocupa ni a productores ni a la comunidad que comparte espacio geográfico con el establecimiento pecuario. Poder "solucionar" el tratamiento de efluentes (por ejemplo, lograr un "producto" factible de ser usado como corrector o enmienda), implica un acuerdo tácito de cierre o clausura de esta tecnología. No cabe duda de que dicho cierre es un producto sociopolítico y no epistemológico, ya que, por ejemplo, ¿qué ocurre con el flujo geográfico y con el consecuente desequilibrio espacial de recursos nutricionales?[73]

La ubicación de un grupo dentro de una matriz estructural social es importante para entender la capacidad del mismo de reorientar la funcionalidad del desarrollo tecnológico. La relativa concentración de sus integrantes es clave, por ejemplo el poder de la industria en ese sentido es

---

[72]Una sociedad que no está dispuesta a abandonar el consumo o, por lo menos, que aún no sabe cómo hacerlo sin que parezca o se sienta como resignar "buena vida" y, por otro lado, grupos de productores agropecuarios e industriales que seducen económicamente para "llevar" al digestor más hacia el tratamiento de desechos que hacia otras funciones.

[73]Materia orgánica y nutrientes importados o exportados, desde su lugar de origen, con el consecuente desbalance por acumulación de desechos o bien por el empobrecimiento de los suelos modificados.

mucho mayor que el de los consumidores, los cuales se caracterizan por una más que considerable atomización.

Strasser, si bien en un área paralela a la que nos ocupa, hace otra interesante contribución a la hora de fundamentar la sustancia más sociocultural que técnica de cualquier función específica que se le asigne al digestor. Esta investigadora muestra cómo, muchas veces, los esquemas publicitarios son los que buscan *satisfacer las necesidades de producción y de crecimiento empresario*, por medio de la génesis de nuevos deseos surgidos de elementos culturales emergentes y/o ya existentes. Según Strasser:

> [...] las campañas más exitosas alientan nuevas necesidades y nuevos hábitos, no 'de la nada', sino creando nuevos productos con cambios rápidos en todas las áreas de la vida cultural.

Una vez más, podemos pensar una vinculación entre la apreciación de Strasser y la educación ambiental, en este caso vinculada con la funcionalidad de un acto tecnológico.

Multifuncionalidad, Actor-red y sociedad: un ida-y-vuelta

Una determinada funcionalidad del digestor, como resultado de la traducción de los intereses de un determinado grupo o grupos, establece la aparición de una nueva agencia. Recordemos que la metodología de la Teoría del Actor-red parte de no presuponer ninguna sociedad, sino que los distintos actores actúan en el proceso y llegan a ser, al mismo tiempo, a través de él. No presuponer la existencia de agencias y abandonar la idea metafísica de agencia humana, trasciende lo metodológico. Implica tomar en serio la historicidad de la misma y, sobre todo, su relación con el poder, lo cual permite analizar los procesos de constitución de los agentes y cómo, a través de ellos, se arma un determinado bastidor social.

Law propone a la estructura social como proceso. Ningún orden social, organización o agente es completo y autónomo. No existe, dice Law, algo así como un orden social, centrado, con un único conjunto de relaciones estables. Hay órdenes, en plural. Y, por supuesto, resistencias. Los seres humanos y las máquinas tienen sus preferencias en virtud de las cuales, el ordenamiento social puede ser problematizado, y frecuentemente lo es. Esto es otra manera de hablar de resistencia y del carácter polivalente de cualquier ordenamiento. Vivimos en una estructura social *pro tempore*, lábil y susceptible de desbandarse en cualquier momento. Elegir dentro de la multifuncionalidad del digestor implica un proceso de traducción que produce un determinado ordenamiento, el cual debe enfrentar, entre otras, la resistencia del mismo digestor, resistencia que se manifiesta como lo que, dentro del concepto actual de ambientalismo, se conocen como externalidades.[74] Traducción, recordémoslo, significa transformación, ordenamiento, la posibilidad de equivalencia, es decir, la posibilidad de que algo (por ejemplo un actor) pueda representar o estar en el lugar de otro (por ejemplo, una red).

Impacto del digestor. El "cierre" como disolución, no como resolución

Cuando se habla de impacto, inmediatamente aparecen dos conceptos que refieren, en forma diferente, a temor, preocupación o miedo. Por un lado, el concepto de peligro. Peligro es algo medianamente localizable, por lo cual es factible tomar medidas para protegerse del mismo. Bauman explica que el peligro va y viene, es accidental y, sobre todo, es exterior a nuestros actos, perturbaciones que aparecen en el camino. Llega desde afuera y eventualmente no se relaciona con lo que se propone hacer. Por otro lado, el riesgo es una propiedad endémica de nuestras acciones que pueden disminuirse pero nunca hacerse desaparecer.[75] Según Bauman, es una situación de permanente trueque en el que, en nuestro ejemplo,

---

[74]Esta resistencia que ofrece el digestor es lo que, tal cual se hablara en el Capítulo 3, es construida, hegemónicamente, como externalidad.

[75]Recordemos que Urlich Beck, en su tesis de modernización reflexiva, argumenta que el riesgo es, efectivamente, endémico a nuestras acciones en una sociedad tecnología-intensiva (Beck, 1992).

la disminución de la basura orgánica, no se logra si no está acompañada por algún tipo de pérdida. Un permanente y agobiante *sí, pero...* Lo más interesante es que estos riesgos no son nunca conceptualizados como tales, sino como "externalidades" o consecuencias no deseadas durante el desarrollo y utilización de la tecnología.[76] Estos riesgos pueden calcularse, aunque no en términos probabilísticos, lo cual implica que es sumamente complicado saber, de antemano, si cualquier acción reparadora o preventiva no va a significar mayores problemas que beneficios.

La ciencia como garante del "desarrollo sustentable", analizada en el Capítulo 3, vuelve a aparecer aquí, en el tema del "impacto ambiental", con su mirada más dominante. Pararse frente a este tipo de negociación con el resto del sistema, con algún tipo de armamento epistemológico, desgasta al equipo técnico. La ciencia, dice Bauman, implica progreso, pero en un sentido bastante peculiar:

> [...] la crítica pública de sus desarrollos anteriores es el motor de sus posteriores avances [...] promueve progreso revelando y criticando la incompletitud de sus avances previos.

La ciencia, continúa Bauman, produce los objetos de su futura indignación, reproduciendo su propia indispensabilidad.

Si se mira hacia los constructivismos en busca de una respuesta, el resultado es magro. Estas aproximaciones aún no tienen entre sus mayores preocupaciones a los impactos sociales y/o ambientales y sus análisis al respecto, son poco convencionales. Por ejemplo, la Teoría del Actor-red puntualiza la forma en que son incorporados en el acto tecnológico, mientras que, otros constructivismos, estudian la manera en que las "verdades" acerca de las consecuencias de la tecnología son el producto de una negociación y una construcción. No obstante, ambos análisis comparten su rechazo a cualquier concepción determinística por la cual, el acto tecnológico repercute en la sociedad y/o ambiente, produciendo alteraciones. En síntesis, no hay una tecnología que impacta negativamente por alguna propiedad intrínseca, sino que esta más bien es una consecuencia que resulta, en parte o en su totalidad, de una

---

[76]Una vez más, resistencia o riesgo, pero hegemónicamente construidos como externalidad.

interpretación social y/o una negociación. El impacto "ambiental" no es una cuestión epistemológica, sino política.

Entonces, al constructivismo social aún le resultan esquivas las características "autónomas" de la tecnología, es decir, las formas en las que su uso tiene consecuencias que no son ni intencionales ni anticipadas por ninguno de los grupos sociales involucrados. En este sentido, Bijker propone no abandonar, necesariamente, el concepto por el cual se le asignan efectos a los actos tecnológicos. El constructivismo social de la tecnología (scot, según sus siglas en inglés),[77] define como "impacto social" a toda modificación del marco técnico de un determinado grupo, como consecuencia de la estabilización de alguna tecnología en particular dentro de dicho marco.

Por ejemplo, en el proceso de digestión, como ya se anticipó, aparecen efluentes líquidos y gaseosos. Estos efluentes salen, según el discurso moderno, "contaminados" con elementos que, en cantidad, pueden producir "disturbios" en el sistema. Las grandes dificultades que significan definir asuntos como el consumo de agua, el consumo de energía o cuán dudosa es la calidad de los efluentes (agua, barros y biogás), materializan en este ejemplo tecnológico en particular, las limitaciones que venimos planteando hasta aquí, tanto de la tecnología en general como de su matriz conceptual actual, el "desarrollo sustentable".

Que la ciencia y la política estén separadas por una membrana absolutamente permeable, o inclusive que podamos acordar con Latour que no hay un *a priori* social que defina políticamente el resultado científico, sino que es un proceso de ida y vuelta, nos permite repensar la construcción tecnológica, con impactos incluidos. La misma no debería representar una pesada carga para el equipo de trabajo que debe invertir medios materiales e intelectuales en una carrera de final abierto y que no queda claro, hoy por hoy, si tiene sentido correrla.

Luego, la pregunta es: ¿hasta dónde se lleva el proceso de neutralización de las consecuencias del funcionamiento del digestor? Recordemos lo que el constructivismo social tiene que decir al respecto. Bijker[78] propone que el proceso de diseño cesa, no porque el artefacto

---

[77]Cabe recordar que este tipo de constructivismos es en el cual teoriza Feenberg.
[78]Bijker, W., 1995.

funciona en cierta manera objetiva, sino porque un número determinado de grupos sociales involucrados aceptan que el digestor "funciona". Lo que se conoce como "clausura", ocurre cuando problemas no resueltos dentro del acto tecnológico dejan de representar un problema para los grupos sociales involucrados. Bijker y Pinch hablan de "disolución" de problemas, en lugar de resolución.

¿Qué factor es clave para determinar un "cierre"? El "cierre" puede verse afectado por las relaciones de poder y dependencia que existen entre los distintos grupos. En el proceso de desarrollo tecnológico, una organización más poderosa puede hacer uso de una relación de dependencia para forzar a otros grupos a aceptar un determinado cierre, aun si el acto tecnológico no les resulte conveniente a sus intereses. Esta dependencia puede estar relacionada, por ejemplo, con el control de ciertos recursos. Según esta perspectiva, el cierre o clausura de un determinado diseño, puede ser únicamente explicado en referencia a relaciones de poder entre grupos.

Adams da un ejemplo que puede ser ilustrativo de la aproximación constructivista. Las decisiones, en cuanto a la tecnología de defensa, son tomadas por un grupo restringido de agentes que tiene el poder de excluir a otros participantes potenciales, del proceso de estructuración de políticas. El resultado es que las decisiones en cuanto a defensa, inclusive el diseño de armamento, dice Adams, materializan los intereses de un selecto grupo de participantes. Por otro lado, que la clausura no sea definitiva, es la clara manifestación de que las relaciones de poder fluctúan.

Impactos y la Teoría del Actor-red

Desde la óptica de la Teoría del Actor-red, para poder estudiar las formas de mediación técnica entre humanos y no-humanos, el análisis debe alejarse de toda crítica social y debe omitir todo juicio sobre responsabilidades y abstenerse de inculpar a alguno de los actores. Esto, indudablemente, coloca a las colateralidades del digestor fuera del significante "impacto".[79] Es decir, dentro de la Teoría del Actor-red, como ya se mencionó, no hay impactos sino resistencias.

Para explicarlo, recordemos que el programa de acción de un actante latouriano debe ser entendido desde el concepto de simetría. Esta, pensada como mediación, implica que las acciones dentro de una red no son propiedades de los distintos actantes (el humano, por ser humano, decide mientras que un cromatógrafo, una mosca o una bacteria metanogénica, no), sino que son emergentes del sistema de actores y actantes. Esto quiere decir que los técnicos pueden tener la firme intención de procesar la basura orgánica, o de generar una fuente alternativa de energía como el biogás, pero esa acción no solo es patrimonio de ellos, o del digestor, sino que involucra a todos los actores y actantes que se enrolan, o pretenden enrolarse a tal fin.[80]

Como ya se puntualizó, el reactor anaeróbico para residuos orgánicos genera un efluente semilíquido. Los efluentes son una manifestación por parte del digestor, de una resistencia a ser incorporado a los esquemas de alianzas planteados durante la etapa de problematización.[81] Cada agente definido durante esa etapa, si bien constituye una realidad, es una *realidad procesal*. El digestor, enlistado durante la *problematización*, en lugar de integrarse al plan original, al presentar sus efluentes niveles altos de DBO, resiste e intenta definir su orientación o identidad de otro modo. Es entonces cuando el grupo de técnicos trata de *interesar*[82] al digestor, es

---

[79]Sin embargo, en su *Politiques de la nature. Comment faire entrer les sciences en démocratie*, Latour habla sobre nuestra relación con los no-humanos, desde una cierta normatividad.

[80]Seguramente, una reflexión sobre este punto haría aparecer a un actor importante en ciertos contextos políticos: el "Estado". Cuando se habla del "Estado" como actor o actante, el tema alcanza una complejidad que escapa a los espacios de discusión del presente ensayo, ya que involucra a la misma problematización del concepto de "Estado". Sin embargo, las distintas administraciones encausan, en cierta forma, el desarrollo tecnológico, al fijar estándares, por ejemplo, de calidad, lo cual nos lleva a la inquietud de la definición democrática de la conformación de cada administración, es decir, de qué grupo mayoritario (o no) son producto dichos estándares.

[81]En la Teoría del Actor-red, *problematización* hace referencia a uno de los cuatro momentos del proceso de traducción (problematizar, interesar, enrolar y movilizar aliados). Problematizar implica crear relaciones de dependencia en el proceso de investigación y desarrollo, por medio del planteo de interrogantes y de la determinación de los actores involucrados y sus identidades.

[82]Para entender qué significa "interesar" en este contexto, recordemos que la etimología de la palabra es '*inter-esse*', es decir, estar en el medio. Los técnicos construyen equipos

decir, de elaborar una serie de acciones para que tratamientos, análogos a los de aguas residuales (consistentes en un proceso biológico aerobio seguido por una decantación, denominada secundaria), logren estabilizar al digestor dentro del plan. El proceso biológico que puede llevarse a cabo para este tipo de efluente se denomina fangos activos, y tiene el fin de obtener un efluente bien clarificado, estable y de bajo contenido en DBO. Sin embargo, la resistencia continúa ya que, aunque el tratamiento biológico reduce la DBO del agua del efluente en un 75-90%, la del fango se reduce en mucha menor medida, por lo que suele ser necesario su posterior tratamiento. En términos de la Teoría del Actor-red, el digestor aún no logra ser enrolado.

Existen otras dos formas de *interesar* al digestor para intentar enrolarlo[83] al plan de los técnicos. Una es un proceso físico-químico que utiliza la precipitación y/o la filtración, para reducir drásticamente los niveles de nutrientes inorgánicos, especialmente los fosfatos y nitratos del efluente final. Este tratamiento, dicen los manuales técnicos, es el procedimiento más completo para tratar el contenido del efluente, pero no es ampliamente adoptado por *ser más costoso*. En este caso, el digestor lograría ser enrolado, pero otro actor o actores estarían ofreciendo resistencia a integrarse, por ejemplo los consumidores.

Sin profundizar demasiado, tomemos algunos de estos tratamientos. El cambio iónico, por ejemplo, consiste en la sustitución de uno o varios iones presentes en el agua a tratar, por otros que forman parte de una fase sólida finamente dividida (cambiador), sin alterar su estructura física. Suelen utilizarse resinas y existen cambiadores de cationes y de aniones. Debido *a su alto precio,* el proceso de intercambio iónico se utiliza únicamente en aquellos casos en los que la eliminación del contaminante venga impuesta por su toxicidad o que *se recupere un producto de alto valor.* En el caso de estos tratamientos (intentos de *interesar*), se manifiesta el balance

---

y/o estrategias para interponerlos entre el reactor y cualquier otra entidad que pretenda apropiárselo y definirlo de manera diferente. Es interesante hacer notar que esto, también, está vinculado con la funcionalidad de este acto tecnológico, ya que las propiedades e identidad del digestor, quedan definidas durante este proceso de interesarlo a formar parte de la red. Su identidad como, por ejemplo, procesador de desechos orgánicos, emerge de la relación con los otros actores, en este caso los técnicos.

[83]Recordemos que en un discurso más epistemológico, se diría: *formas de intentar mejorar,* o *formas de intentar disminuir la contaminación de los efluentes.*

de poder que implica un acto tecnológico, en este caso volcado hacia el lado de los consumidores y fabricantes, siendo desfavorable tanto para los no-consumidores (sector de la población de bajos y muy bajos recursos), como para el equipo técnico.

En la actualidad, la alta concentración de nitrógeno, azufre y fósforo en los efluentes semilíquidos significan un "problema", ya que pueden provocar eutrofización, es decir, un crecimiento "anormal" de algas, plantas acuáticas y microorganismos de diferentes clases. Esto ejerce una fuerte demanda de oxígeno, la cual afecta negativamente la vida de los peces y tiene un "impacto negativo" en el uso del agua. Se pueden utilizar procesos biológicos antagónicos como la nitrificación y desnitrificación bacteriana[84] para evitar la eutrofización. No obstante, incorporar estos tratamientos biológicos al digestor implicaría un programa o libreto, como lo llama Latour, que sostiene una visión del mundo que se inscribe en el acto tecnológico. En ese libreto hay expectativas sobre las características de los usuarios del digestor, de las relaciones sociales, del contexto de uso, etcétera. Nuevamente, estamos frente a relaciones de poder pero, según Latour, no como causales de un diseño, sino como consecuencias del mismo. Una "estabilización" del diseño del digestor implica una desnitrificación de los efluentes líquidos. Latour llama poder o dominación a esa estabilización.

Terminamos de describir, desde la Teoría del Actor-red lo que, dentro del actual concepto de ambiente, se denomina impacto. Es evidente que el significante impacto tiene, dentro de esta perspectiva, contenido más político que epistemológico. Nadie discute los procesos físico-químicos y biológicos que acabamos de enunciar. Lo que se requiere en este punto es relacionarlos con el concepto de "cierre" o "clausura". La Teoría del Actor-red, remarca Law, está vinculada a la mecánica del poder. Entonces, permite estudiar cómo se superan ciertas resistencias más allá de lo técnico, pero dentro de una red socio-técnica. Es una teoría acerca

---

[84]Nitrificación: consiste en la conversión del amonio (NH_3) a nitrato (NO_3^-) mediante la acción microbiana. Este proceso es llevado a cabo por las bacterias nitrificantes

Desnitrificación: proceso mediante el cual los nitratos (NO_3^-) y los nitritos (NO_2^-) producidos en el primer proceso, son reducidos a las formas gaseosas amoníaco (NH_3), N_2 (nitrógeno) u óxido nitroso (N_2O). Este último puede constituirse como un fuerte contaminante del aire.

del poder, pero del poder no como conjunto de causas sino, más bien, como efecto. Es una *desmitificación del poder de los poderosos.*

Acá es donde aparecen tangentes interesantes entre la Teoría del Actor-red y el constructivismo social e, incluso, en relación con la Teoría Crítica de Feenberg. Por un lado, algunos constructivistas, por ejemplo Rosen, Bijker y Pfaffenberger, sugieren contextualizar los estudios micro-sociológicos en un nivel macro, es decir, en un espacio de análisis conformado por vectores políticos (relaciones de poder) y culturales. Por otro lado, recordemos los planteos de Feenberg que pueden ser resumidos en una pregunta que él formula:

¿Podrán estas innovaciones filosóficas (refiriéndose a Latour) estar fácilmente disponibles[85] para todo el mundo, como sustituto de los, actualmente desacreditados, fundamentos trascendentales para la resistencia?

La tecnología, como sugiere Pfaffenberger, se describe metafóricamente como un texto que debe ser *leído* por diferentes actores en distintas formas. Esto no implica una sustitución de la labor técnica, sino, en cierta manera, un *universo paralelo* de análisis en el cual indagar cómo el *texto* fue escrito y por qué prevalecen algunas de dichas lecturas. Es importante subrayar que dentro de los constructivismos no feenbergianos, la tarea que compete al análisis, no es el de seleccionar una *lectura* particular de la tecnología en cuestión y presentarla como "correcta". Claramente, esta aproximación analítica problematiza hasta el mismo encabezado de este punto, ya que al hablar de "impacto", juzgar es exactamente lo que se estaría haciendo. La tarea, entonces, es deconstruir el acto tecnológico, estudiando los procesos por los cuales este se estabilizó llegando a una "clausura" en lo que a sus propiedades respecta (la *cajanegrizacion* del acto tecnológico).

En esta aproximación analítica, el tema de las responsabilidades preocupa a Feenberg, y es en este punto en el que carga mayoritariamente su crítica a Latour. Dice Feenberg que en la teoría de Latour hay una carencia normativa y una enorme dificultad para establecer responsabilidades. El caso de los efluentes gaseosos del reactor anaeróbico puede servir para

---

[85] Léase "potables".

ejemplificar la visión latouriana al respecto. Del mismo modo que con los efluentes semilíquidos y que los efluentes semisólidos mencionados anteriormente, el gas sulfhídrico en el biogás opera como una resistencia que ofrece el digestor por sus características corrosivas sobre superficies metálicas, hormigón, por su alta toxicidad, mal olor y alta demanda de oxígeno.[86] En un contexto de "desarrollo sustentable", el reactor anaeróbico es responsable de la producción de biogás con contenidos de sulfhídrico (SH_2) y dióxido de carbono (CO_2), por lo cual hay que instrumentar (literalmente hablando) mecanismos que lo purifiquen. Actualmente, la biofiltración se presenta a nivel global como una tecnología *altamente eficiente y económica* para el control de las emisiones de una gran variedad de compuestos orgánicos volátiles (COVs) y compuestos olorosos como el SH_2.[87]

Como mirada alternativa, recordemos que el monismo ontológico de Callon y Latour, se refiere a que los distintos actores pueden representar a todos los otros actores con los que mantienen relaciones sociales. Consecuentemente, según la Teoría del Actor-red, la responsabilidad es atribuible, potencialmente, a cualquier actor o actante. De hecho, en la ontología latouriana dicha responsabilidad recae en la mediación.

El digestor traduce los objetivos de grupos sociales, y es en esta interacción que recae la responsabilidad de las consecuencias que acarrea el reactor. Entonces, como se dijo más arriba, sin abandonar los estudios técnicos (conocimiento científico), el proyecto de investigación podría, por el contrario, adicionarle la consideración de la construcción de los hechos científicos, es decir, cuáles son los objetivos que traduce el digestor.

---

[86]Carmona et al., 2000.

[87]Un biofiltro consta de un lecho de material poroso que sirve de soporte a una población microbiana, la cual se encarga de degradar el contaminante a medida que este pasa a través del lecho.

Eficiencia

Desde el punto de vista bioquímico, el funcionamiento del digestor se basa en el proceso vital de bacterias metanogénicas y no metanogénicas, que son las encargadas de utilizar los desechos orgánicos como alimento. Automáticamente, y según la construcción moderna de este tipo de reactores, aparece la noción de eficiencia. Es muy difícil seguir adelante con la descripción técnica de este aparato, sin caer en la utilización de este concepto o en algún derivado adjetival del mismo. Por ejemplo, los informes dicen:

> Para lograr que un sistema de tratamiento anaerobio se estabilice 'eficazmente', las bacterias metanogénicas y no metanogénicas deben estar en un estado de equilibrio dinámico. Este equilibrio se alcanza cuando los residuos contienen muy bajas concentraciones de sustancias tóxicas para las bacterias (antibióticos, excesos de proteínas, sales, productos desinfectantes, solventes en concentraciones elevadas, entre otras) y cuando no se trabaja con rangos térmicos fluctuantes.

Y siguen:

> La 'eficiencia' del proceso está relacionada con la posibilidad, o no, de mezclar los residuos con agua, con la velocidad de la mezcla y la posibilidad que toda la masa a degradar se ponga en contacto directo con la biomasa existente en el interior del reactor.[88]

¿A partir de qué elementos técnicos, sociales y/o políticos se elaboró el significado de "eficiencia" en estos párrafos? Otra forma de formular la misma pregunta sería: ¿dentro de qué matriz histórica se construye esta tecnología? Esa matriz histórica se podría caracterizar como aquella en la que la ciencia es la máxima instancia de poder cognoscitivo de la cultura occidental, porque representa *los tres principios de la trinidad moderna*: eficiencia técnica, rentabilidad económica y objetividad científica.[89]

---

[88] Hernández Muñoz, A., 2001, y Montes Carmona, E., 2008.

[89] Aquí es conveniente remitir al lector al capítulo en donde se discute el "desarrollo sustentable".

Re-definir y, sobre todo, re-pensar el concepto de eficiencia, puede ser extremadamente útil para reprogramar los proyectos de investigación, lo cual, seguramente, contribuiría a un ahorro sustancial de esfuerzo, cualquiera sea la forma de valuarlo.

Relacionar tecnología con eficiencia nos lleva al concepto de "progreso". En la mayoría de las teorías sobre la modernidad, la racionalidad aparece como la consecuencia espontánea de la consecución de la eficiencia, una vez que toda contaminación ideológica haya sido removida. Por otro lado, los estudios sobre tecnología, es decir, el constructivismo, no consideran a la eficiencia como motivo determinante, ni mucho menos, en cuanto al diseño. La tesis de la sub-determinación dice que no hay una única solución racional a los problemas técnicos, lo cual abre la esfera técnica al influjo de un conjunto polivalente de variables.

Ya se dijo que el digestor como "hecho de la ciencia" o "caja negra", no es incontrovertible, ni sus procesos constructivos irreversibles. La Teoría del Actor-red permite "descajanegrizar" al digestor para poder "rearmarlo", según la reconsideración del concepto de ambiente que cada uno haga con las piezas que en este ensayo se dejan. Para Latour el progreso constituye un mito que intenta sustituir por una cosmogonía[90] distinta, en la cual hay amplia participación nivelada de todos los componentes del sistema, y la eficiencia no constituye el blanco de la flecha tecnológica. Las consecuencias de este tipo de análisis no son menores. Si se acuerda con él, es decir, si los criterios de "progreso" están en flujo dinámico, no es posible ubicar las distintas sociedades en un *continuum* de menos a más avanzadas. En síntesis, tanto los constructivismos y mucho más aún Latour, complican la noción de "progreso" (y la de "eficiencia") hasta llegar casi a su completa disolución. Recordemos que este tipo de problematización fue iniciada en el Capítulo 4, con White.

---

[90]Latour, B., 1999.

Eficiencia: energéticamente una ilusión… socialmente un código

Cuando surge el tema de la eficiencia, como en los párrafos transcriptos arriba, no hay claridad sobre qué, verdaderamente, se quiere decir. ¿Eficiencia para qué y/o para quién? En el contexto del proyecto del digestor, eficiencia está, probablemente, más relacionado con un factor social que técnico, es decir, con una sociedad golosa que necesita "hacer desaparecer" la basura lo antes posible, para poder seguir produciéndola.

Analizada desde la energía, llevar a la eficiencia por el precipicio de lo técnico (más gas, o más basura procesada, por ejemplo) es arriesgar una caída sin fin en tesis y antítesis, sin posibilidad de ser reabsorbidas dialécticamente. Efectivamente, si acordamos que el esquema social moderno se basa en la producción industrial que, junto con el comercio, constituyen una forma de apropiación de energía, la única manera de perpetuar este tipo de sociedad es asegurarse la consecución de nuevos recursos con un contenido de exergía[91] mayor a la que se usó para las manufacturas (es decir, tratar de compensar las pérdidas de calor y por polución, ambas inevitables pérdidas de orden, producto de la producción). Pero el "valor agregado" es, en realidad, energía sustraída; cuando se compran manufacturas, se paga por energía consumida. Para que el sistema continúe en movimiento, la suma total de orden debe seguir deteriorándose. La desenfrenada succión de negentropía,[92] solo puede verse como eficiencia y productividad a nivel local, salvo que se elija obviar al proceso entrópico.

---

[91]La exergía es un término que Zoran Rant crea en 1953, uniendo las palabras griegas *ex* que significa externo y *ergos* que significa trabajo. Un universo en completo equilibrio energético, implicaría un cosmos sin exergía. Tampoco habría diferencias, patrones o estructuras, ni siquiera tiempo. Mientras que la energía se conserva, según la conocidísima fórmula einsteiniana, la exergía no lo hace, de lo contrario, las posibilidades de reversibilidad en los procesos serían inmensas. Göran Wall sintetiza el concepto de una manera muy gráfica para entenderlo: la energía crea la existencia, la exergía las estructuras; el resto es evolución.

[92]El término aparece por primera vez en el libro *¿Qué es la vida?*, de Erwin Schrödinger. En dicho libro, se explica que un sistema, para que no caiga en el equilibrio termodinámico (morir), necesita alimentarse de entropía negativa. Es Léon Brillouin quien, más tarde, une las dos palabras y crea el término negentropía.

Por otro lado, muchos de los parámetros técnicos, tales como la elección de los materiales, propone Feenberg, están socialmente especificados por lo que él llama "código tecnológico", el cual responde al horizonte cultural de la sociedad.[93] Lo que muchas veces aparece como necesidades técnicas, por ejemplo la "eficiencia", es en realidad, según este autor, parte de ese código tecnológico. En sus palabras:

> [...] formando parte del hierro, el concreto y los circuitos del mismo acto tecnológico.

La "eficiencia", entonces, forma parte de ese horizonte cultural que postula Feenberg pero, ¿cómo? Los constructivismos pueden aportar una explicación.

La teoría de la modernidad se basa en la noción de racionalidad para explicar lo particular de las sociedades modernas. Cuando se habla de racionalización, se hace referencia, específicamente, a la racionalidad tecnológica como a un esquema cultural, es decir, a la introducción del cálculo y el control en los procesos sociales, buscando un consecuente incremento en la "eficiencia". Sin embargo, según el principio de simetría que sostienen tanto el constructivismo como la Teoría del Actor-red, siempre hay alternativas tecnológicas viables que pueden desarrollarse, sin haber alguna particularmente más "exitosa" (o "eficiente"). En otras palabras, no es cuestión de "mayor eficiencia". Si suscribimos a los constructivismos sociales, todo depende de un variado número de circunstancias locales que marcan diferencias entre alternativas comparables en cuanto a los fines. La Teoría del Actor-red, no solo acompaña esta visión, sino que la hace suya desde el momento en que abandona al "progreso" como teoría de la historia. Si bien para Latour, como ya se dijo, *ni los fines ni los posibles existen*, en la red se producen traducciones que conllevan a

---

[93] Por horizonte, Feenberg se refiere a los supuestos generales que forman el escenario incuestionable de cada uno de los aspectos en la vida de los integrantes de la sociedad. En este sentido, para Feenberg el horizonte cultural sería una de las dos dimensiones hermenéuticas de la tecnología en las sociedades actuales, y estaría íntimamente asociado al concepto de hegemonía. La otra dimensión es el significado social, relacionado con lo que se discutió más arriba sobre multifuncionalidad del digestor.

un esquema tecnológico determinado, difícilmente catalogable como el más eficiente.

La eficiencia del digestor según la Teoría Crítica. La concretización

Si se analizan las virtudes del digestor, sus defectos y las propuestas de corrección de los mismos, no es un ejercicio arduo demostrar que responden a un compromiso con el mundo de maximización y control. Por ejemplo, en el sentido de "optimizar" el proceso de digestión anaeróbica, es que se desarrollan sistemas de co-digestión, utilizando como alimento dos tipos de residuos en determinados porcentajes, logrando "mayor eficiencia". En el caso de RSD, se han realizado mezclas con residuos ganaderos[94] o bien con lodos de aguas residuales. Las ventajas de la co-digestión incluyen: la dilución de compuestos tóxicos potenciales, los efectos sinérgicos de microorganismos, la carga creciente de la materia orgánica biodegradable y el incremento en los rendimientos de biogás.

El esquema técnico anterior no llama, ni debería llamar la atención. No obstante, según se discutió en el capítulo de tecnología, estamos frente a un acto tecnológico concebido en una matriz instrumentalista y sustantivista. La Teoría Crítica sobre la tecnología comparte algunas características del sustantivismo y del instrumentalismo. Por ejemplo, comparte con el instrumentalismo que la tecnología es, de alguna manera, controlable y, con el sustantivismo, que la tecnología tiene carga valorativa. Estos valores inherentes a la técnica son únicos e incluyen, según esta última posición, eficiencia y poder, ambos objetivos comunes a todos y cada uno de los sistemas tecnológicos. Es decir, en la medida que usemos tecnología, nuestro compromiso con el mundo es, tal cual se dijo, de maximización y control.[95]

---

[94]Hartmann. H, Ahring, B., Dinamarca, 2005.

[95]El análisis heideggeriano del nihilismo metafísico de la cultura occidental, con la tecnología como esquema comprensivo del ser, transforma sustancialmente nuestra relación con las cosas y con nosotros mismos. Conceptualizados como "recursos", el principal objetivo es ordenar, optimizar y dotar de la máxima eficiencia, no solo a las cosas, sino a nosotros mismos. Sería interesante repensar a la farmacología (Viagra, por ejemplo) y a la biotecnología (proyecto del genoma humano, clonación, células madre, etcétera) dentro de este contexto.

La Teoría Crítica sostiene que los valores contenidos en la tecnología son socialmente específicos y, por lo tanto, que eficiencia y control los representan pobremente. La tecnología sirve de marco para varias posibles formas de vida diferentes y la eficiencia enmarca a toda tecnología, pero no define los valores de los paisajes sociales que esos marcos tecnológicos encierran.[96] Esta pretendida "mayor eficiencia", según Feenberg, es un factor más de diferenciación entre instrumentalización primaria y secundaria: el digestor se *primariza,* es decir, se separa, cada vez más de su contexto social y ecosistémico.

Según los esencialistas, los cambios tecnológicos se dan en la dirección de una mayor o menor diferenciación, implicando en el primer caso "más eficiencia" y, en el segundo, "menos eficiencia". Esto significaría que no hay forma de abandonar la eficientización de los actos tecnológicos sin volver a esquemas socio-técnicos decimonónicos. Sin embargo, la teoría de la instrumentalización abre una posibilidad a la cual los esencialistas no pueden acceder, según Feenberg, por falta de herramientas teóricas.[97] La diferenciación puede ser superada sin regresión, incorporando, por ejemplo, factores sociales y ambientales en el diseño.[98] Esto último, si bien se puede hacer una distinción analítica, no implica que exista en la "máquina" una diferenciación real entre las relaciones técnicas y sociales. Es decir, lo social, lo "ambiental" y lo tecnológico no son distinguibles, sino que están amalgamados en el "mismo" aparato que antes. Esto es, según se vio con anterioridad, lo que Simondon llama *concretización* o, lo que es lo mismo, la condensación de varias funciones en una misma estructura tecnológica. En este caso, la instrumentalización del objeto se reconcilia con un contexto más amplio por medio de un tipo especial de desarrollo tecnológico.

El proceso de concretización tiene un carácter progresivo, es decir, los diseños pueden ordenarse en una secuencia desde el más abstracto

---

[96]Este párrafo demuestra los enormes paralelismos entre Feenberg y Latour.

[97]Cabe recordar aquí que el esencialismo tecnológico se sustenta en la visión de Weber sobre los tiempos modernos. Según la hipótesis weberiana, las sociedades modernas se distinguen de las pre-modernas, por una sistemática diferenciación, en las primeras, de las distintas esferas, por ejemplo, la tecnología y el arte.

[98]Recuperar la capacidad auto-crítica y emancipatoria de la razón iluminista es un campo de debate (Adorno y Horkheimer vs. Habermas) que queda abierto, aunque debe quedar planteado.

hasta el más concreto de acuerdo a criterios técnicos. La concretización, por lo tanto, se desenvuelve dentro del tipo general de avance cognoscitivo, usualmente asociado con la tecnología, cosechando, dice Feenberg, progreso en la racionalidad. Sin embargo, y esto es lo fundamental del concepto, a diferencia de los criterios típicos de crecimiento y productividad, la concretización está involucrada con una acomodación reflexiva de las tecnologías al ambiente social y natural. La concretización describe, entonces, una trayectoria más compleja de progreso, mucho más plural que el simple crecimiento, la eficiencia y/o la productividad.

La idea de la "tecnología concreta", la cual incluye al ser humano y a la naturaleza en su estructura, desafía, como se dijo, la idea de que la técnica "conquista" a su objeto. En la teoría de Simondon, las formas "más avanzadas de progreso" consisten en la creación de correlaciones complejas entre técnica y naturaleza, por medio de "avances" tecnológicos que incorporan un contexto más amplio a las máquinas. La actual demanda de tecnología "limpia" y por una relación laboral segura y democrática, no tiene por qué ser extrínseca al acto tecnológico, más bien responde a una tendencia reflexiva del desarrollo técnico que busca construir totalidades sinérgicas entre elementos técnicos, humanos y ambientales.

La eficiencia del digestor según la Teoría Crítica. Más allá de los límites del poder

En la conjunción analítica que se está haciendo en este ensayo, conviene discutir un poco más el concepto de instrumentalización secundaria, a la luz de la cual se aprecia la consecución de la "eficiencia" como una *primarización* aún mayor de la digestión anaeróbica. Por empezar, el concepto de instrumentalización, dice Kellner, remite a algo que el mismo Feenberg pretende revertir, es decir, la aproximación instrumentalista típicamente moderna. Kellner cuestiona el sintagma "instrumentalización secundaria", por el cual Feenberg intenta un análisis sustantivo del significado de las cualidades estéticas y éticas y de la reconstrucción democrática de la tecnología. Por otro lado, la distinción entre instrumentalización primaria y secundaria es demasiado piadosa con lo que Feenberg pretende revertir, es decir, la existencia de una dimensión primaria de la tecnología, instrumental y funcionalista y una dimensión secundaria, de segundo plano, más escenográfica que actoral.

Las observaciones de Kellner acerca de la teoría de la instrumentalización de Feenberg, crean una impresión transicional de la misma, de una retórica introductoria, de una puerta abierta, pero de un umbral que no se cruzó. En términos de la Teoría del Actor-red, el digestor, más que plantear eficiencia, está traduciendo, como se dijo, objetivos e intereses de ciertos vectores humanos del espacio social. Algún grupo o grupos están desplazando un guión, desde su núcleo de intereses, a una estructura más durable, es decir, al reactor anaeróbico de desechos orgánicos.

Llegados al fin de este capítulo y a esta altura del debate, que la sustentabilidad no es un problema que se solucione con más investigación tecnológica, va disputándole espacio al concepto actual de ambiente, fuertemente tecnológico.

Capítulo 6

Científicos Anónimos

[...] más allá de las soluciones rápidas de la doxa, el arte, la ciencia y la filosofía reclaman algo más, algo que faculte para seguir el devenir de nuestro universo sin traicionar su movimiento: 'trazan planos en el caos', se sumergen en él en lugar de sortearlo con más o menos fortuna: 'solo a este precio le venceremos'.

Deleuze y Guattari

Tal vez el lector espere, en este punto, una nueva conceptualización de ambiente. Sin embargo, definirlo, limitarlo, elaborar un "afuera" y un "adentro", iría en contra del mismo espíritu que elaboró este camino alternativo al que, hasta hoy, venimos transitando... ¿sin éxito? Es tentador indicar, en primera instancia, que lo que motivó este ensayo es el escandaloso fracaso de los más de cuarenta años de insatisfacción a causa de nuestra actitud en relación con el resto del sistema. Sin embargo, este "fracaso" exige ser analizado desde el contexto de este trabajo. ¿Qué fracaso?, ¿quién fracasó?, ¿por qué?, son preguntas que, precisamente, por la venación filosófica del presente ensayo, no aparecen en la introducción como objetivos sino aquí, al final, como ejercicio de autonomía.

Este es el tipo de valentía que se pide de ahora en más y, en ella, reside todo lo que se vino elaborando en estas páginas. Si realmente vamos a incorporarnos… todos nosotros a esta nueva forma de analizar estos temas, no esperemos definiciones de ambiente que los firmantes no podemos dar. Esa definición debería surgir, si aceptamos las propuestas hechas hasta aquí, en el mismo proceso de desarrollo tecnológico. De otro modo, estaríamos borrando con el codo lo que escribimos con la mano. Y fue, precisamente, al "desarrollo tecnológico" al que nos dirigimos.

La tecnología que se califica como limpia, inquieta, sobre todo porque milita en las filas del "discurso ambientalista moderno", que como vimos está visceralmente constituido por un régimen tecnológico que asegura poder definir y solucionar problemas. Este régimen, dice Feenberg, es una suerte de red institucional de ciencia, prácticas ingenieriles, procesos de producción y características de lo producido, que acuerda una clausura,[1] configurando (asegurándose) mecanismos reproductivos, no solo de gestión de problemas, sino también de su planteamiento. Pero lo que más perturba es lo oculto, el sentido común que se instala en un régimen tecnológico, lo que Feenberg entiende como "código" y que no son más que factores sociales prolijamente expresados en lenguaje técnico.

En realidad, entonces, lo que inquieta no son las tecnologías sino el hecho de que sean "limpias", ya que lo "limpio" es parte del código y no de lo técnico. Que un molino eólico, el biodiesel o el digestor anaeróbico impliquen "limpieza", es una manera de definirlos gestada en un código tecnológico, en una determinada red socio-cultural, definición que condiciona al técnico hasta el desencanto y la desilusión, pues requiere de él diseños que la coyuntura socioeconómica e institucional (entendidas en este texto como resistencias), muchas veces no le permite desarrollar. "Tecnología limpia" no es diseño técnico, es una elección social (código) que condiciona el diseño. Es una elección entre "limpio" o contaminante" y no entre, por ejemplo, "acumulación" o "satisfacción de necesidades básicas". Que esto último no resulte extraño. Después de todo, acordamos pensarnos como parte de un sistema que, tal vez, no es que se contamine sino que, sencillamente, cambia.

El análisis de la tecno-ciencia que aquí hicimos nos propone otro camino: en lugar de solucionar problemas, manejar incertidumbres. En varias oportunidades se dijo, explícita e implícitamente, que hablar de

---

[1] Ver Capítulo 5.

problemas y soluciones impone un encierro, ya que implica un apriorismo en cuestiones de fondo (escenarios) en los cuales nos movemos. Ya, en 1986, Leff deja entender que hablar de catástrofe (problemas graves) oculta opciones que involucran transformaciones sociales importantes. Hablar de problemas implica tener claras muchas cosas que, en realidad, no son ni tan claras, ni tan deterministas… ni tan mecánicas. Después de todo, hay vida después de Newton.

Y, ¿hay vida después del átomo? Recordemos que el "discurso ambientalista moderno" breva del atomismo. En un pasaje del libro de Braivlosky, *Historia ecológica de Iberoamérica* ii, se plantea la pregunta:

¿Qué significa realmente la extinción de una especie vegetal o animal?

Y se responde:

En principio, todos creemos conocer la respuesta: desaparecen todos los ejemplares de esa especie y se pierde para siempre una determinada forma de vida. Esto es lo obvio. Solamente que la realidad es mucho más compleja, porque nosotros estamos habituados a pensar en especies aisladas y nos cuesta trabajo imaginar su rol en la trama de la vida.

Como ejercicio, leamos este párrafo en el contexto elaborado en nuestro ensayo, por ejemplo, "estamos habituados a pensar en especies aisladas" es atomismo en su más fina y explícita expresión. En todos sus sentidos, un presente griego. Entonces, aquello que introdujimos en el Capítulo 2, que parecía lejano, académico, ilustrativo, hace estallar un comentario sobre extinción, dejando boquetes por donde filtrar reflexión.

Tecnología limpia, mecanicismo, atomismo, ciencia, etcétera, todos destellos de la energía vital del concepto de ambiente que aquí desmantelamos. Intentamos dejar libre esa energía, suelta entre nosotros. Descentralizamos el concepto para reinterpretar la contingencia y reincorporar, dijimos, a aquellos que fueron, y son, sistemáticamente apartados de ciertas decisiones. Sin embargo, es importante evaluar esto, no solo desde la simetría intercultural que propone Latour en su ecología política sino, también, desde el punto de vista de la ampliación de la diversidad en el paisaje de opciones para encontrar valles de desarrollo que nos satisfagan más que los callejones, en los cuales sentimos encontrarnos en la actualidad.

¿Hasta dónde queremos llegar con nuestra recomposición del concepto de ambiente? En primer lugar, estamos dispuestos a reconocer que hay una situación que nos incomoda, pero es un reconocimiento "a lo lejos", en un espacio de parcialidades, habitando un archipiélago de islas alejadas unas de otras. Esto significa que estamos ubicados en alícuotas de la realidad que problematizamos, pero en donde hemos creado refugios distantes, retirados, que nos impiden encarar definitivamente algún tipo de cambio, tal vez, simplemente, porque no nos interesa, en realidad, cambiar. Puede que nos hayamos *olvidado hasta del olvido* (suculenta pieza heideggeriana), o que nos hayan hecho olvidar. No hay moral, no hay responsabilidad a la distancia. El *ser para el otro* implica un rostro, un "cara a cara", y lo cierto es que nuestra preocupación es lejana.

Una eventual recomposición del concepto de ambiente, dijimos, involucra, también, el mismo planteo de los problemas, porque en un acto de libertad podríamos decir que aquellos no existen, sino que se definen contingentemente. Libertad, como dijo Adorno, no consiste en poder elegir entre "blanco y negro", sino en poder escapar de toda alternativa predeterminada.

¿Cómo especificamos, entonces, crisis ambiental o, tal vez, catástrofe? Recordemos el *Informe Forrester-Meadows*, por ejemplo. Según dicho documento, catástrofe implica una repentina e irreversible dilución del bienestar humano, debido al colapso de la sociedad industrial, desembocando en una suerte de sociedad agraria pre-capitalista. El abuso de recursos, llámese bosques, agua o sustancias químicas, es imputado como responsable de la debacle y, por lo tanto, requiere un replanteo que, hoy por hoy, es de índole sustitutivo.

Una recomposición ecocéntrica del ambiente, desde la ecología profunda de Naess o la ecología social de Bookchin, presupondría una naturaleza dañada o como mínimo en peligro, presunción que no representa dificultad alguna, ya que es el lugar común a donde convergen, hoy, los distintos proyectos de investigación de base tecnológica. Pero, ¿qué ocurriría desde otra perspectiva? Por ejemplo la de William Cronon, historiador del ambientalismo, quien propone que "lo natural", prístino y virgen, como objetivo de pureza ambiental, es una mera creación humana, un legado del romanticismo alemán decimonónico, una compleja construcción cultural. Considera que lo que comúnmente se llama "ecosistemas naturales" son algo inexistente que se caracteriza por un antropomorfismo nacido durante la misma revolución neolítica. Ciertamente, lo que Cronon propone hace que los planteos sean distintos. Podríamos sumarnos a esta configuración del problema, reflexionando sore el calentamiento como si fuera una poderosa fuerza transformadora global.

Entonces, ¿hay crisis ambiental? ¿Por qué no, una crisis de percepción?, es decir, un desfasaje entre un mundo re-estructurado en *naturaleza-s* particularmente formateadas para cubrir las necesidades humanas y nuestra capacidad para procesar esas distintas naturalezas. Esto último implicaría que no hay "una" crisis ambiental, lo que hay son, a lo sumo, cambios medibles. Entonces, si no hay más "naturaleza", no hay ambientalismo. Si lo que Bluhdorn llama *ecocalipsis* para algunos ya ocurrió (porque para ellos, como para Cronon, vivimos en un mundo transformado), y para otros no, ¿quién y cómo define los problemas?

¿Catástrofe o nueva sociedad? es, justamente, el título del texto que introdujo al Modelo Bariloche. La catástrofe, en 1970 ya estaba instalada, dice Oteiza en una re-edición de 2005 de dicho libro. "Catástrofe" nos configura cuantitativamente, explicativamente, rígidamente, lo cual difiere del sitio al que nos lleva, modélicamente, "una nueva sociedad". Entonces, ¿cómo entra "catástrofe" como problema? ¿Cómo entendieron esto Meadows u Oteiza? En todo hay una "cosmovisión".

Oteiza habla de "cosmovisiones" y de su capacidad de influir no solo en "la deseabilidad de imágenes alternativas del futuro", sino también en "las inferencias causales de cómo se manifiestan diferentes futuros". ¿Hay, entonces, modelos objetivos, libres de valores, basados "en nuestro mejor y más actualizado conocimiento"?

World 3, utilizado para la elaboración del *Informe Forrester-Meadows*, pretendía ser un modelo proyectivo, es decir, una extrapolación de estructuras y datos vigentes, evaluando posibles alternativas de las variables de control, mientras que el Modelo Bariloche fue explícitamente normativo:

pensar un futuro distinto. Ahora, ¿fue, realmente, el Informe del Club de Roma proyectivo? Este es, evidentemente, un nudo gordiano, una atadura compleja, recorrida por tramos de soga científicos y de soga políticos (probablemente correspondientes a la misma soga), que requiere, por lo tanto, una solución como la que eligió Alejandro Magno. En capítulos anteriores introdujimos este nudo y presentamos a Latour, quien elige, efectivamente, cortarlo en lugar de desatarlo.

Nos acabamos de quedar sin problemas. ¿Fueron "nuestros" alguna vez? La recomposición que cada sociedad haga del concepto de ambiente, dependerá de cuán preparada esté para habitar la autonomía, para no estar contenida, para reconocer que es un punto en el suceder de la incertidumbre, la manifestación momentánea de una tensión infinita, que una naturaleza *desnaturalizada* ya no pueda ser reclamada homogéneamente como recurso. La recomposición que cada uno haga dependerá de cuán dispuestos estemos a discutir, llegado el caso, que nuestro concepto de justicia social se sustenta en la dominación del hombre por el hombre y seguirá siendo igual, en la medida en que sigamos pretendiendo dominar *la* naturaleza a través de un "desarrollo sustentable" tecno-científico, moderno, territorial, de fronteras impermeables a otras alternativas.[2]

Dicho "desarrollo sustentable" comienza a sangrar, no solo por su historia sino, también, por su costado científico. La ciencia de la temprana modernidad, totalmente objetiva, descontextualizada, por la cual se podía acceder a la naturaleza a través de alguna variante de la teoría geométrica, basada en la inferencia del tipo hipotético deductiva, deja espacio a un tiempo post-diltheiano, en el cual las ciencias humanas no sacan visa para entrar en territorio de las ciencias naturales. Morin, de hecho, nos invita a la indisciplina.

Los hechos de la ciencia son los que empiezan a ser debatidos. Acordar que aquellos son los que deben ser revisados en primera instancia, sin

---

[2] La Escuela de Frankfurt problematizó ambas dominaciones en conjunción. Más allá de ese pensamiento, ¿cómo deberíamos considerar el caso de los wichis (*Wichi o no wichi, es un abuso*, *Página/12*, 22/19/12). Dice el juez Carlos Rozanski:

Hoy todos, wichí o no wichí, deben adherir a la Convención Internacional sobre los Derechos del Niño. A los 13 años es una niña.

Una interpretación: los Wichi… sujetos dominados por *una* naturaleza… Nadie dijo que esto iba a ser fácil.

descuidar, por ejemplo, que la presencia de SH_2 en el biogás que se produce en el digestor anaeróbico, sea evidente (aunque su exceso en dicho fluido merezca otro tipo análisis), seguramente produciría una reorientación de muchos de los proyectos de investigación. En todo caso, se trata de redefinir su capacidad de veto.

Aunque duela, los objetos de la ciencia deben, también, rendir cuentas a una ontología hermenéutica surgida a la sombra de la relatividad y de los quanta. No se trata de poner en tela de juicio que sean objetivamente verdaderos o producto de una construcción social. Desde una ciencia sin perspectiva a una perspectiva humana de la ciencia, la pregunta no es más si los entes científicos son construcciones sociales, sino, si son solo construcciones sociales. El proyecto de Latour y Stengers no es criticar a la Ciencia (con mayúsculas), sino los supuestos del liberalismo secular del posiluminismo.

¿Ofensivo, ridículo, adecuado para una tertulia o café literario, pero no para nuestro laboratorio? Muchos de nosotros pretendemos de-stacarnos en nuestros campos profesionales pero, ¿cuántos de nosotros podemos hacerlo *de* ellos? Pensemos en espacios gnoseológicos ajenos y cómo metabolizamos ciertas controversias. Somos implacables con la amplitud resolutiva de las mismas, pero demasiado generosos con las propias. Jasanoff nos sugiere, por ejemplo, pensar en violencia y genes: darle volumen y densidad por medio de experimentos y "resultados" a un origen genético de conductas violentas, reprime cualquier estudio que intente buscar el origen de dichas conductas en el espacio social.

El crecimiento poblacional es otro ejemplo: encararlo únicamente desde la biología reproductiva puede retrasar o, incluso, impedir la propuesta de medidas sociales imaginativas para enfrentarlo. Es decir, mirar nuestro laboratorio desde lejos puede permitirnos relativizar nuestras respectivas disciplinas, tanto en sus contenidos como en sus métodos. Llamamos marco del proyecto a este tipo de reflexiones y los manejamos como trámites insulsos, como pesadas cargas de una exigencia institucional. Sin embargo, nuevamente, cuando miramos por la ventana al instituto de enfrente, la visión cambia y el marco toma una relevancia tan dolorosa que no nos atrevemos a darle la misma centralidad en nuestra mesada. Porque, sin lugar a duda, es doloroso darse cuenta de que podemos estar sugiriendo, por ejemplo, políticas regulatorias, desde una certidumbre ficcional.

Cerrarse a esto no es nuevo y, por algunas voces del pasado, asusta. A veces se califican como exageradas algunas analogías. Cuando ciertas etiologías de siglos pretéritos se superponen cual filminas con las actuales y vemos correspondencia casi calcada, produce terror que así sea y, a ese *déjà vu*, se lo ultraja como absurdo. Solemos vernos como un producto superado de viejas ideas radicales. Las contextualizamos y justificamos su aspereza con la ignorancia de la humanidad pretérita. Sin embargo, no sería demasiado mala idea vernos con distinta vestimenta, pero conservando mucho de nuestros antepasados. En nuestro caso, ¿en qué se diferencia desestimar con prolijidad sistemática opciones que no supongan cálculo, medición, muestreo o experimento para encarar nuestros excesos en el sistema, con lo que Hume afirmó hace casi cuatrocientos años?

> Si tomamos en nuestras manos cualquier volumen sobre divinidad o metafísica, por ejemplo, preguntémonos ¿contiene algún razonamiento abstracto referido a cantidad o número? No ¿Contiene algún razonamiento experimental concerniente a algo fáctico, existente? No. Entonces quemadlo. Ya que solo puede contener sofismas e ilusiones.

* * *

Las distintas posibilidades de examen existen. Aquí fueron reorganizadas en un análisis en situación, es decir, contextualizadas en un horizonte cultural que, si bien es innegable, está contaminado de una contingencia radical por lo que debe, al menos, reflexionarse. ¿Una tecnología cuya instrumentalización debe repensarse, o una tecnología que se confunde con los otros actores en juego? Una nueva ontología en medio de aparatos de medición, cálculos, funciones y rigurosidades discursivas. Una mirada más detenida, no "desde afuera", porque ya se dijo que no reconocemos "un adentro".

Es más, desde esta relocalización que estamos ensayando, la distinción entre ciencia y tecnología se revela como una suerte de proyección holográfica: las veíamos distintas, distinguibles, conectadas secuencialmente; ahora, vistas desde la altura que intenta este ensayo, desaparecen en un espacio común, vacío de diferencias. Agobia al técnico tener que pensarse en algún mundo, o en el de lo básico o en el de lo aplicado, en el territorio de la ciencia o en el de la tecnología. Encontramos cierto alivio en Latour… Y en Ihde:

> Los humanos no tenemos un acceso directo a la realidad. Nuestra realidad es siempre lo que es, porque se nos revela en un contexto específico de interpretación o praxis. Lo mismo ocurre con la percepción ya que, percepción es siempre 'percepción-de' y 'percepción-como'. Relacionarse con este mundo es interpretarlo. No nos encontramos en el mundo, sino en nuestro mundo.

En la ciencia "intoxicada", la diferencia se ahoga. El sueño del siglo XVII fue responder a la demanda platónica de un enfoque teórico. ¿Es el sueño de hoy, la sabiduría "situada" de Aristóteles o, tal vez, el increíble ingenio de Ulises?

En qué espacio colocar la aproximación tecnológica es lo que, en parte, acabamos de debatir. ¿En un espacio político? ¿En un espacio metafísico? Hay una situación hegemónica que cataliza sin mayores obstáculos la polimerización de una concepción tecnológica descontextualizada, inmigrada a la sociedad, originada en un interés concreto que una genealogía del desarrollo sustentable puso en evidencia. Una aproximación ontológica, la de Heidegger, es resistida por Feenberg, Latour y todo el grupo de pensadores que reconocen, en el alemán, un pilar clave en la filosofía del siglo XX, pero que no encuentran en él, algún acceso hacia la *praxis* transformadora, más allá de su pesada historia política.

La recurrencia a distintos pensadores de la ciencia y tecnología (o, lo que ya deja de ser una y/o la otra), intenta articular históricamente una interpretación determinada de la obstinación tecnológica. Se explicita la necesidad de solucionar abusos con las máquinas pero, lo que nuestra sociedad vive como un fracaso, compele a preguntas que, como se dijo anteriormente, fueron celosamente guardadas tras una catarata de respuestas. El mismo Feenberg habla de una hegemonía basada en la tecnología, a pesar del "adiós a la distopia" que Archterhuis pondera. A partir de Heidegger y la Escuela de Frankfurt, que piensan desde "la catástrofe que sigue apilando ruina sobre ruina", hasta Latour, más allá de las diferencias y los devenires, hay un factor común que sustancia lo más nuclear del argumento de este ensayo: el/los esquema/s tecnológico/s actual/es es/son problematizable/s.

Desde los filósofos de post-guerra, fuertemente distópicos y altamente desilusionados con una tecnología que destruye, hasta pensadores anglosajones, artífices de "el giro empírico" de la filosofía de la tecnología, hubo en algún lugar y tiempo, otro tipo de giro que avaló, tal vez sin pretenderlo, una tecnocracia con finalidades bien concretas. Sin embargo, y lo volvemos a subrayar, los esquemas tecnológicos son *problematizables* y no problemáticos. Podemos discutir, por ejemplo, distintas tecnologías, si nos ubicamos, momentáneamente, fuera de los límites analíticos de este trabajo. La tecnología médica, por ejemplo, se puede decir con justeza, salva vidas. Pero, ¿qué vidas salva?, a lo que se podría responder, distópicamente, salva vidas golpeadas por otras tecnologías, a saber, accidentes automovilísticos, accidentes por el uso de telefonía celular y la misma carrera diaria para acceder a las distintas tecnologías (estrés, enfermedades cardiovasculares, etcétera), entre muchos ejemplos. ¿Acaso no decimos que los seres humanos más longevos son los que viven en la naturaleza, lejos de la locura urbana tecnológica? Si lo analizamos desde un axioma ligado a la ecología de poblaciones, desaparecido un factor de mortandad (por algún proceso tecnológico), aparece otro que debe ser, y es, a su vez, subsanado con más tecnología. En síntesis, si bien aquí nos circunscribimos a la tecnología relacionada con el uso de recursos, el "ambiente" y la salud no difieren mucho. Si nos plantamos en la necesidad de la tecnología médica, volvemos a compartimentalizar, a atomizar, a mecanizar las cosas. Es Latour, recordemos, el que corta el nudo.

* * *

Invitamos en este ensayo a debatir a muchos interlocutores, incluso a algunos cuyas voces lograron sobrevivir a su desaparición física, pero que no lograron permanecer en nuestros institutos de investigación. Dijo Nietzsche que la filosofía es atreverse a enfrentar el propio caos. ¿Hay caos en el laboratorio? Ese es el punto. Se trata de enfrentar nuestro caos, no de negarlo. No estamos en una instancia fácil, cómoda, calma, pero nos urge tratar de reorganizarnos porque no se trata de generaciones futuras, es decir, de una escoba y una alfombra. Se trata de nosotros.

Hay un camino que pueden seguir los menos resueltos. Jasanoff propone debatir la caducidad del contrato social de post-guerra, fundamentado en la concepción de ciencia básica y ciencia aplicada y escrutada por pares. Jasanoff reconoce que hay una sociedad que no participa (o una sociedad que ella no ve participar) y por ello plantea un *giro participativo*. Pero en su propuesta, la ciencia sigue siendo ciencia, los científicos, científicos y la sociedad, sigue quedando "afuera", aunque se la deja "entrar". Jasanoff plantea que ciertos grados de participación vigentes, como la Ley de Libre Accesibilidad a la Información (*Freedon of Information Act*) pueden inducir a cuestionamientos políticos de "hechos científicos". Es a través de cuatro puntos focales (marco, vulnerabilidad, distribución y aprendizaje) que Jasanoff propone una nueva tecnología con participación social. Pero sigue siendo *con* participación...

Jasanoff también es clara en cuanto al esquema científico moderno, al que denomina *tecnología de pretenciosos*. Esta tecnología disfruta de herramientas más que adecuadas para construir un templo, al cual se entra para buscar consuelo y sabiduría para seguir viviendo. Por ejemplo, la evaluación de riesgo, el análisis de costo beneficio y el modelaje, son parte de su instrumental. Sin embargo, si se analizan cuidadosamente se puede descubrir que concentran su funcionamiento en lo que se sabe, dejando oculto, en ese mismo funcionamiento, todo lo desconocido, lo incierto. Todos los riesgos fueron tenidos en cuenta, por lo cual, el "sacerdote" dice que podemos ir en paz. Y casi, como una obviedad, cualquier análisis predictivo vacía de contenido político cualquier discusión. Es necesario aclarar que la terminología metafórica que se usa aquí, no es despectiva respecto del técnico, sino simplemente quiere llevarlo a la reflexión de que, en algunos aspectos, pudieron haber cambiado los escenarios y alguno de los actores, pero los paralelismos con algunas antropologías que solemos calificar como "superadas", son más que llamativos.

No es fácil condesar en *praxis* la propuesta de Jasanoff, más aún teniendo en cuenta lo que dice Bauman:

Una vez que el Estado reconoce la prioridad y la superioridad de las leyes del mercado sobre de las leyes de la polis, el ciudadano se transforma en consumidor, y un consumidor 'exige cada vez más protección y acepta cada vez menos necesidad de participar'.

Y sigue:

Tenemos que recorrer un largo camino para poder albergar la esperanza de lograr una sociedad en la que 'los individuos reconozcan la autonomía junto con los lazos de solidaridad que los unen'.

En cambio, como aquí expresamos, la sociedad tiene contradicciones y situaciones irresueltas que van materializándose en esquemas tecnológicos que, a su vez, dialécticamente, van constituyendo nuevas sociedades. En esta matriz latouriana, no hace falta democratizar nada, porque no hay sociedad aparte de la tecnología que haya que hacer participar. Latour, por otro lado, nos compele a la autonomía, a que la tecnología sea "situada". Entonces, es fácil entender que las ideas de Jasanoff, concebidas en otras construcciones histórico-culturales, nos resultan ásperas y de difícil conciliación con nuestra historia y consecuente situación actual. Estamos solos y tenemos que crear.

* * *

En línea con la tranquilidad de Jasanoff, que sostiene una aproximación *geográfica* a la ciencia, autorizando la visita de la política con sus intereses, poder y valores, hay un trabajo sumamente atractivo de Grint, que analiza lo que Rittel,[3] en la década de 1960, dio en llamar *problemas perversos* en contraposición a *problemas domesticados*. Estos últimos son complicados y se encuadran dentro del manejo y la gestión y pueden ser resueltos, dice Grint, con ciencia/tecnología. Por otro lado, los *problemas perversos* son complejos, requieren de liderazgo y, la ciencia y la técnica, poco pueden hacer con ellos. Los problemas perversos, tal vez lo sean porque las "soluciones" que se plantean no son tales, sino nuevos

---

[3] Rittel, H. y Webber, M., 1973.

problemas. Seguramente, al encararlos tecnológicamente, los hacemos perversos. Grint sugiere analizarlos como problemas colectivos que no pueden ser abordados individualmente, como los domesticados. Cabe aclarar que, cuando se dice "individualmente" no se habla de individuos, sino de equipos de trabajo y, aún más, de la comunidad científica toda.

Es interesante la clara distinción que hace Grint entre manejo y gestión, por un lado, y liderazgo, por el otro. Mientras los primeros se ocupan de aportar respuestas adecuadas, el liderazgo se basa en el planteo de las preguntas correctas y en la participación activa de aquellos que rodean al líder. Aquí estamos frente a dos puntos clave: 1) aquellas situaciones que definimos como problemas, incluso en un esquema en el cual política y ciencia no se atreven a asumirse como lo mismo, exigen la responsabilidad de cada uno, una "autonomía liderada", pero autonomía al fin, y 2) la auto-referencialidad no es una característica de los problemas, más bien, su definición es un proceso colectivo, una construcción social.

Problemas como construcciones sociales (aclaremos que es terminología del propio Grint)[4] y como redes complejas, insinúa que existe la posibilidad de que estemos viendo lo que no queremos ver. Sin embargo, Borges nos advierte, una vez más, que Grint ya abrió la puerta... y en la habitación no hay pedestales para nadie.

Veamos cuán fácil es definir una situación como problema y definir de qué tipo de problema se trata. Una plaga, un cultivo y una tecnología: el insecticida. En este caso, ¿cuál es el problema?, ¿qué tipo de problema es? En primera instancia, parecería sencillo: necesito alimentos, todo el que se pueda conseguir y la plaga compite conmigo, *ergo*, tengo que eliminar a la plaga con el insecticida. Sin embargo, esto que Grint catalogaría como *problema domesticado*, deja de serlo si Grint se mantiene fiel a lo que expresa en su trabajo, es decir, que entender una situación como problemática, es una construcción social. La sociedad puede considerar problema, no la cantidad de alimento producido, sino su distribución, simplemente para utilizar una alternativa bastante discutida y, por lo tanto, adecuada para ejemplificar un argumento. Entonces, el problema se desplaza hacia el efecto negativo del insecticida. Tal vez, "matar" a la plaga sea un problema domesticado: un neurotóxico (un fosforado, por

---

[4] *"In short, the social construction of the problem".*

ejemplo) actúa en el sistema nervioso. Pero "controlar" a la plaga no lo es, por el contrario, es un problema complejo. El fosforado actuando en la sinapsis es conocimiento, el cual sigue siendo un bloque sólido e inexpugnable en nuestro contexto analítico. Ahora, matar por neurotoxicidad es un hecho de la ciencia, cuya definición "se hace, en gran parte, en la cafetería y no en el laboratorio". Y lo dice Grint, no Latour:

> En otras palabras, el éxito echa raíces en la percepción de la sociedad sobre las características del problema, es decir, si es una situación crítica 'domesticada' o 'perversa', proponiendo, consecuentemente, la autoridad adecuada, según sea el caso(orden, management o liderazgo).Efectivamente, una habilidad particular que los tres esquemas de toma de decisiones requieren, es la de reformular el marco del problema, es decir, visualizar el problema en forma distinta, de manera tal de re-pensar la estrategia para encararlo.

Grint menciona al poder en lo que a problemas perversos se refiere (con los *domesticados*, no se anima). Dice:

> [...] porque el poder no es algo que se posee [...] todo esto significa que el cambio no puede ser ordenado 'desde arriba' por algún líder que mueve ciertas palancas en la secuencia correcta, porque el poder es relacional y cualquier cambio depende de la relación entre líderes y seguidores: efectivamente, son los seguidores los que producen quiebres y no los líderes, ya que cualquier organización debe ser vista como un sistema y no como una máquina.

Grint menciona relaciones, no estructuras. El poder es un efecto y no una causa, diría Latour.

Cuando se habla de *problemas perversos* se habla de *soluciones torpes* que implican combinar a distintos sectores de la sociedad que actúan en forma diferenciada en cuanto a la normativa, el grupo y la tecnología. Están aquellos que ven en el avance tecnológico la salida adecuada, aquellos que procuran realizar cambios culturales y comportamentales, y aquellos que piensan en legislaciones más estrictas para contener los excesos de un ser humano irresponsable.

Si nos atrevemos a ir abandonando la tozudez de una modernidad ficticia (dentro de la cual podemos ubicar la definición de *problemas perversos* de Rittel y de *soluciones torpes* de Shapiro),[5] no implica ningún esfuerzo intelectual ver en esta propuesta un fondo latouriano. Si acordamos en que no hay problemas *a priori*, sino una sociedad que construye, en complicidad con los no-humanos, una sociedad nueva. Recordemos que en esta última descripción, es en donde mayores críticas han caído en la Teoría del Actor-red.

Jasanoff y Grint analizan "desde adentro", hacen un análisis contenido, inmanente. La misma inmanencia muestra y expresa Feenberg. Él hace, dijimos, un complicado ensayo de fertilización cruzada entre la Teoría Crítica y los Estudios sobre Ciencia y Tecnología. Lo habilitan el hecho de que Mannheim y Lukács se hayan encontrado en los mismos seminarios y, por ende, desde entonces, ambas tradiciones comparten marco cognitivo. *Una completa oposición a la tecnología no deja espacio para la crítica ni la reforma*, dice Feenberg, abandonando a sus maestros de Frankfurt y buscando llenar el vacío que, tanto la Teoría Crítica como los constructivismos, según él, dejan. La teoría de la instrumentalización cumple la función de llenar esa inopia práctica que sufren, según él, la Escuela de Frankfurt, los constructivismos y Latour.

Cuando nos aproximamos a la tecnología caso por caso, se hace evidente que puede ser muchas cosas y puede, también, recibir significados fluctuantes. Eso hicimos acá, tratar de desplazarnos del análisis monolítico, por la misma razón que Feenberg: para asegurar espacio de intervención a los distintos usuarios. Y en ese trabajo político más que metafísico se encuentran él y, con matices diferenciales interesantes, Latour. Sin embargo, el autor rechaza la sobrecarga anti-esencialista de cualquier constructivismo, anti-esencialismo contestatario sin descanso, de cualquier discurso totalizante. Dice Feenberg que no hay, de esa manera, posibilidad de un proyecto transformador.

---

[5] Shapiro, M., 1988.

* * *

La ciencia posnormal representa, junto a Jasanoff, Feenberg y Grint, intentos de manejar una incomodidad epistemológica. Dijimos también que elabora un tipo de intervención social en la ciencia que denomina *extensión de la comunidad de pares*. Pero, llámese como se llame, es un *inter-venire*, es la acción de *"venir entre"* científicos, como si estos últimos no fueran parte de la sociedad a la que invitan a participar.

Sin la más mínima intención de deambular por el debate de la posmodernidad, sea lo que esta última sea, algo es seguro: le ha quitado auto-referencialidad a la modernidad. Más allá de que la posmodernidad sea parte de una diacronía o simplemente una condición, según Lyotard y Bauman, dice este último que la modernidad se discute a tal punto que se ha llegado a decir, como hemos visto, que en realidad nunca existió. Pero, y esto es lo interesante, no lo dice Latour. Explica Diéguez, en una fuerte objeción a la ciencia posmoderna de Lyotard y posnormal de Funtowicz y Ravetz:

> No hace falta, además, postular el surgimiento de una ciencia posmoderna para mostrar que cierta concepción universalista y homogeneizadora de la racionalidad científica, que la identifica con la racionalidad a secas y la encarna en el Método Científico con mayúsculas, está muy poco sustentada por la práctica científica real. La lectura de la obra de Kuhn y Feyerabend es suficiente para convencernos de que los ejemplos para desmontar dicha concepción no tienen por qué ser buscados en la vanguardia actual de la investigación, sino que los hay en toda la historia de la ciencia moderna desde Copérnico y Galileo en adelante.

Evidentemente, Diéguez acuerda con Latour en que *nunca fuimos modernos* y también con Bauman, de lo contrario no estaría discutiendo la ciencia moderna. Y, porque la discuten y la discutimos, el "desarrollo sustentable" recibió el impacto.

Dice Diéguez en su crítica a los no-modernos:

> Querer que la aceptación de la validez de una teoría científica dependa de la opinión de los legos es promover una auténtica ruptura con la racionalidad científica moderna que, por tanto, nos situaría ante algún tipo

de ciencia (?) posmoderna. Es obvio que esta extensión no ha ocurrido todavía, pero ¿sería realmente deseable que ocurriera? ¿No acabaría con un sistema de control que, pese a sus límites y defectos conocidos, ha venido garantizando hasta el momento que ciertas ideas no terminen imponiéndose a la larga sólo por el poder o la influencia política de sus defensores?

En este texto, Diéguez vuelve en cierta medida a sustanciar lo que afirma Latour: se trata de poder. Por un lado, habla de *control* y, además, ¿por qué pensar que el poder es algo que solo los "legos" esgrimirían al momento de construir los hechos del conocimiento? ¿Qué clase de "excluidos" sociales son los científicos y los técnicos? ¿En qué espacio o no-espacio o no-tiempo se encuentran, para lograr mantenerse al margen de las disputas de poder? ¿Qué clase de no-humanidad tienen para quedar fuera de las luchas hegemónicas? ¿Qué clase de Teogonía es la ciencia con sus sacerdotes que automáticamente nos bautiza como hermanos de Minerva, salidos de la cabeza de Júpiter? Seguramente se siente duro, pero que no nos ofenda. Simplemente, que no se diga que la tecno-ciencia "no piensa".

Diéguez, en síntesis, parte de una división rígida, diacrónica que impide desarrollos creativos, cosa que en cierta manera le ocurre a Jasanoff. Sin embargo, su argumentación en contra de una supuesta "ciencia posmoderna", revolotea sobre el *"nunca fuimos modernos"* de Latour. Está a escasos metros de la frontera. Enviste contra las críticas lyotardianas a los metarrelatos[6] con el ariete de los fundamentalismos religiosos y los radicalismos políticos o el discurso del progreso, aún vigentes. Que los metarrelatos no sean más creíbles, no quiere decir que aún no sobrevivan. De hecho, en el presente ensayo, intentamos debatir y cuestionar uno de ellos, el del "desarrollo sustentable" con su visceralidad tecno-científica. La a-modernidad, agazapada en Diéguez y desafiante en Latour, propone una nueva ontología que re-interpreta la tecnología, quitándole necesidad y calándola de pura contingencia e historicidad,

---

[6]Jean Francois Lyotard escribe, en la década de 1980, una serie de ensayos, entre los cuales el más conocido es *La Condición Posmoderna*. El pensamiento de Lyotard perfora cualquier tipo de totalización, abogando por el pluralismo y la diferencia en el discurso. Por ende, invita a abandonar los grandes relatos como el cristianismo, la ilustración, el marxismo y el capitalismo.

ambas, también propuestas por Feenberg pero, en su caso, acompañadas de un manual de instrucciones.

Dice Diéguez, en una parte de su trabajo en el que intenta apuntalar la certidumbre moderna que ensayó Descartes en el convulsionado siglo XVII, años difíciles de barros acuosos, poco firmes:

> A través de la mejora de los procesos de contrastación empírica, del perfeccionamiento en la recogida y análisis de datos, de la eliminación de prejuicios e intereses personales, del afinamiento en la detección de errores, y de logros análogos, todos los métodos adoptados en la ciencia han sido encaminados a aumentar el grado de fiabilidad de los conocimientos en un ámbito determinado a volver más tratables **objetos de estudio que se resistían** hasta el momento.

Curioso lenguaje…

Objetos que se resisten, que intentan y también, una tecnología que aspira a despegarse de ciertas responsabilidades. Y la tecnología "aspira", porque hay una nueva *agencialidad,* ciertamente, no logocéntrica, partícipe de la distribución simétrica que Latour hace entre los distintos actores, por medio de traducciones y delegaciones.

Jasanoff y Grint nos fueron sumamente útiles para ejemplificar en qué tipo de dinámica nos encontramos hoy por hoy. Ambos perciben dificultades enormes con la tecno-ciencia, pero ninguno se anima a abandonar el espacio confortable de certidumbre que ofreció la modernidad desde que nació (si alguna vez lo hizo). De hecho, en cierta forma, nació para eso, para ser disfraz. Hay en ellos una sociedad por un lado y científicos y líderes por otro.

Latour da un salto que nos permite escapar de los ajustes procustianos a una cama tecnológica, de las distintas situaciones que reconocemos como problemas. Eso sí, y en esto coincidimos con Grint: una vez pegado el salto, se trata de manejar incertidumbres, ya no más de resolver problemas. Cotidianamente lo decimos: si un problema tiene solución no hay problema, si no la tiene, tampoco, lo que existe, en realidad, es una incertidumbre. El problema se disuelve, no se resuelve.

* * *

Latour y la Teoría del Actor-red implican moverse en el espacio social e ir hacia una perspectiva que le quita necesidad a la constitución de la sociedad (con su tecnología incluida). Al decir que la teoría analiza cómo los actores y organizaciones se movilizan, yuxtaponen y cohesionan las partes y piezas que los componen, o cómo se evita que esas partes o piezas sigan sus propias inclinaciones, o cómo logran ocultar, por un tiempo, al proceso de traducción, tornando una red heterogénea en un actor puntualizado, se está habilitando el cambio, la contingencia, el poder como efecto y no como causa.

La filosofía latouriana habilita mucha creatividad en la formulación de "ambiente" como proyecto, como proceso que acompañe incertidumbres, trayectorias ecosistémicas caóticas, con las cuales la diversidad biológica se encuentra muy cómoda, a pesar de que nosotros no. La construcción moderna (actual) de ambiente, dijimos, ha sido procustianamente acostada en un lecho tecnológico, mostrando una violenta indiferencia hacia desarrollos culturales ajenos.

Por otro lado, Latour archiva la narrativa moderna de "el manejo" y "la gestión" para proponer reconocer una red en la cual movernos desde un plano de equidad ontológica y no desde una superioridad suicida. No manejamos, sino somos mediados. Más de una vez hablamos en este trabajo, por ejemplo, de externalidades interpretadas de modo diferente a como lo hace el concepto moderno de ambiente. Las analizamos como construcción hegemónica, como resistencia, como riesgo. Ahora, ¿no serán, también, implacable testimonio de que, tanto manejo como gestión son fantasías del hombre cartesiano? ¿Será este el tercer golpe al *ego* humano, después del de Darwin y el de Freud?

No creemos que sea redundante, pero sí tranquilizador, subrayar algo que ya, seguramente, fue de sobra percibido: la propuesta de Latour no es llana. Un análisis de la tecno-ciencia que no presuponga ni a los actores sociales ni al poder, en la que no sea fácil encontrar rincones de normatividad con los cuales poder asignar responsabilidades, sin un sujeto jurídico claro, es una aproximación analítica que raspa, irrita, se siente como una propuesta seca, polvorienta. Por otro lado, es difícil rechazarla como visión sugestiva y de gran utilidad para recomposiciones variopintas de "ambiente".

El concepto de simetría y, sobre todo, sus manifestaciones más radicales, está en disputa y arrastra a la ciencia al *status* de empresa cultural, por más que se pueda dudar de cuán simétrica sea la simetría. El debate de la "cobardía epistemológica", dice Pels, involucra posiciones que, si bien comparten su cuestionamiento al autoritarismo científico, se diferencian en el nivel de normatividad que conservan versus un abandono de la crítica en favor de una aproximación empírica descriptiva.

Y no está mal calificarla de cobardía; hay que animarse a abandonar ciertas comodidades. De todos modos, Pels hace estos comentarios, si bien interesantes, en un momento de poca madurez de la Teoría del Actor-red y de la metafísica latouriana.[7] Pels, como ejemplo, sugiere una asimetría débil, por la cual ciertas fronteras epistemológicas desaparezcan, pero no las que separan a la ciencia de la política, para la cual propone una suerte de ampliación o laxitud. Evidentemente, la inexistencia de naturaleza y sociedad produce una enorme dificultad.

* * *

Entonces, ¿una nueva tecnología o pensarnos de nuevo? "Nous n'avons jamais été modernes", responde Latour. Se necesitaba desesperadamente tierra firme, certidumbre, luego de un largo viaje por el siglo de la Reforma y, por esa paz, perdimos la guerra.[8] Montaigne pidió una certeza, solo una. Descartes se la dio. Creímos "llegar a las Indias", a esa tierra firme y comenzamos a defender un territorio que no nos pertenecía, aduciendo necesidad de un suelo desde donde generar libertad. Fuimos entrenados en la dureza y rigurosidad de la técnica, en el feudo de la epistemología, pero eso no quita que podamos hacer lo que creamos que debemos hacer con lo que hicieron de nosotros. ¿Será, entonces, una

---

[7] Mucha tinta correría después de 1996. Desde un replanteo de la Teoría del Actor-red hasta escribir, finalmente, una introducción a la misma... ¡en 2005! Sin mencionar cierto giro normativo en el Latour de principio de siglo.

[8] *Pólemos pántôn men patér esti,* dice Heráclito. La guerra es el padre de todas las cosas pero no como conflicto bélico humano, sino, como dice Heidegger, como conflicto situado en el origen, antes que los dioses y antes que los hombres.

falta del "Otro" lo que proponen Feenberg y Latour en su intento de reacomodarnos en un sistema del cual salimos buscando una libertad que terminó discutiendo agresivamente con nosotros?

Con la a-modernidad, Latour intenta poner fin a la lectura y auto-interpretación que los occidentales han hecho de su historia. Busca una aproximación hermenéutica de la cultura europea y occidental. La resistencia del digestor a cargarse la sustentabilidad (o parte de ella), obliga a repensarnos, más que a repensar cada uno de los obstáculos fisico-químicos o biológicos con lo que nos topamos en los resultados de los ensayos.

Desde la perspectiva heideggeriana, la más ruidosa disonancia entre Latour (y Feenberg) por un lado, y el filósofo alemán por otro, es que, en aquellos el análisis tecnológico ocurre a un nivel óntico, relacionado con nuestras experiencias cotidianas, con los entes y no con el costado ontológico referido a la manifestación del ser (pero ser como gerundio: *siendo*) de esos entes. La pregunta es, entonces, si ambos niveles pueden relacionarse, es decir, si las resistencias y decisiones políticas a nivel óntico que Feenberg propone, pueden llegar a afectar la transformación ontológica que Heidegger buscó. Lo cierto es que no es posible "legislar" la nueva ontología heideggeriana, sino únicamente trabajar para que una confluencia de luchas políticas a nivel óntico, pueda llegar a reconfigurar nuestra auto-comprensión ontológica.

Hay una sola salvedad: debemos ser conscientes de la radicalidad de la tarea que Heidegger propuso, ya que se requiere una transformación fundacional, no fundante, en cuanto a nuestra existencia y no simplemente una redistribución del poder o un realineamiento de interese particulares. Se trata de la hermenéutica ontológica que lleva a analizar al "ambiente" pre-predicativamente, es decir, a mutar, no la manera de explicar el ecosistema, sino el modo de entendernos en él. Probae blemente, una de las recomposiciones más complejas del concepto de ambiente, que quede como tarea.

En el sentido expresado en el párrafo anterior, es necesario detenerse y analizar la irrupción heideggeriana en lo que a tecnología respecta. Interpretar a Heidegger es una faena membruda, de hecho, la cantidad de textos y autores que dedicaron y siguen dedicando tinta a tal empresa es increíble, lo que atestigua la descomunal influencia de su pensamiento en la filosofía del siglo xx y lo que va del xxi. Heidegger desarrolló sus ideas en un momento de la historia extremadamente denso que, interesantemente, va mutando, no en su facticidad sino en su interpretación. La conclusión del párrafo anterior no fue entendida así por el grupo de pensadores americanos que conformaron lo que Archtehuis llama el *giro empírico*. Uno de sus representantes, Idhe, se sorprende cuando en *The Question concerning Technology* Heidegger dice:

> Tecnología no es equivalente con la esencia de la tecnología… De la misma manera la esencia de la tecnología, no tiene nada de tecnológico.

Sin embargo, es precisamente en este *dictum* en donde radica la fenomenal tarea que Heidegger propone. El *giro empírico* en el cual entraron investigadores como Idhe, que cuestiona el esencialismo heideggeriano, por no tener en cuenta particularidades culturales. ¿Se puede dar sin más? ¿Se puede articular una contingencia en la que las diferencias culturales *son* diluidas (y no, *se* diluyen) en un mundo que está siendo achatado, para usar la metáfora de Thomas Friedman,[9] por medio de una globalización invasiva y asimétrica?

En particular, la Teoría del Actor-red, dijimos, no es anti-heideggeriana, ni es heideggeriana. Rara vez percibimos la red que esconde cada actor, cada investigador, cada artefacto. Recién cuando un acto tecnológico comienza a ofrecer resistencia (se descompone), se *descajanegriza*, comenzamos a ser conscientes de sus partes y rápidamente se vuelve una red de piezas e intervenciones humanas. Cuando el digestor de transformación de residuos domiciliarios no hace lo que se supone que debe hacer, o lo que se espera que haga, nos damos cuenta de que hay piezas y estructuras de poder. Que uno de sus productos sea un efluente con niveles anormalmente altos de sustancias contaminantes, nos da la pista de una sociedad estructurada de esa manera, pero solo cuando los niveles de ciertas sustancias exceden lo "previamente pactado". Un ejemplo más cotidiano: cuando el cuerpo se enferma, se convierte en

---

[9] Friedman, T., 2005.

una red compleja de procesos y de intervenciones humanas, técnicas y farmacéuticas. No es difícil ver aquí la ontología de *Ser y Tiempo*.

* * *

¿Insinúa todo lo hasta aquí analizado que un instituto de tecnología deba ser eliminado? De ninguna manera. En principio, se puede ensayar un replanteo en el que se descargue a estos institutos del compromiso de ser "ambientales", y reasignarles la función de crear un mapa de variabilidad adecuado como para comisionar el débito de la sustentabilidad a la diversidad de opciones que eventualmente se piense, sin tener que responsabilizar de ella a un esquema tecnológico determinado.

¿"Una" nueva naturaleza? En realidad, no. La reflexión de Latour en *Política de la naturaleza* sobre ecología política, es sumamente ilustrativa de este concepto: un proyecto en el cual se considere la posibilidad de que el vínculo entre los actores puede originar distintas configuraciones de la realidad, concepto enfrentado con la concepción moderna de científicos, ecólogos y políticos de que la naturaleza es única, homogénea y estable para todas las culturas.

Si sumamos este Latour "tardío", del siglo XXI, a Feenberg con la democratización de la tecnología y la concreción en un artefacto de deseos y aspiraciones de distintos sectores de la sociedad, se llega con bastante facilidad a la diversidad que irriga y da vida al concepto de sustentabilidad, ciertamente caleidoscópico, plural y contrapuesto al monolítico y fracasado "desarrollo sustentable"… por lo menos, para algunos.

Una nota más sobre Feenberg y Latour. Seguramente se han encontrado superposiciones confusas y, por momentos, equívocas entre ambos, pero inevitables, ya que el primero es un perseverante visitante del cosmos latouriano. Feenberg, sabemos, tiene como proyecto democratizar la tecnología, lo cual es más que bienvenido. Sin embargo, Latour nos despeja mucho más el camino, quitándole el protagonismo a la tecnología, cosa que Feenberg no se atrevió a hacer. Por otro lado, como señala Cooper, el pensador canadiense se recuesta excesivamente, y sin discutirla, en la autonomía democrática del agente. Aún más, a Feenberg se le cuestiona no evaluar el poder de direccionamiento de voluntades que tiene la tecnología como hegemonía, por lo que cabría preguntarse cómo vincular su propuesta, si es que es posible hacerlo, con un contexto de "democracia radical" *a la* Laclau y Mouffe.[10] Jasanoff, por su parte, cuando expone sobre "el giro participativo", sugiere discutir la sustancia misma de la política participativa.

Tal vez, desde adentro, desde lo diario de nuestro trabajo, encontremos resistencia a repensar lo que aceptamos como "lo obvio" (no se puede menos que recordar que la obviedad es un atributo del poder), es decir, ¿negar todo lo que nos aportó y aporta la tecnología? El siguiente texto de Naomi Klein[11] está absolutamente desorbitado con respecto a este ensayo, en lo que su contenido se refiere, pero en su argumento nos corre hacia afuera de nosotros mismos para poder vernos mejor:

> La cuestión que nos estamos preguntando hoy, en pleno debate por los acuerdos de libre comercio, no es ¿estamos a favor o en contra del comercio? La verdadera cuestión es ¿tenemos derecho a negociar los términos de nuestra relación con capital externo y las inversiones? ¿Podemos decidir cómo queremos protegernos de los peligros inherentes a los mercados desregulados?... ¿Tuvo Argentina que recortar su sector público para calificar a los préstamos del exterior? Sí. Es lo mismo siempre: cambiar democracia por capital. A escalas más pequeñas, las mismas luchas por auto-determinación y sustentabilidad están siendo llevadas a cabo contra los diques del Banco Mundial, las talas indiscriminadas, el agronegocio y la extracción de recursos de tierras, propiedad de las Primeras Naciones. **La mayoría de aquellos que están peleando estas batallas, no están en contra del comercio o el desarrollo industrial. Por lo que están luchando es por el derecho de las comunidades locales a tener voz y voto en cómo son usados sus recursos**... Estas son luchas de todo tipo: el derecho a decidir a dónde y cómo va a ser procesada la basura local, tener escuelas públicas o suministro de agua potable.

Sin cambiar de baraja, se puede cambiar de juego, en lugar de dar de nuevo. Esto nos desmarca del ludismo pero, por otro lado, exige que este ensayo no esté al lado del despertador, sino debajo del *timer*, en la mesada.

---

[10] Laclau, E.; Mouffe, C., 2004.
[11] Klein, N., 2001.

El Latour tardío y su giro normativo, se confunde con la posnormalidad de Funtowicz y Ravetz y, en general, con las aproximaciones de la participación pública que se encuentran en otros tantos investigadores como Jasanoff. Las convergencias[12] resaltadas en estas páginas, señalan una agenda, una propuesta, una elección. Es el "martillazo" intelectual inicial para quebrar una hegemonía. Nos formamos en el determinismo tecnológico, formación cuya explicación puede ensayarse desde la genealogía del concepto de ambiente practicada en el presente ensayo. Aquí, tanteamos la posibilidad de trabajar con los recursos de igual a igual, replanteando siglos de una dibujada tranquilidad gnoseológica, para atrevernos a abandonarla en busca de algo que nos satisfaga más.

Fieles a nuestra propuesta, dejamos sobre la mesa documentos de Feenberg, de Latour, de Funtowicz y de Ravetz, así como de otros autores, quienes encuentran tanto posibilidades como dificultades en aquellas ponencias. ¿Cuál es la idea? Sencillamente, abrir una puerta pero absolutamente conscientes, una vez más, de la advertencia de Borges. Decimos que nos han dejado sin tecnología y proponemos recuperarla. Nada se logra sin esfuerzo y, aquí, lo que se necesita es algo mucho más doloroso que despojarse del uniforme con los colores de la modernidad. Se trata de sacarse una piel.

Fuimos, durante nuestra ontogenia profesional, meticulosamente tapizados por una epidermis que percibe problemas, pero que no posee las facultades para problematizarlos. Y estamos convencidos de que toda nuestra sintaxis debe poseer predicados con algún concepto de utilidad sin siquiera haber participado en el significado de "útil". Muchas veces, en realidad, no nos dan el tiempo para desparramar en los laboratorios nuestra vocación artesanal, exudación existencial de aroma mucho más dulce que nuestra transpirada cotidianidad *cuasi*-fordista.

Nos paramos en este ensayo con una actitud crítica, a saber, intentar desvelar una situación. Queremos tornar claro algo que estaba oscuro… y que no sabíamos que estaba oscuro. Es un intento de simbolizar (digamos, una "toma de conciencia") algo que está pasando. Empezamos por percibir una insuficiencia resolutiva cuando decidimos enfrentar nuestra manera de relacionarnos con los recursos, tal vez como resultado

---

[12] Convergencia entre Feenberg, Latour y, Funtowicz y Ravetz.

de aplicar metodologías propias a demografías prelapsarias. Esta percepción que nos llevó, en principio, a una crítica inmanente, visceral, desde adentro, utilizando herramientas típicas del sistema como *sirve-no sirve*, ahora nos pone en una suerte de punto de Arquímedes, y empezamos a ver en estas páginas que no solo no somos partícipes, sino que no dejamos participar. Resulta que *Nuestro Futuro...* no era tan común.

Las cosmopolíticas de Stengers implican negociación, es decir, algo más que "científicamente probado". Con la filósofa belga, la falsificación toma una curva y entra en "algo" distinto de la modernidad que nace de los escombros de Constantinopla. Ya no es popperiana. Sale de palacio y se mezcla con el vulgo. Es el producto de la reflexión sobre qué es la "buena ciencia". Uno de los criterios de este nuevo principio, según palabras de Latour:

> [...] fuerza a los científicos a tomar en serio el exterior de su ciencia y las condiciones en las cuales sus resultados pueden ser compatibles o incompatibles con el resto del colectivo.

Entonces, estamos problematizándonos como expertos, en relación con políticas públicas.

Se habló de tratamiento simétrico, propio de los constructivismos. Consecuentemente, no tiene mucho rédito erigirnos en sabios razonables frente a una supuesta ignorancia e inocencia de los antiguos. Por el contrario, eso no nos dejaría ver las grietas que nos recorren. Estimarlas no nos va a librar del riesgo, salvo que lleguemos, alguna vez, a vivir en el determinismo laplaciano. El atomismo griego recibió, por siglos, el impacto de la religión y la política. Un imperio, el romano, le dio la espalda y la teoría atómica fue inaceptable en la Alta Edad Media, como lo fue en la Grecia Antigua. El vacío produjo un exasperante e intolerable vacío. Tal vez, no nos atrevamos a mirar para adelante, de la misma manera que miramos para atrás. Somos humanos y no nos animamos a archivar los cinco volúmenes de *El Tratado de mecánica celeste*.[13]

---

[13] Estos cinco volúmenes escritos por Pierre Simon Laplace, entre 1799 y 1825, corrigen algunos de los problemas que Newton dejó sin resolver en un marco claramente determinista y mecanicista.

Debe dejarse, dice Latour, que hable la cara hacia el futuro de Jano, la que nos enfrenta a la ciencia no consolidada, a la ciencia que no nos atrevemos a retar, a una ciencia poco solvente en argumentos de autoridad. Vemos hacia el pasado, a la Ilustración y a la Razón como fenómenos intelectuales, matriz del progreso tecnológico, como el vientre que gesta una humanidad que "avanza". Pero hay que dejar hablar a la otra cara de Jano, la que nos cuenta sobre un fenómeno más sociológico que intelectual: una organización feudal, incapaz de sostener la expansión demográfica, colisiona con contradicciones que generan *classes dangereuses* que hay que controlar, y un absolutismo que no sabe cómo hacerlo. La razón como estado ideal del orden social. Hay que dejar hablar a la cara de Jano que mira hacia el futuro desde el pasado, aunque después se decida no escucharla.

Creemos, con Castoriadis, que uno de los problemas endémicos más serios que tenemos hoy en día como sociedad, como comunidad, es que no nos cuestionamos. No podemos dejar de ver la sombra de Heidegger en muchos de los pensadores que le siguieron. Heidegger hablaba, como ya se recordó en relación con su crítica ontológica, de "habernos olvidado del olvido". Pero cuestionarse no se refiere solo a hacerse preguntas, sino a aceptar bastonazos de considerable magnitud, ese tipo de golpe que puede llegar a quebrar, sin posibilidad de recuperación, el pedestal al cual estamos subidos.

Sin enunciarlo como una patología, es necesario reunirnos en un salón, formando un círculo y, sin negar ni negarse a nada, hacer una buena catarsis. Que "Científicos Anónimos" logre modificar rumbos, rectificarlos y no por "malos" o incorrectos pues, recordemos, una de las tesis de este ensayo es repensar la normatividad, haciéndola inclusiva, ensanchándola, dejando que se incorporen voluntades alienadas. Entonces, no solo habría que preguntarse, sino permitirse el viaje en el péndulo dialéctico que significan los opuestos que conviven en nuestro trabajo diario. Agitar contradicciones. Animarse a vivir con más preguntas que respuestas, porque, a la fecha, nos han dado demasiadas respuestas… probablemente para que no hagamos demasiadas preguntas.

Hay en Nietzsche una perspectiva reiterativa que remplaza la visión progresiva de la historia y de la vida: el eterno retorno. ¿Estaremos repitiendo la historia? Si miramos al pasado, a aquel pasado en el cual los humanistas se enfrentaban a un saber medieval estancado, bloqueado en los límites de la concepción lógico-física de un aristotelismo agotado, no puede evitarse la sensación de estar mirando un espejo. Ayer fue Aristóteles, que permaneció latiendo en su heterogeneidad escolástica hasta el siglo XVII, inflexible frente al naciente mecanicismo, con sus *formas sustanciales* y las predisposiciones innatas que dieron forma al pensamiento científico de la época, priorizando la actitud clasificatoria según cualidades propias de cada ente. ¿Será hoy el turno de Platón y Arquímedes?

Desde otra perspectiva, en cierta manera más matricial, más histórica, nuestro proyecto implica recuperar lo que le han robado a América a través de desconceptualizar un concepto, desguazándolo, y dejar que cada comunidad haga con su destino lo que más le plazca. Queda bastante al descubierto, en el presente ensayo, el etnocentrismo del "ambiente" actual, con el progreso como una de sus vigas maestras, y la tecnología como su brazo armado. El proyecto que aquí se propone es, al hacer estallar la construcción moderna de "medioambiente", recuperar los recursos del Sur. Lo paradójico es que, lejos de ser un proyecto colonizante, como el que precipitó en dicho significante a fines de la década de 1980 en Suecia, intenta integrar a aquellos que se vieron, hace quinientos años, compelidos a salir a buscar subsistencia (o a afianzar la acumulación como proyecto) en costas lejanas. El proyecto europeo del siglo XV, hoy, no es viable para nadie.

Tiempos líquidos que comienzan a decolorar un libreto teleológico y ptolomeico, con la tecnología como centro. Un libreto poco convincente en un mundo en donde, cada vez somos más, y cada vez hay menos. Como dijimos más arriba, "la" tecnología en relación con "la" naturaleza es *problematizable* pero no problemática, es decir, tampoco tiene que ser como aquí se propone, si nosotros no queremos. Paulo Freire decía: *las cosas no son así, están así...* y, si se considera adecuado, se pueden cambiar. Consecuencia práctica, amplia, aireada, espaciosa, sin señales luminosas, sin letreros con velocidades máximas, ni distancias a ningún destino.

Este ensayo es solo un comienzo. Seguirá un desarrollo en el futuro, como consecuencia de sus propias contradicciones. No obstante, sugerimos mantenerse alerta frente a objeciones que impliquen silenciar una alternativa ya que, como opinaron Foucault y Bourdieu, ciertos mecanismos de poder clandestinos y cuidadosamente codificados en instituciones como la ciencia, desechan oportunidades, en pos de perpetuar ciertas posiciones dentro de la sociedad, justificadas por una actitud profesional.

El debate continúa. Por las dudas, empecemos a evaluar seriamente la posibilidad de que, quizás, no conozca final, o de que su final sea el nuestro… cuando lleguemos finalmente a ser.

Latour y la Teoría del Actor-red: un digestor… no es *un* digestor

> *Ni anhelamos la certeza absoluta de un contacto con el mundo ni la absoluta certidumbre de un fuerza trascendente contra la indisciplinada turba. No carecemos de certidumbre, porque nunca hemos soñado con dominar al pueblo. Nosotros no vemos inhumanidad en quedar anulados por otra inhumanidad. Estamos hartos de humanos y no humanos. No necesitamos un mundo social para romper el espinazo de la realidad objetiva ni una realidad objetiva para silenciar a la masa. Es muy sencillo: aunque pueda resultar increíble en esta época de batallas científicas, nosotros no estamos en guerra.*
>
> Bruno Latour, *La esperanza de Pandora*

Las ciencias no existen.

Nihilismo fastidioso que impugna insolentemente resultados, predicciones, hasta nuestro trabajo personal, nuestra completitud profesional. Sin embargo, decir que la ciencia no existe no intenta estamparnos contra la angustia y la furia, sino que trata de tomarnos del hombro y movernos para mirar nuestro proyecto desde otro lado. Latour pone entre paréntesis el valor de verdad de los hechos de la ciencia, corriendo su análisis desde lo epistémico hacia las circunstancias de su construcción.

El conocimiento no es objetivo. Nada se conoce sino que se realiza. Hay conocimiento porque hay, por un lado, sujeto, y por el otro, objeto. Esa distancia cartesiana, para Latour, no existe. La marcha desde el sujeto al objeto es por la cual es necesario conocer y a la cual la epistemología trata de entender. No hay conocimiento, porque no hay distancia. Dice Latour en *La esperanza de Pandora:*

> No, no hay objeto, no hay sujeto, no hay contradicción, no hay Aufhebung (dialéctica), no hay dominio, no hay recapitulación, no hay espíritu, no hay alienación.

Lo que llamamos conocimiento, es decir, la reproducción subjetiva del objeto, es en la Teoría del Actor-red un resultado o una estabilización, producto de una asociación en la cual hay procesos de resistencia. El Actor-red es una entidad sin *ensidad*, permanencia o independencia, con múltiples puntos de ataque, y no únicamente el físico. Por ejemplo, pensemos un instante en las publicaciones científicas. ¿Cuándo se torna científica una publicación? Cuando se logra enrolar la mayor cantidad de humanos (colegas) y... ¡no-humanos! Cuando dejamos de estar aislados, con todo lo que eso significa. Entonces, la solidez de su permanencia y su *ensidad,* depende de lo difícil que sea poner en cuestión lo que en el trabajo se dice. No en vano fuimos instruidos en disciplinas como Introducción al Conocimiento Científico, durante nuestra formación de grado, en las que el trabajo no publicado, no comunicado... no existe ¡Afirmación latouriana, si las hay!

El conocimiento es una forma de existencia, dice Latour. Sujeto y objeto no son los puntos de partida, dice William James[1] sino, más bien, sub-productos de un proceso continuo. Latour, a partir de James, sugiere que la ciencia en acción se compone de redes no estabilizadas (cajas negras) en las cuales los técnicos investigadores construyen hechos, enrolando actores humanos y no humanos. Es aquí donde yace uno de los bocados más intragables para los que provenimos del mundo físico

---

[1] Citado por Latour.

y duro. Sin embargo, hay que tener en cuenta que los hechos se construyen, se dijo, con actores no-humanos, es decir, ADN, el metatórax de un Coleóptero o un *Clostridium,* cuya realidad nadie niega aunque, a su vez, sean en sí mismos, también, redes estabilizadas.

Ejemplificar estos procesos con actores bien conocidos, que nos resultan demasiado familiares y cotidianos, dice Latour, es lo que hace a este bocado áspero: la red ya está constituida, el sujeto y el objeto se hicieron presentes. Pero recordemos los tiempos hacia atrás y hacia adelante, ambos, muy distintos. Las dos caras de Jano. Inmediatamente sentimos el impulso de saltar a terreno seguro y generalizamos, conceptualizamos y tratamos a actores más complejos, más borrosos, como banales. Nos tomamos muy en serio la *res extensa* cartesiana. La generación de "lo conocido" es retroactiva en un conocimiento vectorial, interpretado como trayectoria y no como salto de sujeto histórico a objeto a-histórico.

Reconsiderémonos como sujeto sin privilegios agenciales. No está en nosotros actuar y estabilizar porciones de la realidad mediando entre objetos. En la metafísica latouriana, somos sujetos muertos, re-encarnados en el acontecimiento. Ni objeto, ni sujeto, puro acontecimiento. En el laboratorio, algo sucede y nos afecta, pero nada más. Ya no hay distancia entre la PCR y yo, entre la muestra y nosotros: unos u otros pueden iniciar cursos de acción. La Teoría del Actor-red no es una teoría del sujeto, nos propone una realidad líquida, de acontecimientos oscilantes.

Latour sugiere re-interpretar nuestros resultados como emergencias y no descubrimientos cartesianos, producto de la interacción entre agentes, es decir, acontecimientos de los cuales emergen nuevos entes. Y este es un proceso histórico, difícil de entender si nos encerramos en la mirada hacia atrás de Jano, en lugar de hacia adelante.

Nuestros días no implican encuentros con alguna realidad *en sí* ni con algún tipo de negociación social entre colegas. Nuestros días en los laboratorios son campos de batalla en los que se disputa poder, un poder descentrado, descolocado, que puede constituirse en un colega, en un peachimetro, en una planta de girasol o en una publicación científica. El poder es relacional y no una capacidad monopolizable. Dice Murdoch:

> [...] lo/s poderoso/s no es/son aquello/s que tienen poder, sino aquello/s capaz/ces de enrolar, convencer y enlistar a otros de forma tal que puedan constituirse en representantes de todos los demás.

Esto hace posible identificar múltiples puntos por donde quebrar la estabilidad de una red.

¿Por qué es difícil Latour? Tal vez, como él mismo explica, no es una dificultad inmanente y propia de su metafísica o, por lo menos, no únicamente. Fuimos construidos desde una bifurcación y, desde esa naturaleza bifurcada entre cualidades primarias y secundarias, nos cuesta reconsiderar la ontología, repensarnos menos soberbiamente. Pensamos parados frente al abismo, desde nosotros hacia el ambiente, la naturaleza. "Fuera de", allá lejos. Trabajamos desde el miedo a lo líquido, lo efímero, a lo procesual. Cada acto tecnológico, cada instrumento de medición, cada técnica de laboratorio es una mera estabilización y, sin embargo, lo hipostasiamos. Cuesta ver lo tecnológico como instante.

Entre el constructivismo y el realismo, la Teoría del Actor-red juega un papel teórico importante en esta dicotomía. Latour no se opone ni a los juegos de poder ni al realismo, pero sí a que ninguno de ellos sea reducido al otro. Son tan reales el ADN, una cama de compostaje como Atenea o las almas en pena; lo único que podemos decir de ellos es que algunos son más fuertes que otros. Esta teoría transformó la pregunta: de cómo se puede llegar a la verdad a cómo ocurre el conocimiento.

Lo que el cartesianismo y sus secuelas nos muestran como sujeto y objeto son, dice Law, logros precarios, coherencias fraccionales. Sabemos que un acto tecnológico no es definitivo pero lo vemos como esencialmente coherente, lo cual pone a la tecnología en el plano físico y la absuelve de cualquier denuncia sociopolítica. El mundo existe pero difícilmente podamos definir si la urdimbre ontológica que nos contiene es el mapa o el terreno. En realidad, según Latour, no importa. Lo que impacta es la acción que hace a la diferencia.

No se trata de una aproximación metodológica a un mundo nouménico kantiano, ya que hay en Latour un compromiso ontológico. La Teoría del Actor-red es una antropología simétrica descriptiva y no causal como lo considera el constructivismo social. Microorganismos, artrópodos, material de vidrio y computadoras comparten la dinámica de la red con técnicos, secretarias y contadores de la institución.

La Teoría del Actor-red como metodología dentro de una ontología alternativa, permite atacar el problema tecnológico desde la ciencia y desde la tecnología. Acordar que ambas son lo mismo permite terminar con la reificación de la verdad científica y, por otro lado, llegar a la no necesidad de un acto tecnológico. Al no haber causas, sino efectos, solo es posible una deconstrucción hacia el pasado y, a su vez, ser más dueños de nuestro futuro.

Preguntarse qué es lo que ocurre durante el proceso de innovación tecnológica, en la Teoría del Actor-red, es lo mismo que preguntarse qué es la traducción. La traducción son los actos de persuasión que un actor o actante expone para ganar autoridad y poder actuar, en lugar de otro actor. Callon lo define como un proceso circular de interpretación, o bien como la definición que un actor hace de otro en una red. La traducción es el proceso en el cual se negocian identidades, las posibilidades de interacción y los márgenes de maniobra. La traducción transforma ideas y planes en laboratorios, nos formatea y formatea instituciones para que manejemos las mismas conceptualizaciones que los técnicos y produce innovaciones desde los usuarios, los que reinventan al acto tecnológico que sale de los institutos técnicos, según sus necesidades

La traducción inventa nuevos entes: el digestor o una planta transgénica no son elementos autónomos que operan fuera del mundo social, sino que son relacionales. Un acto tecnológico es una red en la que operan resistencias y poder, y la innovación no está en el digestor *en sí* porque el digestor o la sembradora de siembra directa no tienen *ensidad*. Lo nuevo está en la red y *un* digestor puede ser muchas innovaciones porque puede ser producto de distintas traducciones.

Un actante, entonces, es una red y una innovación, sobre todo porque crea nuevos vínculos y un nuevo orden social.

Latour toma el concepto de traducción de Serres y habla de delegación. La delegación describe las relaciones recíprocas entre lo social y lo técnico. Cada vez que se usa un tratamiento de residuos orgánicos, un control de plagas o un marcador, se está delegando (o traduciendo)

un esquema social. Este esquema social, a su vez, en la traducción, se reformula, se re-crea.

La aproximación latouriana al planteo de nuestros proyectos y el consecuente trabajo de investigación es indiscutiblemente democratizante. No es posible distinguir entre entes por su poder o sus propiedades ontológicas. No hay posibilidad de reducciones fundamentales, dice Latour, que permita fronteras claras entre un ingeniero y su computadora o entre el primero y su vecino. Somos parte del montón, parte de la red. ¿Cuál es la diferencia con el laboratorio "moderno"? En él nos constituimos en un sujeto que entiende, pero siempre fuimos, dice la antropología simétrica, causa y efecto al mismo tiempo, porque nunca fuimos, en realidad, modernos. Creímos serlo. Nos vimos y vimos nuestro entorno de una manera que trasformó nuestra labor de investigación en una tarea casi onanista. Somos una red y, también, parte de una red. ¿Qué puede hacer un "genio" sin equipamiento, sin contactos, sin fondos? ¿Sería un genio? *¿Seríamos* biotecnólogos o técnicos ambientalistas sin todo lo que hoy nos rodea en nuestro laboratorio? ¿Seríamos lo que somos "fuera del sistema"? Somos un instante, lo que no fuimos ni vamos a seguir siendo. Un digestor no es *un* digestor.

La realidad es resistencia. Si miramos nuestros resultados, nuestros trabajos, ciertos entes que manejamos tales como, por ejemplo, ADN, algún fertilizante, un pentatómido plaga o una reacción química, cuesta salir del Discurso del Método. Pero cuando hay que "entrar" en algún proceso de investigación (proyecto nuevo) o hay que "aplicar" un resultado, es cuando las redes se hacen evidentes. Es en la resistencia donde todo se hace real. Y es precisamente en este espacio, en estas coordenadas donde mirarnos desde la a-modernidad puede traer sus frutos.

Se propone una *metanoia*, un cambio de mentalidad. La ciencia no se hace únicamente en la mesada, también intervienen la oficina del director de instituto y el *coffee-break*. Una mirada distinta, y no puramente física, a la tecnología que estamos generando. Más allá del naturalismo, es demasiado violento para nosotros trabajar desde una pura construcción social de todo hecho tecno-científico. Tampoco cree Latour que sea adecuado. Como moderno, el constructivismo social también responde a un abismo que no solo requiere un puente epistemológico, sino que implica, a su vez, dominio de lo conocido. Latour propone reconocer no una sociedad sino un colectivo de técnico, baño termostatizado, muestra de suelo, corrida electroforética y becario de iniciación.

En ese colectivo, una entidad es una red constituida por actores humanos y no-humanos con efectos en la realidad y que reformulan ontologías previas. El actante latouriano nace de las cenizas del logocentrismo, ya que las capacidades de cualquier actor no están definidas ni por un poder intrínseco ni por sus competencias lingüísticas (capacidad de hablar). La agencialidad es un efecto relacional, múltiple, contingente y no esencial. La acción en la Teoría del Actor-red no es necesariamente intencional. Hablamos de nivelación ontológica cuando decimos simetría analítica. ¿Acaso alguien puede dudar de la fuerza política del gen-red "RR"? ¿Es necesario recordar al "Terminator"?

Cuando se habla de la Teoría del Actor-red, se habla de una red. Esto, que parece burlesco, re-significa a un significante dentro de un contexto metodológico determinado. Porque una red no es una red, por lo menos, como la entendemos en ingeniería o sociología. No se trata de mapear interacciones, sino la manera en que los distintos actores definen y distribuyen roles o inventan o movilizan a otros actores para que jueguen dichos roles.

Si bien la Teoría del Actor-red provoca náuseas, esas náuseas que son consecuencia del mareo producido por el objeto descentrado, que solo se evitan sosteniendo la mirada en algún punto fijo, también es cierto que multiplica las explicaciones gracias a que logra "descripciones saturadas" de las redes (digestor, tecnología de siembra o planta transgénica). Ciencia, tecnología, sociedad pasan a ser sinónimos, a no tener razón de existir como distintos marcos en los cuales haya que probar el buen encastre de un proyecto. A la tecno-ciencia se entra por la puerta de atrás, dice Latour, para poder *descajanegrizar* un acto tecnológico y lograr rediseñar los esquemas de poder.

Anexo 2

El "lado oscuro" de los agradecimientos

No estamos solos en el mundo. 'Nosotros', al igual que 'yo', es un avispero.
Como escribió, el poeta Rimbaud, Je est un autre.

Nosotros escribimos este libro y, por lo tanto, ya no estamos seguros de qué significa "nosotros". Lo habitual, como cualquier lector sabe, es que los agradecimientos en un libro, aparezcan al principio (o al final, da lo mismo) en un pequeño párrafo (o párrafos, como en este caso) con un conjunto de "otros" que incluye o, puede incluir, a familiares cercanos, profesores, directores, colegas, cátedras, alguna que otra institución, etcétera. Y cuando se dice conjunto se habla, precisamente, de un agrupamiento, casi exclusivamente de seres humanos que, en apariencia, no guardan relación alguna entre ellos.

Dejar planteados los agradecimientos de esa forma, sin más, sería flotar sobre los argumentos del presente texto, en lugar de embarrarse en la llanura ontológica que el mismo piensa. Es más, plantear agradecimientos sin el presente anexo, es fugarse de este libro y errar, de la mano de la esperanza, en busca de alguna irreductibilidad. Entonces, en una aprehensión distinta de lo que llamamos habitualmente agradecimientos, estos nos invitan a una lectura inquietante, una lectura en movimiento, nos ponen en contacto con la deslocalización de su agencia, nos muestran su participación en un universo incompleto, sin reconciliaciones ni clausuras ajenas. Más que reconocimiento *al* entorno (exclusivamente) humano, lo que se suele llamar "agradecimiento" es reconocimiento *del* entorno como malla ontológica que tiñe de contingencia toda acción, que la sugiere como fragmento de una situación, relacionada con una multiplicidad singular.

Tampoco se lo pueden llamar contexto, en todo caso, se trata de la sutileza del texto ya que, distinguir contenido y contexto es, *sensu* Latour, abandonarse a la incompletitud.

Esos cortos párrafos ocupados por personas significativas, tímidos, que se escabullen de la lectura, tienen la habilidad de ocultar en el silencio de su gentileza, hasta a los propios autores, su entrevista con el poder, un poder que hay que explicar y que cualquier explicación desintegra.

Lo que se encabeza generalmente como agradecimiento se propone aquí, entonces, como una ex-*plicación*. Precisamente, el des-*pliegue* del lienzo intelectual de los autores, mostrando sus espacios en blanco, los puntos suspensivos, deja al lector en el umbral de sus posibles, lanzado a ese instante vacío de alternativas en el que no puede elegir, sino elegirse como co-autor, no de este texto en particular, sino de la nueva discursividad que este último abre o que, por lo menos, intenta abrir.

Los autores, como piensa Latour, somos aquellos que otros hacen actuar. Somos el "blanco móvil de una enorme cantidad de entidades". Por eso reconocemos, por ejemplo, al Dr. Roberto Lecuona, la Dra Ruth Heinz y al Dr. Pablo Kreimer, que realizaron una lectura crítica del texto. A Luis Fernández, que nos conectó con textos a los cuales hubiese sido sumamente difícil, sino imposible, acceder de no ser por él. Al Fondo de las Américas, actante que claramente marcó una diferencia, otorgando el primer subsidio con el cual se inició el trabajo con el digestor o, lo que es lo mismo, que instauró un nuevo curso de acción produciendo una nueva estabilización, comúnmente conocida como proyecto.

Por otro lado, dentro de esta línea argumental, no podemos dejar de reconocer (lo que antes de estos comentarios denominábamos agradecer) a la automatización de la cría de parásitos de mosca doméstica que se lleva a cabo en nuestro laboratorio ya que, como mediador, y red en sí misma, también contribuyó a marcar la diferencia, dejando los espacios institucionales necesarios para pensar el manejo de residuos que la cría generaba, a partir del cual se inició el proyecto de transformación de desechos orgánicos.

La lábil vinculación institucional de uno de nosotros fue, también, un actante importante para contribuir a la instauración de un nuevo curso de acción, permitiendo a ambos autores cruzar los límites de lo tecnológico en un instituto como el INTA.

Parecería, planteado en estos términos, que lo que se conoce como agradecimiento nos transforma en marionetas. Sin embargo, independientemente que se quiera o no serlo, el tema es más complejo. La teoría del Actor-red propone no apresurarse con la determinación de quién actúa y cómo, sino plantarse, como punto de partida, en una sub-determinación de la acción (en este caso, el desarrollo de las ideas que se presentan en este libro). Esto implica trabajar acompañados por una incertidumbre sobre dicha acción, lo cual libera a la lectora y, como se dijo antes, la expone a pensar, no solo acerca de nosotros sino, también, de ella misma y de lo que vino antes y de lo que vendrá después, si somos sujetos autónomos o el efecto de alguna red.

Lo que se constituía en agradecimiento terminó exponiendo el texto que se acaba de leer, lo puso a flotar sobre el relativismo (sin hundirse en él). Preguntarnos quiénes somos nos proyecta a una paradoja: al definirnos como una red de muchos, al entender que esto que se llamaba "agradecimiento", muestra que el texto que se acaba de leer se suple de nuestra historia y de nuestros esfuerzos e intentos por perdurar, de nuestras pasiones y acciones cotidianas, el siguiente paso, que contenga inexorablemente a este texto, lector y autores, será dado en soledad.

Anexo 3

La digestión anaeróbica de los residuos orgánicos

Los residuos son un problema que en la actualidad representa una de las principales fuentes de contaminación de los recursos naturales. Existen distintas formas de tratarlos: relleno sanitario, incineración, compostaje o digestión anaeróbica.

Esta última es uno de los procesos microbianos que permite la transformación de la fracción orgánica de los residuos en ausencia de oxígeno (Tchobanoglous *et al.*, 1994). Esta forma de tratamiento permite degradar distintos residuos sólidos o líquidos de origen urbano, agropecuario o agroindustrial. Este proceso se desarrolla en receptáculos herméticamente cerrados, denominados reactores, también llamados digestores. Los mismos están generalmente enterrados y pueden trabajar a temperatura ambiente, en regiones de clima tropical o bien pueden ser calefaccionados. El rango más usual de trabajo es 36 ± 1 °C[1] (reactores mesofílicos), y también se puede trabajar a temperaturas de 45 ±1 ªC (reactores termófilos).

Dentro del reactor ocurre un proceso degradativo que tiene distintas etapas (hidrólisis, acetogénesis y metanogénesis). Este proceso puede durar entre 20 y 60 días (tiempo de retención hidráulica), dependiendo de la temperatura de trabajo del reactor. Al finalizar el proceso se generan

---

[1] Tchobanoglous, G.; Theisen, H.; Vigil, S. A., 1998.

dos efluentes, uno gaseoso (biogás) y otro líquido (agua residual o fango anaeróbico). El biogás es una mezcla de varios gases (por ejemplo metano, sulfhídrico, amoníaco, hidrógeno, vapor de agua y dióxido de carbono, entre otros). El metano es el que se encuentra en mayor proporción, hasta un 60%, y tiene poder calórico. Puede ser empleado para combustión o transformado en energía eléctrica (energía alternativa obtenida a partir de la biomasa). El biogás debe almacenarse a medida que se produce, pero antes debe ser filtrado para eliminar las trazas de los otros gases, sin valor energético. El metano resultante de la filtración se almacena en un gasómetro a presión atmosférica, o se lo puede comprimir para su uso posterior.

Para definir el diseño de estos reactores se debe realizar: a) la caracterización físico-química del residuo que ingresa al mismo (materia prima),[2] b) se debe conocer el volumen de residuos a tratar para definir el tamaño del reactor (velocidad de carga, VC), y c) el tiempo que tarda la materia orgánica en permanecer en la unidad hasta su degradación (tiempo de retención hidráulica de la materia orgánica, TRH). Los digestores pueden ser de diseños verticales u horizontales. Pueden ser de carga única (*batch*) o diaria, tener internamente tabiques divisorios o ser de una única cámara y pueden emplearse materiales diversos para su construcción (hormigón, fibra de vidrio, plástico, entre otros). Usualmente, los residuos ingresan al reactor mezclados con agua. El agua puede provenir de la red o bien ser producto de una reutilización del efluente que libera el reactor (reinyección). Con cada ingreso de material sale un efluente, el cual debe evaluarse por sus propiedades físico-químicas: pH, conductividad eléctrica (CE), oxígeno disuelto (OD), demanda biológica de oxígeno (DBO) y demanda química de oxígeno (DQO). De esta forma, la calidad del efluente dependerá de la composición del residuo y del tipo de agua empleada (red/reinyección) durante el proceso y, según los valores obtenidos, podrá o no ser empleada en el suelo como enmienda orgánica. Si el efluente que libera el reactor genera altos en la CE superior

---

[2]Crespo, D., Dido, C.; Bres, P. y Gutierrez, A., 2009. Gestión de residuos mediante tecnologías sustentables: estudio preliminar del análisis de ciclo de vida (ACV) de un modelo de reactor anaeróbico a escala piloto. Actas del Congreso Argentino de Ingeniería Industrial, Misiones, pp. 190-195.

a 4 milimohs, pH ácidos (menor a 5) o alcalinos (superior a 8), esto será una fuerte limitante al momento de ser aprovechado por el suelo debido a que su aporte podrá producir degradación del mismo, mientras que relaciones de DQO/DBO elevadas indicarían que tampoco el efluente podría ser dispuesto en un curso de agua superficial (lago, laguna, río).

Foto 1

Reactor anaeróbico piloto, en hormigón.
Para Residuos Sólidos Domiciliarios (RSD).

Foto 2

Reactor anaeróbico piloto, en PRFV.
Para Aguas Residuales de lavado de tambo o cerdos.

Foto 3

Lagunas con plantas depuradoras.
Tratamiento del efluente del reactor.

Material de estudio

ACHTERHUIS, H., *American Philosophy of Technology: The Empirical Turn*. Bloomington, Indiana University Press, 2001.

ADORNO, T., *Dialéctica Negativa*. Madrid, Taurus, 1984.

ANDERSON, E. N., "The life and culture of ecotopia", en D. Hymes (ed.), *Reinventing anthropology*. New York, Random House, 1969, pp. 264-281.

AUSUBEL, J.H.; Langford, H.D. (eds), *Technological Trajectories and the Human Environment*. Washington, National Academy Press, 1997.

BARNES, B, "Cómo hacer sociología del conocimiento", en *Política y sociedad*, 14/1S, 1994, pp. 9-19.

BAUMAN, Z., *En busca de la política*. México, Fondo de Cultura Económica, 2009.

BECK, U., *Risk Society: Towards a New Modernity*. Londres, Sage Publications Ltd., 1992.

BECK, U.; Giddens, A.; Lash, S., *Reflexive Modernization: Politics, Tradition and Aesthetics in the Modern Social Order*. Stanford, Stanford University Press, 1994.

BECKER, C., "The human actor in ecological economics: philosophical approach and research perspectives", en *Ecological Economics*, 60, 2006, pp 17-23.

BENIGER, J., *The Control Revolution: Technological and Economic Origins of the Information Society*. Cambridge, Harvard University Press, 1986.

BENTON, T., "Biology and social theory", en M. Redcliff & T. Benton (eds.), *Social theory and the global environment*. London, Routledge, 1994, pp. 8-50.

BERKES, F.; Folke, C., "Investing in cultural capital for sustainable use of natural resources", en Koskoff, S. (ed.), *Investing in Natural Capital: The Ecological Economics Approach to Sustainability*. Washington, Island Press.

BERLIN, I., *Three Critics of the Enlightenment: Vico, Hamann, Herder*. London, Pimlico, 2000.

BIAGIOLI, M., *Galileo cortesano*. Buenos Aires, Katz Editores, 2008.

BIJKER, W., *Of bicycles, bakelites, and bulbs: Toward a theory of sociotechnical change*. Cambridge, MIT Press, 1997.

BOULDING, K.E., "The Economics of the Coming Spaceship Eart", en Jarrett, H. (ed.), *Environmental Quality in a Growing Economy*. Baltimore, Resources for the Future/Johns Hopkins University Press, 1966, pp. 3-14.

BOULDING, K.E., *Conflict and Defense: A General Theory*. Harper, 1963.

BOURDIEU, P., "El campo científico", en *Actes de la recherche en sciences sociales*, n. 1-2, 1976.

BRAIVLOSKY, E.A., *Historia ecológica de Iberoamérica II. De la Independencia a la Globalizacion*. Buenos Aires, Capital Intelectual, 2009.

BRANDON, R.N. y CARSON, S., "The indeterministic character of evolutionary theory: no 'no hidden variables proof' but no room for determinism either", en *Philosophy of Science,* 63, 1996, pp. 315-337.

BRAUN, B. y DISCH, L., "Radical Democracy's. Modern constitution", en *Environment and Planning D*, vol. 20, 2002, pp 505-511.

BRECHT, B., *Galileo Galilei*. Buenos Aires, Losange, 1951.

BRONCANO, F., *La melancolía del ciborg*. Barcelona, Herder Editorial, 2009.

BRONNER, S. E., "Interpreting the Enlightenment: Metaphysics, Critique, and Politics", en Bronner, S. E., *Reclaiming the Enlightenment: Toward a Politics of Radical Engagement*. New York, Columbia University Press, 2004.

BROOKS, D. 2009. The Empathy Issue. *The New York Times*, viernes 29 de Mayo.

BROWN, STEVEN D., "Michel Serres: Science, Translation and the Logic of the Parasite", en *Theory, Culture & Society* 19(3), 2002, pp.1-27.

BRULLE, R. J., "Habermas and the Green Political Thought: Two Roads Converging", en *Environmental Politics*, vol 11(4), 2002, pp 1-20.

CALLON, M., "Society in the Making: The Study of Technology as a Tool For Sociological Analysis", en Bijker, W., Hughes, T., & Pinch, T. (eds.), *The Social Construction of Technological Systems*. Cambridge, MIT Press, 1987.

CALLON, M.; LATOUR, B., "Unscrewing the Big Leviathan: How Actors Macro-Structure Reality and how Sociologists help them do so", en Knorr Cetina, K. y Cicourel, A. V. (eds.), *Advances in Social Theory and Methodology: Toward an Integration of Micro and MacroSociologies*. London, Routledge, 1981, pp. 277-303.

CALLON, M.; LATOUR, B., "Don't throw the baby with the Bath School! A reply to Collins and Yearley", en Pickerning, A. (ed.) *Science as Practice and Culture*. Chigaco, University Press, 1992.

CALLON, M., "Some Elements of a Sociology of Translation: The Domestication of the Scallops and the Fishermen of St.Bruce Bay", en Law, J. (ed.), *Power, Action & Belief: A New Sociology of Knowledge?* London, Routledge & Kegan Paul, 1986.

CAROLAN, M., "Science, Expertise, and the Democratization of the Decision-Making Process", en *Society and Natural Resources*, 19, 2006, pp. 661-668.

CAROLAN, M. S., "Science, Expertise, and the Democratization of the Decision-Making Process", en *Society and Natural Resources*, 19, 2006, pp. 661-668.

CARSON, R., *Silent Spring*. London, Penguin Books, 1991.

CASTREE, N., "False Antitheses? Marxism, Nature and Actor-Networks", en *Antipode*, vol. 34(1), 2002, pp. 111-146.

CLARK, G., *A Farewell to Alms. A brief economic history of the world*. Princeton, University Press, 2007.

COCHRANE, P., "Exploring cultural capital and its importance in sustainable development", en *Ecological Economy* 57, 2006, pp. 318-330.

COLLINS, H PINCH, T., *The Golem. What You Should Know about Science*. Cambridge, University Press, 1993.

COLLINS, H., "Un programa empírico en sociología del conocimiento científico", en González García, M. I.; López Cerezo J. A. y Luján J. L. (eds), *Ciencia, tecnología y Sociedad*. Barcelona, Ariel, 1997, pp. 49-66.

CORDELLA, A; SHAIKH, M., "From Epistemology to Ontology: Challen€ ging the Constructed 'Truth' of ANT", en *Working Paper Series*, n. 143, London School of Economics and Political Sciences, 2006.

CRESPO, D.; DIDO C.; BRES, P. Y GUTIERREZ, A., "Gestión de residuos mediante tecnologías sustentables: estudio preliminar del análisis de ciclo de vida (ACV) de un modelo de reactor anaeróbico a escala piloto". Actas del Congreso Argentino de Ingeniería Industrial. Misiones, 2009, pp. 190-195.

DAHLSTROM, D., "Comments on Andrew Feenberg's Heidegger and Marcuse", en *Techné: Research in Philosophy and Technology*, vol. 11(1), 2007.

DAILY, G. C.; ELLISON, K., *The New Economic of Nature: The Quest to make Conservation profitable*. Washington, Island Press, 2002.

DAKERS, J. R., "Postphenomenology: In Search of Ihde", en *Human Studies* n. 31, 2008, pp. 77-85.

DARIER, E. (ed.), *Discourses of the Environment*. London, Blackwell, 1999.

DEMERITT, D., "What is the 'social construction of nature'? A typology and sympathetic critique", en *Progress in Human Geography*, vol. 26, 2002, 766-78.

DIÉGUEZ, A., "La ciencia desde una perspectiva postmoderna: Entre la legitimidad política y la validez epistemológica". Actas de la II Jornadas de Filosofía: Filosofía y política, 2004, pp 177-205.

DIÉGUEZ, A., "El determinismo tecnológico: indicaciones para su interpretación", en *Argumentos de Razón Técnica*, n. 8, 2005, pp. 67-87.

DIÉGUEZ, A., "Realismo y Antirrealismo en la Filosofía de la Biología", en *Ludus Vitalis*, vol. XIII(23), 2005, pp. 49-7.

ECKERSLEY, R., "The State and Access to Environmental Justice: From Liberal Democracy to Ecological Democracy". Access to Environmental Justice EDO WA Conference 20 February 2004.

ELLEN, R., "What black elk left unsaid: On the illusory images of green primitivism", en *Anthropology Today*, 2(6), 1986, pp. 8-12.

FABER, M.; PETERSEN, T.; SCHILLER, J., "Homo oeconomicus and homo politicus", en *Ecological Economics,* vol. 40, 2002, pp. 323-333.

FEENBERG, A., "Subversive Rationalization Technology, Power, and Democracy", en *Inquiry*, vol. 35, 1992, (3-4).

FEENBERG, A., *Alternative Modernity: The Technical Turn in Philosophy and Social Theory*. California, University Press, 1995.

FEENBERG, A., "The CommonerEhrlich Debate: Environmentalism and the Politics of Survival", en David Macauley (ed.), *Minding Nature: The Philosophers of Ecology*. New York, Guilford, 1996, pp. 257-282.

FEENBERG, A., *Transforming Technology. A Critical Theory Revisisted*. Oxford, University Press, 2002.

FEENBERG, A., "Critical Theory of Technology: An Overview", en *Tail. Biotech*, vol. 1(1), 2005, pp. 47-64.

FEENBERG, A., "From critical theory of technology to the rational critique of rationality", en *Social Epistemology,* n. 22 (1), 2008, pp. 5-28.

FEENBERG, A., *Between Reason and Experience. Essays in Technology and Modernity*. Massachusetts, MIT Press, 2010.

FEENBERG, A., "Diez paradojas de la Tecnología". Conferencia del 7 de octubre en el Centro Cultural Rojas, 2010.

FEENBERG, A., "Marcuse or Habermas: two critiques of technology", en *Inquiry,* n. 39, 1996, pp. 45-70.

FEENBERG, A.; FREEDMAN, J., *When Poetry Ruled the Streets: The French May Events of 1968*. New York, Albany State University of New York Press, 2001.

FEENBERG, A.; HANNAY, A., *Technology and the Politics of Knowledge*. Indiana, University Press, 2005.

FEENBERG, A., *Questioning Technology*. London, Routledge, 1999.

FEENBERG, A., *Heidegger and Marcuse: The Catastrophe and the Redemption of History*. London, Routledge, 2005.

FEENEBRG, A., "Reply to Dahlstrom and Scharff", en *Techné: Research in Philosophy and Technology*, vol. 11(1), 2007.

FEINMANN, J. P., "Facundo el filósofo", en *Página/12*, domingo, 24 de mayo, 2009.

FEINMANN, J. P, "Frankenstein el sueño de la razón", en *Página/12*, domingo, 7 de junio, 2009.

FEYERABEND, P., *Tratado contra el método. Esquema de una teoría anarquista del conocimiento*. Madrid, Tecnos, 1975.

FOSTER, J. B., "Capitalisms Environmental Crisis Is Technology the Answer?", en *Monthly Review*, vol. 52(7), 2000.

FOUCAULT, M., "¿Qué es la Ilustración?", en Foucault, M., *Saber y Verdad*. Madrid, Ediciones de la Piqueta, 1984, pp. 197-207.

FRAME,B.; BROWN, J., "Developing post-normal technologies for sustainability", en *Ecological Economy*, n. 65, 2008, pp. 225-241.

FRIEDMAN, T., *The World Is Flat: A Brief History of the Twenty-First Century*. Farrar, Straus and Giroux, 2005.

FUNTOWICZ S. O. AND RAVETZ, J. R., "A new scientific methodology for global environmental issues", en Costanza, R. (ed.), *Ecological Economics*. Columbia, New York, 1991, pp. 137-152.

GARCIA DIAZ, P., "Los límites del principio de indeterminación radical en Latour y el giro político de su filosofía de la ciencia", en *Theoria*, n. 63, 2008, pp. 319-336.

GARCIA DÍAZ, P., "Object-oriented philosophy and the comprehension of scientific realities", en *Essay Review Athenea Digital*, vol 11(1), 2011, pp. 225-238.

GHISELIN, M., "A Radical Solution to the Species Problem", en *Systematic Zoology*, vol. 23, n. 4, 1974.

GIAMPIETRO, M., "Human Ecology: The Science of Sustainability for the Third Millennium?", en *Human Ecology*, n. 10, 2001, pp. 9-24.

GILLIOT, J., "The (New) Limits to Growth", en *Prometheus*, n. 2, 1999.

GOULD, S. J., *The Structure of Evolutionary Theory*. Massachusetts, Harvard University Press, 2002.

GRIETHUYSEN, VAN, P., "Sustainable development: An evolutionary economic approach", en *Sustainable Development*, n. 10, 2002, pp. 1-11.

GRINT, K., "Wicked Problems and Clumsy Solutions: the Role of Leadership", en *Clinical Leader*, vol. I(1), 2008.

GROPPELLI, E.; GIAMPAOLI, O., *Ambiente y Tecnología Socialmente Apropiada. El Camino de la Biodigestión*. Santa Fe, Fundación Protege, 2001.

GYERIN, T., "Boundary-Work and the Demarcation of Science from Non-Science: Strains and Interests in Professional Ideologies of Scientists", en *American Sociological Review,* 48, 1983, pp. 781-785.

HABERMAS, J., *Ciencia y técnica como Ideologías*. Madrid, Tecnos, 1984.

HAMILTON, C., "Dualism and Sustainability", en *Ecological Economics,* n. 42, 2002, pp. 89-99.

HARMAN, G., *Prince of Networks. Bruno Latour and Metaphysics*. Melbourne, Re-press, 2009.

HARMAN, G., "The Importance of Bruno Latour for Philosophy", en *Cultural Studies Review,* vol. 13 n. 1, 2007, pp. 31-49.

HARVEY, D., *Justice, nature and the politics of difference*. Oxford, Blackwell Publishers, 1996.

HAWKEN, P.; LOVINS, A.; LOVINS, L. H., *Natural Capitalism: Creating the Next Industrial Revolutio*. Boston, Little, Brown and Co., 2000.

HEIDEGGER, M., *Basic Writings: From Being and Time (1927) to The Task of Thinking*. New York, Harper & Row, 1964.

HERNÁNDEZ MUÑOZ, A., *Depuración y desinfección de aguas residuales*. Colegio de Ingenieros de Caminos, Canales y Puertos, 2001.

HERRERA, A. O.; SCOLNICK, H. D.; CHICHILNISKY, G.; GALLOPIN, G. C.; HARDOY, J. E.; MOSOVICH, D.; OTEIZA, E.; DE ROMERO BREST, G. L.; SUAREZ, C. E.; TALAVERA, L., *¿Catástrofe o Nueva Sociedad? Modelo Mundial Latinoamericano, 30 años después*. Buenos Aires, Centro Internacional de Investigaciones para el Desarrollo, 1977.

HETHERINGTON, K; LAW, J., "After Networks", en *Environment and Planning D.,* vol. 18, 2000, pp. 127-132.

HIRSCH, F., *Social Limits to Growth*. Massachusetts, Harvard University Press, 1976.

HORKHEIMER, M.; ADORNO, T. W., *Dialéctica de la Ilustración, Fragmentos filosóficos, Colección Estructuras y Procesos*. Madrid, Trotta, 1998.

HORKHEIMER, M., *Crítica a la Razón Instrumental*. Buenos Aires, Terramar Ediciones, 2007.

HUESEMANN, M. H., "The limits of technological solutions to sustainable development", en *Clean Technology Enviroment Policy*, n. 5, 2003, pp. 21-34.

HUKKINEN, J., "Eco-efficiency as abandonment of nature", en *Ecological Economics,* n. 38, 2001, pp. 311-315.

HUMPHREY, M., *Ecological Politics and Democratic Theory*. London, Routledge, 2007.

IDHE, D., *Technology and the Lifeworld: From Garden to Earth*. Indiana, Midland Press, 1990.

IHDE, D., "Has the Philosophy of Technology Arrived?", en *A State-of-the-Art Review*. Philosophy of Science, n. 71, 2004, pp. 117-131.

IHDE, D., *Existential technics*. New York, State University of New York Press, 1983.

IHDE, D., "La incorporación de lo material: fenomenología y filosofía de la tecnología", en *Revista CTS*, vol. 2(5), 2005, pp. 153-166.

IHDE, D., *Heidegger's Technologies: Postphenomenological Perspectives*. New York, Fordham University Press, 2010.

IHDE, D.; SELINGER, E. (eds.), *Chasing Technoscience. Matrix for Materiality*. Indiana, University Press, 2003.

JAMESON, F.; ZIZEK, S., *Estudios Culturales. Reflexiones sobre el multiculturalismo*. Buenos Aires, Paidós, 1998.

JASANOFF, S., "Beyond Epistemology: Relativism and Engagement in the Politics of science", en *Social Studies Science*, vol. 26, 1996, pp. 393-418.

JASANOFF, S., "Technologies of humility: citizen participation in governing science", en *Minerva*, n. 41, 2003, pp. 223-244.

JASANOFF, S., "The idiom of co-production", en Jasanoff, S. (ed.) *States of Knowledge: The Co-Production of Science and the Social Order*. London, Routledge, 2004.

KANT, I., *Historia Natural y Teoría General del Cielo. Ensayo sobre la Constitución y el Origen Mecánico del Universo, tratado de acuerdo a los Principios de Newton*. Buenos Aires, Lautaro, 1946.

KELLNER, D., Review-article on Andrew Feenberg, Questioning Technology, 2000, en http://www.gseis.ucla.edu/faculty/kellner/kellner.html.

KIRPATRICK, G., "What Does Critical Theory criticize about Technology?", en Kirpatrick, G., *Critical Technology: A Social Theory of Personal Computing*. UK, Ashgate Publishing Limited, 2004.

KIRSCH, S., MITCHELL, D., "The Nature of Things: Dead Labor, Non-Human Actors, and the Persistence of Marxism", en *Antipode*, vol. 36(4), 2004, pp. 687-705.

KLEIN, N., "Reclaiming the commons", en *New Left Review,* mayo/junio, 2001.

KOCKELMANS, J. J., "Heidegger on the essential difference and necessary relationship between philosophy and science", en Kockelmans, J. J.; Kisiel, T. J., *Phenomenology and the Natural Sciences*. Chicago, Northwestern University Press, 1970.

KONCHAK, W.; PASCUAL, U., "Converging economic paradigms for a constructive environmental policy discourse", en *Enviroment Science and Politics,* n. 9, 2006, pp. 10-21.

LACLAU, E.; MOUFFE, C., *Hegemonía y Estrategia Socialista*. Buenos Aires, Siglo XXI, 2004.

LAHORA, A., *Depuración de aguas residuales mediante humedales superficiales: la Edad de los Gallardos*. Almería, 2005.

LANGDON, W., *Autonomous Technology: Technics-out-of-Control as a Theme in Political Thought*. Massachusetts, MIT Press, 1977.

LATOUR, B., "Where are the missing masses? The Sociology of a few mundane artifacts", en Wiebe Bijker y John Law (ed.), *Shaping Technologies, Building Society: Studies in Sociotechnical Change*. Massachusetts, MIT Press, 1992, pp. 225-258.

LATOUR, B., *We have never been modem*. Massachusetts, Harvard University Press, 1993.

LATOUR, B., "Morality and Technology The End of the Means", en *Theory, Culture & Society*, vol. 19(5/6), pp. 24-260.

LATOUR, B, "Technology is Society Made Durable", en Law, J. (ed.), *A Sociology of Monsters: Essays on Power, Technology, and Domination*. London, Routledge, 1991.

LATOUR, B., *We have never been modern*. Massachusetts, Harvard University Press, 1993.

LATOUR, B., "On Technical Mediation. Philosophy, Sociology, Genealogy", en *Common Knowledge*, vol. 3(2), 1994, pp. 29-64.

LATOUR, B., *La esperanza de Pandora. Ensayos sobre la realidad de los estudios de la ciencia*. Barcelona, Gedisa, 1999.

LATOUR, B., *Politics of Nature. How to Bring the Sciences into Democracy*. Massachusetts, Harvard University Press, 2004.

LATOUR, B., *Reassembling the Social. An Introduction to Actor-Network-Theory*. Oxford, University Press, 2005.

LATOUR, B., "A Text Book Case Revisited. Knowledge as a Mode of Existence", en Hackett, E. J.; Amsterdamska, O.; Lynch M.; Wajcman, J. (eds.), *The Handbook of Science and Technology Studies*. MIT Press, 2008.

LATOUR, B., "Politics of Nature: East and West Perspectives", en *Ethic & Global Politics*, vol. 4, n. 1, 2011, pp. 71-80.

LATOUR, B., "La tecnología es la sociedad hecha para que dure", en Domenech, M. y Tirado, J. (eds.) *Sociología simétrica. Ensayos sobre ciencia, tecnología y sociedad*. Barcelona, Gedisa, 1998.

LATOUR, B., "On Technical Mediation. Philosophy, Sociology, Genealogy", en *Common Knowledge,* vol. 3, n. 2, 1994, pp. 29-64.

LAW, J., Notes on the Theory of the Actor Network: Ordering, Strategy and Heterogeneity, 1992, en http://comp.lancs.ac.uk/sociology/soc054jl.html.

LONG, A. A.; SEDLEY, D. N. (eds.), *The Hellenistic Philosophers*, vol. I. Translations of the Principal Sources with Philosophical Commentary. Cambridge, University Press, 1987.

LÖVBRAND, E.; ÖBERG, G., Comment on "How science makes environmental controversies worse", by Daniel Sarewitz, *Environmental Science & Policy*, n. 7, pp. 385-403 and "When Scientists politicise science: making sense of the controversy over The Skeptical Environmentalist", by Roger A. Pielke Jr., *Environmental Science & Policy*, n. 7, pp. 405-417, *Environmental Science & Policy*, n. 8, 2005, pp. 195-197.

LOVINS, A. B.; LOVINS, L. H.; VON WEIZSACKER, E., *Factor Four: Doubling Wealth - Halving Resource Use: The New Report to the Club of Rome*. London, Earthscan Publications Limited, 2001.

MANKUR, O., *The rise and decline of nations: Economic growth, stagflation, and social rigidities*. New Haven, Yale University Press, 1982.

MARCUSE, H., *Eros y Civilización*. Madrid, Sarpe, 1983.

MARCUSE, H., *El Hombre Unidimensional. Ensayo sobre la ideología de la sociedad industrial avanzada*. Buenos Aires, Planeta-Agostini, 1993.

MARTINEZ-ALIER J.; MUNDA G.; O'NEILL J., "Weak comparability of values as a foundation for ecological economics", en *Ecological Economics*, n. 26, 1998, pp. 277-286.

MAYNTZ, R.; HUGHES T. P. (eds.), *The Development of Large Technical. Systems*. Boulder, Westview Press, 1988.

MAYR, E., *Toward a New Philosophy of Biology*. Massachusetts, Harvard University Press, 1988.

MAYUMI, K.; GIAMPIETRO, M., "The epistemological challenge of self-modifying systems: Governance and sustainability in the post-normal science era", en *Ecological Economics*, n. 57, 2006, pp. 382-399.

MEADOWS, D. H.; MEADOWS, D. L.; RANDERS, J., *The Limits to Growth*. Universe Books, 1972.

MISA, T. J.; BREY, P.; FEENBERG, A., *Modernity and Technology*. Massachusetts, MIT Press, 2003.

MITCHAN, C., *¿Qué es la Filosofía de la tecnología?* Buenos Aires, Anthropos, 1989.

MITCHELL, J. P., "A fourth critic of the Enlightenment: Michel de Certeau and the ethnography of subjectivity", en *Social Anthropology*, vol. 15(1), 2007, pp. 89-106.

MOL, A. P. L.; SPAARGAREN, G., "Ecological Modernisation Theory in Debate", en A Review. *Environmental Politics,* n. 9(1), 2000, pp. 17-49.

MOLLOY, E., "The Capitalist Model Of Sustainable Development". Trabajo presentado en la Conferencia 'Between Natures' llevada a cabo en la Universidad de Lancaster (UK) en julio, 2000.

MONTES CARMONA M. E., "Estudio técnico-económico de la digestión anaerobia conjunta de la fracción orgánica de los residuos sólidos urbanos y lodos de depuradora para la obtención de biogás". Tesis Doctoral Departamento de Ingeniería Civil: Ordenación del Territorio, Urbanismo y Medio Ambiente E.T.S. I. de Caminos, Canales y Puertos. España, 2008.

MORIN, E., *Introducción al pensamiento complejo*. Barcelona, Gedisa, 2007.

MOUFFE, C., *En torno de lo político*. México, Fondo de Cultura Económica, 2007.

NORGAARD, R. B., "The Philosophical Roots of the Betrayal", en Norgaard, R. B., *Development betrayed: the end of progress and a coevolutionary revisioning of the future*. London, Routledge Press, 1994.

NORGAARD, R. B., "Being in harmony with nature: one view from the social sciences. Towards a new consciousness". Aspen, Colorado, 11-14 de octubre, 2007.

ORESKES, N., "Science and public policy: what's proof got to do with it?", en *Enviroment Science and Politics,* n. 7, 2004, pp. 369-383.

OUTRAM, D., *La Ilustración*. Buenos Aires, Siglo XXI, 2009.

OWEN, G. L., "Energy Efficiency and Energy Conservation: Policies, Programmes and Their Effectiveness", en *Energy and Environment,* vol.11(5), 2000, pp. 553-564.

PAINE, T., *The age of reason*. Peterborough, Broadview Editions, 2011.

PASCAL VAN GRIETHUYSEN, P., "Sustainable development: an evolutionary economic approach", en *Sustainable Development,* n. 10, 2002, pp. 1-11.

PELS, D., "The Politics of Symmetry", en *Social Studies Science,* vol. 26, 1996, pp. 207-304.

PIELKE, Jr., R. A., "When scientists politicize science: making sense of controversy over The Skeptical Environmentalist", en *Enviroment Science and Politics,* n. 7, 2004, pp. 405-417.

PIELKE, R. A. Jr. and S. RAYNER (eds.), "Learning from Controversy Over The Skeptical Environmentalist", en *Environmental Science & Policy,* vol. 7, Issue 5, 2004, pp. 355-433.

PORTILLO, L.; COSTA MORATA, P.; MORENO, B., "Vigencia de Paul Virilio: la crítica de la tecnocracia y la posibilidad de una nueva política", en *Argumentos de Razón Técnica,* n. 2, 2009, pp. 183-191.

RAMMEL, C.; VAN DEN BERGH, J.C., "Evolutionary policies for sustaie nable development: adaptive flexibility and risk minimizing", en *Ecological Economics,* n. 47, 2003, pp. 121-133.

RITTEL, H. Y WEBBER, M., "Dilemmas in a General Theory of Planning", en *Policy Sciences*, vol. 4, 1973, pp.155-169.

ROBINSON, J., "Squaring the circle? Some thoughts on the idea of sustainable development", en *Ecological Economics,* n. 48, 2004, pp. 369-384.

ROJCEWICZ, R., *The Gods and Technology. A Reading of Heidegger.* New York, State University of New York Press, 2006.

ROSENBERG, A., *Instrumental Biology or the Disunity of Science.* Chicago, The University of Chicago Press, 2006.

SÁBATO, E., *Hombres y Engranajes.* Madrid, Alianza Editorial, 1951.

SALDHANA, A., "Actor-Network Theory and Critical Sociology", en *Critical Sociology,* vol. 29, n. 3, 2003, pp. 419-432.

SAREWITZ, D., "How science makes environmental controversies worse", en *Enviroment Science and Politics,* n. 7, 2004, pp. 385-403.

SAREWITZ, D., "How science makes environmental controversies worse", en *Enviroment Science Policy,* n. 7, 2004, pp. 385-403.

SAREWITZ, D.; PIELKE, R., "Breaking the Global-warming Gridlock", en *The Atlantic,* junio, 2000.

SARTORIUS, C., "Second-order sustainability-conditions for the development of sustainable innovations in a dynamic environment", en *Ecological Economics,* n. 58, 2006, pp. 268-286.

SCHARFF, R. C., "Feenberg on Marcuse: Redeeming. Technological Culture Feenberg on Marcuse: 'Redeeming' Technological Culture", en *Techné: Research in Philosophy and Technology,* vol. 11(1), 2007.

SCHRÖDINGER, E., *¿Qué es la vida?* Salamanca, *Textos de Biofísica,* 2005.

SCHUSTER, J. H.; FINKELSTEIN, M. J., *The American Faculty: The Restructuring of Academic Work and Careers.* The Johns Hopkins University Press, 2006.

SELINGER, E., *Postphenomenology. A Critical Companion to Ihde.* New York, State University of New York Press, 2006.

SEOANEZ CALVO, M., *Aguas residuales urbanas: Tratamientos naturales de bajo costo y aprovechamiento.* Madrid, Mundi-Prensa, 1995.

SESSIONS, G., "Reinventing Nature question The End Of Wilderness A Response To William Cronon Uncommon Ground", en *The Trumpeter,* vol. 13(1), 1996.

SHACKLEY, S., WYNNE, B., "Representing Uncertainty in Global Climate Change Science and Policy: Boundary-Ordering Devices and

Authority", en *Science Technology Human Values*, n. 21 (3), 1996, pp. 275-302.

SHANAHAN, T. "Realism and antirealism in evolutionary biology", en Cohen, Hilpinen, R. y Renzong, Q. (eds.), *Realism and Anti-Realism in the Philosophy of Science*. Dordrecht, Kluwer, 1996, pp. 449-466.

SHAPIRO, M., "Introduction: Judicial Selection and the Design of Clumsy Institutions", en *Southern California Law Review*, n. 61, 1998, pp. 1555-63.

SHIVA, V., *Monocultures of the Mind: Perspectives on Biodiversity and Biotechnology*. Zed Books, 1993.

SIMONDON, G., *On the Mode of Existence of Technical Objects*. Aubier, Editions Montaigne, 1958.

SNEDDON, C.; HOWARTH, R. B.; NORGAARD, R. B., "Sustainable development in the post-Brundtland World", en *Ecological Economics*, n. 57, 2006, pp. 253-268.

SNEDDON, C.; HOWARTH, R. B., NORGAARD, R. B., "Sustainable development in a post-Brundtland world", en *Ecological Economics*, vol. 57, 2006, pp. 253-268.

SNOW, P., *The Two Cutures and the Scientific Revolution*. Cambridge University Press, 1959.

SÖDERBERG, J.; NETZÉN, A., "When all that is theory melts into (hot) air: Contrasts and parallels between actor network theory, autonomist Marxism, and open Marxism", en *Ephemera*, vol. 10 (2), 2010, pp. 95-118.

STERELNY, K. y KITCHER, P. H., "The return of the gene," *Journal of Philosophy*, n. 85, 1988, pp. 339-361.

STONE, A., *Petrified Intelligence. Nature in Hegel Philosophy*. New York, State University of New York Press, 2005.

STRASSER, S., *Satisfaction guaranteed: The making of the American mass market*. Smithsonian Institution Press, 1989.

TAIGANIDES, E. P., *Biogas, recuperación de energía de los excrementos animales Zootecnia*, 1980, pp. 2-12.

TCHOBANOGLOUS, G.; THEISEN, H.; VIGIL, S. A., *Gestión Integral de Residuos Sólidos*. McGraw-Hill/Interamericana de España S.A., 1998.

TEN BRINK, B., "The AMOEBA approach as useful tool for establishing sustainable development?", en *Environment & Management*, vol.1, 1991, pp. 71-87.

TABACHNICK, D.; KOIVUKOSKI, T., (eds.), Globalization, Technology, and Philosophy. New York, State University of New York Press, 2004.

THOMSON, I., "From the Question Concerning Technology to the Quest for a Democratic Technology: Heidegger, Marcuse, Feenberg", en *Inquiry*, n. 43, 2000, pp. 203-16.

THORNE, C., *The Dialectic of Counter-Enlightenment*. Harvard University Press, 2009.

TOULMIN, S., *Cosmopolis. The Hidden Agenda of Moodernity*. Chicago University Press, 1990.

VAL D., *Philosophy of technology. An Introduction*. Blackwell Publishing, 2006.

VAN DEN BERGH, J., GOWDY, J., "Evolutionary theories in environmental and resource economics: approaches and applications", en *Environmental and Resource Economics*, n. 17, 2000, pp. 37-52.

VAN OENEN, G., "Interpassive Agency: Engaging Actor-Network-Theory's View on the Agency of Objects", en *Theory & Event*, vol. 14(2), pp. 45 -67.

VEAK, T. J. (ed.), *Democratizing Technology. Andrew Feenberg's Critical Theory of Technology*. New York, State University of New York Press, 2006.

VEAK, T. J., "Whose Technology? Whose Modernity?: Questioning Feenberg's Questioning Technology", en *Science, Technology and Human Values*, primavera 2000, pp. 238-242.

VEGA ENCABO, J., "Estado de la cuestión: Filosofía de la tecnología", en *Theoria*, n. 66, 2009, pp. 323-341.

VERBEEK, P. P., *Moralizing Technology: Understanding and Designing the Morality of Things*. University of Chicago Press, 2011.

WHITE, D. F., "A Green industrial Revolution? Sustainable Technological Innovation in a Global Age", en *Environmental Politics*, vol. 11 (2), 2002, pp. 1-26.

WILDING, A., "Naturphilosophie redivivus: On Bruno Latour's 'political ecology'", en Cosmos and History: *The Journal of Natural and Social Philosophy*, vol. 6(1), 2010, pp. 18-32.

WINNER, L., *The Whale and the Reactor: A Search for Limits in an Age of High Technology*. University of Chicago Press, 1986.

WOKLER, R., *Rousseau, the Age of Enlightenment, and Their Legacies*. Princeton University Press, 2012.

WOOLGAR, S., *Ciencia, abriendo la caja negra*. Anthropos Editorial del Hombre, 1991.

ZIMMERMAN, M. E., *Heidegger's Confrontation with Modernity: Technology, Politics, and Art*. Indiana University Press, 1990.